노동과 취창업

노 병 호 저

진 원 사

머 리 말

본서는 노동에 대한 이해를 바탕으로 취업과 창업에 대한 기초지식의 함양을 위하여 저술되었다.

청년실업과 고용불안이 중대한 사회문제로 대두되어 이에 대한 각종의 대책이 세워지고는 있으나 상황은 크게 개선되지 않고 있으며 앞으로도 좋아질 가능성은 그렇게 높지 않아 보인다.

우리 사회가 경제성장은 지속적으로 이루어지고는 있으나 고용이 수반되는 성장이아니라는 특이성 때문에 고용여건은 개선되고 있지 못하다고 한다. 그 동안의 일자리 창출을 위한 노력이 한계에 부딪치게 된 것도 이에 기인하여 청년들이 취업을 위한 피나는 노력을 하고 이에 대한 정부의 각종 지원이 있어도 한계상황에 이르게 되었으며 이를 타개하기 위하여 청년창업으로 눈을 돌리게 되었다. 뿐만 아니라 근래에 명예퇴직, 정리해고 등으로 종래의 평생직장의 개념이 무의미하게 됨에 따라 창업에 대한 관심이 높아지게 되었다.

창업은 그 성공확률이 저조함에도 불구하고 취업난을 격고 있는 청년이나 직장생활에 불안과 불만을 가지고 있는 직장인 및 자신의 기업을 운영하고자 하는 꿈을 가진 사람들에게 매력적인 것임에는 틀림이 없다. 창업을 하여 실업에서 탈출하거나 자신의 기업을 일구어 이윤을 창출하고 일자리를 만들어 내어 타인에게 일터를 제공하는 것은 보람 있는 일이다. 그래서 현대 사회의 꽃은 기업이라고 하는 것 같다. 그러나 창업은 사업 아이템의 선정에서부터 창업자금의 조달 및 경영에 이르기까지 전문성과 기업가 정신을 요한다고 볼 수 있어 철저한 준비를 하여야 시행착오를 줄이고 성공확률을 높일 수가 있다.

본서는 이러한 취업과 창업에 있어서의 어려움을 극복하고 길잡이가 되는 도움이 될 수 있도록 노동에 대한 이해를 위하여 필요한 노동 및 노동과 관련된 사항에 대하여 살펴보고 타인 노동인 취업과 자기 노동인 창업에 대하여 서술하였다.

노동은 인간의 활동을 통하여 사회를 형성해 나가는 힘이라고 할 수 있으며, 또 노동은 인간사회 형성의 필수적 요소이며 사회의 존속과 발전을 위한 기본조건이라고 할 수 있다. 인간은 노동을 통하여 자신의 생존수단을 확보하는 한편 사회적 구성원으로서 사회적 직분인 자신의 직업을 수행하여 사회에 기여하게 된다. 즉 인간은 노동을 통하여 생존의 기반을 획득함과 동시에 사회적 관계를 형성하여 이 속에서 자신의 존재의의를 확인하고 다양한 단계에서 노동을 수행하기 위한 노력을 하는 가운데 자신의 능력의 함양을 위한 도야와 수양을 하게 되며 노동과정을 통하여 자신의 자아를 실현하는 계기를 마련하게 된다.

이러한 의미를 가지는 노동의 능력을 함양하기 위한 교육의 의의 및 교육을 통하여 형성되는 인적자본과 노동능력을 바탕으로 한 직업의 선택을 위한 제 요소에 대하여 서술하였으며 직업수행에 따르는 윤리와 노동의 레저화 및 4차 산업혁명의 도래와 관련하여 미래의 노동과 직업의 변화, 노동시장, 실업과 그 대책 등에 대하여 살펴보았다.

취업에 대하여는 취업의 의의와 타인노동을 하게 되는 계기를 마련하게 되는 근로계약과 이에 의하여 형성되는 근로관계를 규율하는 개별적 근로관계법을 중심으로 임금, 근로시간 등의 근로조건과 취업규칙, 비정규근로관계, 징계, 해고, 산업재해보상 등에 대하여 살펴보았는데 이는 취업을 하고자 하는 사람뿐만 아니라 창업을 하려고 하는 사람들에게도 긴요하게 알아야할 사항이다.

창업과 관련해서는 창업의 의의와 창업의 역할 및 창업의 유형, 각종 창업유형별 창업절차 등에 대하여 살펴본 후 창업과정과 창업 시 유의해야할 법적 문제점과 관련한 상인과 상행위 개념, 영업, 상호 및 상표, 법인 창업과 관련한 회사의 유형, 상가임대차보호법 등 부동산법률문제, 지적재산권 관련문제, 자금의 조달, 세금에 대하여 살펴보았다.

이상의 내용으로 본서를 구성하고 집필을 하고보니 본래의 의도와는 거리가 있는 것 같다. 이는 전적으로 본인의 능력의 한계의 탓이라고 여기며 앞으로 개선을 위한 노력을 통하여 고쳐나가고자 한다. 제현의 질책과 조언을 부탁드린다.

상기 본서의 내용은 저자의 독창적인 연구의 결과물이라기보다는 기존의 노동, 취업, 창업관련 논문 및 저서의 내용을 적절히 가공한 것이라고 할 수 있다. 훌륭한 논문집필과 저작을 하여 본서 집필에 참고할 수 있게 해준 제현들에게 감사하다는 말씀을 드린다.

또한 본서가 나오기까지 초고의 작성과 편집 등의 일을 각자의 업무수행의 바쁜 가운데에도 수행해준 본인의 박사 문하생 여러분과 본서의 출판을 맡아 애써주신 진원사 사장님 이하 여러분께 이 자리를 빌려 감사의 말씀을 드린다.

무술년 정월

저 자

목 차

노동과 취창업

제1장 노동의 의의

Ⅰ. 노동의 의의

노동이란 그 성격이나 환경에 관계없이 인간에 의해 이루어지는 육체적이거나 정신적인 어떤 행위를 뜻한다. 즉, 인간성 자체와 본성에 기인하여 인간이 할 수 있는 수많은 행위들 가운데 노동으로 인식될 수 있고 또 인식되어야 하는 인간의 활동을 뜻한다. 인간을 다른 동물들과 구별하는 특징 가운데 하나가 노동이다. 다른 동물들이 그 생명을 유지하기 위해 하는 행동은 노동이라고 할 수 없다. 오직 인간만이 노동을 할 능력이 있으며, 노동을 하며, 동시에 노동을 통하여 자신의 현실 생활을 영위하고 있다. 그래서 노동은 인간과 인간성을 나타내는 특별한 표시이며, 인격체로 구성된 공동체 안에서 활동하는 각 개인의 인격체를 나타내는 표시이다. 그리고 이 표시는 인간의 내면적 특성을 결정하며, 어떤 의미에서는 인간의 본질 자체를 형성한다.

(1) 노동이란 인간으로 하여금 주변 환경을 모두 인간의 뜻대로 만들어 나가는 인간이 노동을 통하여 모든 것을 다 해결할 수 있다는 환상적인 패러다임이 형성되게 된다.

신흥 부르주아들에 의한 자본주의는 이러한 패러다임을 우선적으로 부르주아적 자신 안에서 관철하고, 다음으로 노동계급에게도 관철시키고 나아가서는 이들의 협조를 얻어 자연전체에도 그 패러다임을 확장시켜 관철하였다. 이러한 점에서 노동이란 역사적인 것이 되며, 결국 노동사회의 전체적인 패러다임을 지칭하는 것이 된다.[1] 노동이 인간사회에 있어서의 의미는 이미 고대그리스에서도 인식되고 있었다. 기원전 2세기에 스토아학파 철학자인 파나이티오스(Panaitios)는 인간에게 이익을 가져다주는 사물은 노동에 의한 것이라고 하였다. 키케로(Cicero)도 자신의 저서 의

1) 홀거하이데, 노동사회로부터의 탈출구 : 노동의 새로운 패러다임을 위한 조건, 미래의 일과노동(1997년 국제심포지움), 34면.

무론(Deofficiis)에서 자연이 인간의 생활을 재생산하는데 기여하기 위해서는 인간의 노동에 의하여 변형이 되어야 한다고 파악하면서 이를 입증하는 일련의 사례들을 들고 있다. 즉 경작과 수확, 가축사육과 이용 등은 인간의 노고가 없이는 생각할 수 없는 일들이라는 것이다.

고대이론에서 이 같은 통찰이 이루어졌다 하더라도 고대 그리스와 로마제국에서는 주로 노예들에 의하여 예속노동이 이루어진 사실과 관련하여 별반 성과를 거두지 못하였다.

초기 자본주의 시대에 들어와서 노동은 다시 집중적인 논의의 대상이 되었다. 로크는 그의 저서인 시민정부론에서 "노동이 가치창조의 본질적 요인으로 간주되어야 한다."고 주장하면서 인간 생활에 유용한 산물 가운데 10분의 9는 노동의 성과라고 하였다.

아담 스미스는 그의 저서 국부론에서 "한나라의 국민이 한 해 동안 투입하는 노동은 국민들이 해마다 소비하는 생활필수품과 편의품 일체를 그들에게 원천적으로 공급해주는 근원이다"라고 하면서 국민에게 필요한 물품을 공급해 주는 일은 두 가지 요인, 즉 노동의 생산성과 유용한 노동에 종사하는 사람의 수효와 그렇지 못한 사람들의 수효간의 비율에 달려 있다고 하였다.

아담 스미스의 견해에 의하면 노동의 의미는 물질적인 생산의 영역에만 국한되어 있는 것이 아니다. 즉 그는 전반적인 문명의 진보가 노동 및 노동 생산성의 발전에 달려 있다고 확신하였다.

마르크스는 노동을 인간과 자연 사이에 이루어지는 과정 즉 "인간이 자기 자신의 고유한 행위를 통하여 자연과 인간사이의 신진대사를 매개하고 조정하며 통제하는 과정"이라고 정의하였다.

독일의 역사학자인 드로이젠(Droysen)은 "노동의 수준은 문화의 수준을 보여주는 또 다른 표현일 뿐이다"라고 하면서 노동과 문화의 상호의존성을 강조하였다.

(2) 노동이란 인간이 육체적·정신적 능력을 사용하여 자연을 인간의 생활에 유용하도록 변화시키는 노력·활동을 총칭하는 것으로 인간의 생존에 있어서 기본적 조건이다. 인간은 노동을 통하여 자신의 삶을 만들고, 노동을 통하여 인간본성을 획득하며 더 나아가 자신을 형성해 간다. 이러한 의미에서 인간은 노동을 통하여 역

사적 인간이 되고 또 사회의 일원으로서 개인이 된다. 노동은 인간의 정신적·육체적 활동력이 발휘된 것이면서 동시에 활동력의 작용을 의미한다. 활동력은 노동관계에서 집중적으로 나타나며, 노동력은 인간의 욕구충족과 삶의 재생산에 필요한 수단을 만들기 위하여 도구를 매개로 하여 자연에 작용하는 능력을 뜻한다. 인간의 활동은 일련의 하위적 행위체계를 가진 복합체이다. 특정한 동기가 부여되고 목표가 설정된 모든 활동은 일련의 행위를 통하여 실현되며 동시에 이러한 행위들은 일련의 작업으로 이어진다. 즉 일정한 목표에 지향된 행위는 당시의 조건과 관련하여 특정한 조건 아래서 구성된 작업체계에 따라 수행된다. 따라서 인간의 정신적·육체적 활동력을 바탕으로 하는 노동은 노동과정에서 체계적으로 구체화 된다.

앞에서 살펴본 바와 같이 인간의 사회는 사람과 사람사이의 관계총체와 사람과 자연 즉 법, 국가, 규범, 자본 등 제2의 자연을 포함한 관계 총체로 이루어졌다.

한편 인간의 활동은 기본적으로 사회적으로 규정된 과정이다. 사회는 개인과 독립적으로 존재하거나 또는 고립된 개인관념 속에 존재하는 추상적 체계가 아니라 개인과 개인 활동 속에 실질적으로 작용하는 인위적 환경이다. 따라서 개인은 사회적 개인이며 개인의 활동도 기본적으로 사회적 활동이다.

노동은 인간의 활동을 통하여 사회적 생산을 하여 이러한 관계총체를 형성하는 힘을 가지고 있다. 즉, 노동은 사회를 만들어가는 힘이라고 할 수 있다. 또 노동은 인간사회 형성의 필수적 요소이며 사회의 존속과 발전을 위한 기본조건이라고 표현할 수도 있다. 생산이 삶의 기초영역을 이루며 노동이 사회행위체계의 핵을 이루고 생산과정에서 제반 관계를 만들고 엮어가는 사회적 힘이기 때문이다.

인간은 노동을 통하여 자기 자신과 가족의 생존수단을 확보하는 한편 사회적 구성원으로서 사회적 직분인 자기의 직업을 수행하여 사회에 기여하게 된다. 이와 같이 인간은 노동을 통하여 생존의 기반을 획득함과 동시에 총체관계를 형성하여 이 속에서 자신의 존재의의를 확인하고 단순한 일에서 문화적 창조의 수준까지의 다양한 단계에서 노동을 수행하기 위한 기술의 연마와 노력을 하는 가운데 자신의 도야와 수양을 하게 되며 노동과정을 통하여 자신을 실현하고자하는 계기를 마련하게 된다.[2)]

2) 박영은, 노동문화의 역사와 이론, 14면.

Ⅱ. 노동의 역사

1. 서 설

고대사회에서의 노동이란 삶을 유지하기 위한 생산물을 얻기 위한 일련의 행위이다. 노동의 대가는 의식주를 이루는 구체적인 물건이다. 당연히 생산수단의 소유주도 개인이다. 더 필요한 물건을 얻기 위해서는 내 노동으로 얻은 소유물을 교환함으로써 가능했다.

인간이 수행하는 노동의 성격은 시대특유의 경제형태 속에서 규정된다. 경제는 인간의 삶의 영역에서 중요한 기초적 생활영역이고 시대특유의 합리성이 발전하는 바탕을 이룬다. 노동에 대한 관념은 바로 경제 속에 가장 집중적으로 표출된다고 할 수 있다. 경제는 사회의 물질적 생산과정에서 사람들이 자연과 맺어가는 관계와 그러한 과정 속에서 사람들 간에 맺어가는 전체적 상호관계를 포함한다. 이렇게 경제를 사회관계의 총체 속에서 보게 되면 경제 형태와 사회구성, 노동의 성격 및 노동의 가치측면이 사회 구성원리에 의하여 개념과 질서의 하위범주로 취급되었던 반면에 시민사회에 들어와서는 정치권력까지도 신적인 것이 아니라 인간 상호간의 계약적 행위에 원천을 두게 되었던 것이다. 역사적으로 볼 때 사회적 불평등이 신분제나 기타의 여러 형태로 구조화됨에 따라서 계층 혹은 계급갈등이 작용하는 곳에서는 노동의 모든 형태에서 외적강제의 성격을 찾아 볼 수 있다. 또한 "자연의 필연성"에 따른 노동의 형태는 "자유의 필연성"에 의한 노동과는 달리, 어느 시대 어느 사회에서나 정도의 차이는 있으나 강요된 노동의 성격을 띠게 된다.[3)]

이렇듯 노동은 역사적으로 규정되고 사회적으로 주어진 구체적인 틀 안에서 특유의 형태로 존재하게 된다. 따라서 노동의 역사를 일반적인 사회발전의 단계에 따라 살펴보기로 한다.

2. 원시사회의 노동

원시사회에 있어서는 토지나 생산도구는 물론이고 주거나 살림살이 등도 종족, 씨족 등의 자생적 혈연단체인 공동체의 공유에 속하였다. 개개인은 공동체의 구성

---

3) 바레, 프랑소와, 노동의 역사, 1979, 18면.

원으로서의 지위에 머무를 때에만 그 공동체의 토지나 생산도구 등을 이용할 수 있었다.

이 시대의 경제는 자급자족적인 채취, 수렵, 어로의 사회였다. 노동의 형태는 공동노동과 공동분배제였다. 원시사회에서의 생산력의 발전과정은 매우 길고 극히 완만하였다. 노동의 분화와 도구의 발달에 의하여 노동에 의한 동산과 생산도구에 대한 사적소유가 불가피해진다. 따라서 생산력의 향상, 사회적 분업의 발생, 생산물의 교환의 진전과 더불어 동산의 사적 소유가 증대하고 그 결과 내부적 및 외부적 제원인의 중복으로 가부장적 대가족에 의하여 개별적으로 영위되는 농업공동체가 발전하게 된다. 그 결과 노동력은 그 가치가 인정되게 되고 노동력에 대한 수요가 증가하기 시작하였다. 원시사회의 생산력이 높아짐에 따라 빈부의 차이가 생겼고 평등한 이웃관계는 무너지고 원시공동체도 해체되기 시작하였다. 사회적으로 지배자와 예속자의 관계가 형성되고 생산수단은 직접적 생산자로부터 분리되어 사적소유로 전환되어 자급자족적인 자기 노동의 형태는 노예의 강제된 노동으로 변화해 갔다.

3. 고대사회의 노예노동

고대 그리스나 로마사회를 보면 많은 전쟁을 겪으며 귀족사회가 등장하게 되고 인간이 인간을 소유하는 노예제가 등장한다. 비인간적인 대우와 처우는 치욕스런 인간의 역사이다. 노예는 자기 소유의 재산은 물론 어떤 것도 가질 수 없었다. 여기에서 인간은 생산수단의 소유없이 주인의 개인적인 일을 함으로서 살아가는데 최소한의 의식주를 공급받는다.

유럽을 지배하고 있던 로마제국이 붕괴되면서 노예제는 다른 형식의 자유노예제와 봉건제가 시작된 것이다.

고대 노예사회에 있어서 노예노동의 사회적 생산노동의 지배적인 형태를 이루고 있었다. 인격이 상실되고 노동력만을 지닌 인간인 노예가 노동을 하지 않는 인간인 노예소유주에 의해서 생산수단과 더불어 소유 지배되었고 노예노동의 모든 생산물은 노예소유주에게 귀속되었다. 따라서 노예의 노동은 이른바 부불노동(不拂勞動)의 형태를 취하고 있었다.

이 같은 노예제는 사실상 시대에 따라, 그리고 지역에 따라 매우 심한 형태나 성격상의 차이를 보여주었으며 고대사회에 있어서 노예 신분에 속하는 자의 실제적인 지위양상은 극히 다양한 것이었다. 우선 노예의 발생원적(發生源的) 유형을 보면 전쟁포로, 채무에 의한 노예, 가부장에 의한 가족의 매각, 형벌에 의한 노예, 노예인 남녀사이에서 태어난 자식 등을 들 수가 있다. 또한 노예의 존재형태에서 보면 가부장제적 노예, 가내노예, 노동노예, 구매노예 등으로 구별된다.

노예의 사역(使役)형태에서 보면 가내노예와 노동노예로 대별되며 노동노예는 또한 공납(貢納)노예와 순수 노동노예로 구분될 수 있다. 가내노예는 부유한 시민의 집안에서 잡역을 위하여 사용되는 노예로서 동양의 경우에 있어서는 노비가 이에 해당될 수 있겠으며, 가부장제적 노예제에 있어서는 가내노예가 위주로 된다고 볼 수 있다. 가내노예가 가계의 소비경제에 관련되는 데 반하여 노동노예는 가계의 소비를 위해서도 그리고 생산을 위해서도 농경·수공업 등에서 생산에 종사하는 노예이다. 노동노예는 고대의 광산노동이나 로마에서의 대토지경영, 그리고 근대 아메리카에서의 대농장경영 등에서 볼 수 있는 바와 같이 그 수가 많을 뿐 아니라 조직적으로 노동을 강제 당하였다.

이와 같은 노예에 대한 극단적인 억압과 강제, 가혹한 착취와 혹사는 반사적으로 노예들의 심한 저항을 불러일으키게 되었다.

기원전 7세기 말과 기원전 5세기 중반 2회에 걸친 그리스에서의 노예반란, 기원전 5세기 말 아티카지방에서의 2만여 명의 대규모적인 공업노예 도망, 기원전 136∼132년과 기원전 104∼101년의 2차에 걸친 시칠리아 노예대반란, 그리고 기원전 73∼71년에 있었던 스파르타쿠스 지도하의 검노(劍奴)대반란이 그 대표적인 것들이었다. 이와 같은 노예의 저항·반란은 자기해방을 위한 투쟁으로까지 발전되지는 못하였다.

4. 봉건사회의 농노노동

봉건사회에서는 일반인들이 자신의 농토를 소유할 순 없었지만 영주들이 나누어주는 토지를 받아 농사를 지을 수 있었다. 그리고 일정생산물을 세금의 형식으로 영주에게 바치게 되고 노동자들은 이전의 노예제보다 훨씬 자유로운 인간이었다. 자신은 누구 개인의 소유도 아니고 구속을 받지 않는다. 비록 생산물의 대부분을 토지의 소유주인 영주에게 세금으로 바치지만 적어도 내 가족을 먹여 살릴 수 있는 최소한의 생산물을 가질 수 있었다.

인간은 자신이 조금이라도 풍족하게 살기 위해 많은 노동을 하며 생산수단을 발전시켰다. 바로 개인소유에서 잉여생산물이 탄생하는 것이다. 하지만 봉건시대가 교회와 결탁이 되고 교황에 의해 임명된 왕들이 봉건영주들을 직접적으로 지배하면서 노동자들의 삶은 또 변화를 맞게 되고 영주와 왕들을 위해 노동부역을 해야 하고 더 많은 세금을 부담하기 위해 노동의 강도는 세어지고 한 밤 중에도 일을 해야 하는 경우가 빈번해졌다. 개인의 생산수단 소유로 인해 발생했던 잉여생산물을 영주가 수탈해가고 부역노동으로 인해 '노동' 그 자체도 빼앗기는 현상이 발생한 것이다.

이 흐름이 지속되다가 의례적인 물물교환의 시대에서 금을 본위로 하는 화폐가 등장한다. 화폐는 영주들에겐 그야말로 신이 내린 축복이었다. 노동자들의 잉여생산물과 잉여시간까지 수탈했던 그들은 많은 양의 생산물을 거둬들였지만 그것을 보관하기엔 노동생산물의 수명이 짧았고 보관도 어려웠다. 쇠고기나 감자 등등을 아무리 많이 거둬들인다 해도 그 보존기간이 짧아 화폐는 이를 한꺼번에 해결해주는 기적과도 같은 해결책이 되었다.

영주들은 이제 노동자의 생산물을 가로채는 것이 아니라 화폐로 받아가기 시작하면서 물물교환의 시대가 끝이 나고 화폐가치의 시대가 온 것이다. 모든 것은 화폐로 계산되며 화폐로 평가되었다. 부의 축적은 생산물가치만큼의 화폐가 차지하게 되었고 잉여생산물이 증가 할수록 화폐축적은 그 속도가 더욱 빨라졌다.[4)]

또한 지대의 형태도 노동지대→생산물지대→화폐지대라는 비약적 전환을 가져왔다.

이러한 노동지대의 해체과정에서 농민은 농노적 속박으로부터 해방되어 예농(隷農)으로 전환됨으로써 토지 보유권을 강화하고 영주의 자의적 수탈로부터 벗어날 수 있게 되었고 지대급부는 일정하게 규제된 관계에 들어가게 되었다. 이 과정에서 지대의 형태 및 성격변화에 따라 영주 대 농민의 관계는 일정액의 화폐를 매개로 하는 계약관계로 바뀌고 농민층은 사실상 봉건지대 지불의무로부터 벗어나 독립자영민의 지위로 상승하게 되었다. 그리하여 농민들에게는 생산력의 발달에 의한

---

4) 바레, 프랑소와, 노동의 역사, 1979, 18면.

잉여부분의 축적으로 사회적 분업을 촉진하게 되고, 공업발달과 상품교환을 자극하게 되었다. 이러한 현상들은 봉건적 토지소유의 사실상의 해체를 의미하고, 봉건사회의 구조적 붕괴를 예시하는 것이기도 하였다.

농민반란·농민전쟁의 과정에서 농민들은 주로 토지 및 신분상의 속박으로부터의 해방과 과중한 지대·의무를 비롯한 중압의 폐절을 요구했다. 그러나 농민의 저항이나 반란은 그들 자신의 조직성 결여로 인해 큰 성공을 거둘 수는 없었다. 그렇다 하더라도 농민반란은 봉건사회의 해체를 촉진시켰다는 점에서 그 역사적인 의의를 결코 과소평가할 수는 없다.

5. 자본주의사회의 노동

역사적으로 자본주의는 봉건사회 내부에서 생성되고 성장하여 종국에는 봉건적 사회체제를 지양하고 발전해 온 독자적인 사회구성체이다. 단계적으로 보아 자본주의는 직접적 생산자의 생산수단으로부터의 분리과정인 자본의 원시적 축적단계, 자유경쟁단계 그리고 독점화의 단계를 거치면서 발전해 왔는데, 이 과정에서 급속한 사회변동이 이룩되었다.

르네상스와 과학, 예술문화 각 방면의 급속한 변화는 봉건제를 타파하고 시민사회로의길을 터놓아 주었다. 전문적인 수공업자, 상인 등이 등장하고 이들은 전문적인 생산수단을 보유하고 생산 전 과정을 공정 처리하는 생산공장을 만들게 된다. 근대 시민사회로 접어들며 이제는 부의 축적방향이 단순한 권력에 의지하고 있던 부류에서 전문적인 생산수단을 소유하고 판매망을 갖춘 상공인들로 방향을 선회함으로서 매뉴팩처의 대부분의 소유주는 기존의 권력과 부에 의지 했슴은 물론이고 개인적인 가내수공업과 노동자들은 살 길을 찾기 힘들어지게 되었다.

매뉴팩처에서는 잉여가치를 높이려는 자본가에 의해 새로운 기술과 기계들이 속속 발명되고, 전 생산공정 처리도 전문분업화가 이루어지게 되어 생산단가를 낮출 수 있게 되었다. 생산단가를 낮추며 동종업계의 자본가들과 경쟁하게 되고 생산수단을 소유하지 못한 일반인들은 자본가 아래에서 매뉴팩처의 노동자로 들어가 노동을 대가로 임금을 받는 임금 노동자가 탄생한다. 드디어 자신의 노동을 대가로 임금을 받는 자본주의가 시작된 것이다.

겉으로 보기엔 등가교환에 의해 평등한 거래를 하는 것 같지만 실상은 그렇지 않다. 잉여생산물의 축적만이 자본가들의 최대 목적이었던 만큼 노동자들은 매달 받아가는 임금만큼의 노동을 제공하는 것이 아니라 그 이상을 제공하게 된다. 그리고 계속해서 발명되는 신기술, 신 기계는 생산성을 높이는데 더욱 일조하게 된다.

노동의 소외가 여기에서 발생한다. 과거 노동의 대가는 내게 필요한 만큼의 의식주 그 자체였다. 그러나 봉건제 이후 자본주의 사회에서는 자본가의 끝없는 탐욕과 욕심이 노동자로 하여금 필요 이상의 노동을 강요하였고 노동자는 필요이상의 착취된 노동으로 생산된 잉여물을 기득권에게 안겨줬다.

매뉴팩처에서는 극단적인 노동의 소외가 발생할 수밖에 없는 구조이다. 빵을 사먹기 위해 노동을 하여 화폐를 임금으로 받는다. 노동의 대가는 의식주 그 자체가 아닌 자본주의의 기본 수단인 화폐이다. 모든 것이 화폐를 얻기 위해 움직인다. 노동자는 자기가 생산한 생산물을 얻기 위해 화폐를 대가로 받는 것이다.

자본가는 노동자로 하여금 필요이상의 더 많은 노동시간을 요구하게 되고 정당한 임금의 책정은 이루어지지 않았다. 가속화되는 자본주의체재는 노동자들을 점점 과도한 노동착취와 최소한의 임금을 대가로 받는 현상을 피할 수 없었다.[5)]

시간이 흐르고 19세기 말과 20세기 초 자본주의가 최고의 전성기를 누리고 있을 때 커다란 사건이 발생하게 된다. 경제공황이다. 과도한 노동착취와 적은 임금으로 발전에 발전을 거듭해 온 자본주의는 잉여생산물의 판매가 적체되는 상황이 생기게 된다. 그러나 살인적인 노동 강도에 비해 너무나도 적은 임금을 받는 노동자들로서는 자기가 생산한 상품을 구매할 경제적 여력이 없다. 상품이 팔리지 않으니 공장도 돌아가지 않는다. 판매할 물건은 썩어가고 그 물건이 필요한 노동자는 구매능력이 없어 굶어죽는 자본주의의 위기가 찾아온 것이다.

경제제도로서의 자본주의는 사유재산제도의 확립에 의하여 생산수단의 사적소유가 이루어지고 영리주의를 바탕으로 이윤획득을 위한 상품생산이 생산 활동의 근간으로 자유경쟁원리에 기초하여 각 생산단위가 사전적 계획 없이 무정부적으로 생산을 수행하고 인간의 노동력이 상품화되는 특유한 체제적 특징을 실현하고 있다. 따라서 자본주의는 일하는 노동자의 시각에서 볼 때 자본의 사적소유를 토대로 직접적 생산자인 임금 노동자를 생산수단으로부터 분리시켜 노동의 성과로부터 소

5) 바레, 프랑소와, 노동의 역사, 1979, 23면.

외시키는 사회제도라고 할 수 있다.

이와 같은 사회적 조건에 의해 노동력은 상품화되지 않을 수 없었다. 또한 노동력이 상품화되는 것은 노동자 자신에 대해서는 노동력의 사용가치가 별로 의미를 갖지 못하고 노동력의 가치를 자본과의 교환에 의하여 실현시킬 수밖에 없기 때문이다.

Ⅲ. 노동의 유형

현대사회의 직업의 종류는 매우 다양하다, 노동의 유형은 크게 육체노동 정신노동 감정노동 세 가지로 분류 할 수 있다. 육체노동은 말 그대로 생산라인 건설현장 운수업 등 육체적 근로형태를 이르는 말이다. 소위 말하는 블루칼라로 대변되는 직군이다. 정신노동은 연구 기획 인사 회계등 주로 관리직군의 노동형태를 말한다. 감정노동은 주로 서비스업종에서 요구되는 노동형태를 말한다.

이 노동형태가 별개의 직군으로 보이지만 실제로는 서로 연관성을 지니거나 하나의 노동형태에서 또 다른 노동형태로 함께 복합적으로 나타나기도 한다. 정신노동과 감정노동은 큰 틀에서 보면 육체노동에 비해 상대적으로 '화이트컬러'에 가깝게 비춰질 수 도 있고 감정노동은 육체노동과 병행하는 직군도 있으므로 정신노동에 비해서 육체노동에 가깝게 대비되기도 한다. 정신노동자들은 그들의 고객 즉 외부고객을 간접적으로 대한다고는 하지만 그들의 내부고객 까칠한 상사나 껄끄러운 부하직원에 대해 감정노동을 할 수 밖에 없다는 것이다. 감정노동의 범주는 상대적으로 영향을 덜 받는 듯하지만 내부 고객의 의미를 적용한다면 육체노동을 하는 직군에서도 완전 배제될 수 는 없다. 이 세 가지의 노동형태는 결국 임금노동의 공통분모 형태를 벗어날 수 없다.[6)]

한편 노동은 자기가 생산요소를 보유하면서 자기의 계획과 자기의 계산아래 행하는 자기노동과 타인에게 고용되어 타인의 지시·감독 하에 노동력을 제공하는 타인노동 즉 종속노동으로 구분할 수 있다. 예컨대 같은 의사라도 자기 병원을 개업

6) 스토리타임스, 소셜, 이슈 & 뉴스 리뷰, 2011, 11면.

하여 진료를 하면 자기노동을 하는 것이고, 종합병원에 고용되어 진료활동을 하면 타인노동을 하는 것이 된다.

산업혁명 이후 오늘날까지 사회의 주요한 관심사의 하나인 노동문제에 있어서 노동이란 타인에게 고용되어 타인의 지시·감독 하에 노동력을 제공하는 종속노동을 의미하는 것이다. 따라서 앞으로 전개하는 노동에 대한 논의는 종속노동에 대한 논의라는데 유의할 필요가 있다.

종속노동의 내용을 어떻게 이해해야 할 것인가에 대하여는 노동의 종속성을 인적 종속성, 경제적 종속성, 법적 종속성 또는 계급적 종속성 등으로 이해하는 여러 가지 견해가 있다. 인적 종속성은 근로자가 사용자의 경영조직 속으로 편입되어 사용자의 지시·결정에 따라 노무를 제공하여야 할 지위를 말하는 것이고, 경제적 종속성은 근로자는 경제적으로 타인에 의존하는 이외에는 독립하여 생활을 영위 할 수 없어서 노동력을 환가하게끔 경제적으로 강제당하는 데서 오는 불평등을 종속성이라는 개념으로 파악한 것이다.[7)]

그리고 법적 종속성은 근로자가 노무제공 의무를 이행할 때에 사용자의 명령에 따라 하게 되고 사용자의 감독을 받게 되며, 징계권에 복종해야 하는 것을 의미한다. 생산수단의 소유자인 사용자가 노동력에 대하여 관리권과 처분권을 가지는 것을 법적 종속성으로 파악하기도 한다.[8)]

계급적 종속성은 자본주의 사회에 있어서의 근로자들은 피착취계급 또는 피지배계급이라고 하고, 생산수단을 가지지 못한 근로자들은 총체적으로 자본내지 자본가에 종속되는 것을 의미한다.

종래에는 인적 종속성 개념만이 근로자 개념의 중심적 표지로 인정되어 왔으나, 근래에는 경제적 종속설이 인적 종속설과 함께 근로자 개념 내지 근로자의 보호의 필요성의 근거로서 인정되고 있다.[9)]

---

7) 김치선, 노동법강의, 1990, 73면.

8) 김형배, 노동법, 1997, 14면.

9) 김형배, 노동법, 2006, 57면 ; 인정으로는 종속되어 있지 않으나, 경제적으로 종속관계에 있기 때문에 보호를 받을 필요가 있는 유사근로자가 보호대상자로서 논의되고 있다.

제2장 노동과 교육

Ⅰ. 서 설

인간은 동물과 달리 출생하면서 생존에 관한 능력을 보유하지 못한다. 인간은 출생하면서부터 부모 등 가족으로부터 일정한 교육이라는 사회화 과정을 통하여 하나의 사회구성원이 된다. 즉 인간은 교육을 통하여 인간으로서의 품성, 인격, 도덕적 조건을 갖추고 일에 관한 지식이나 기술을 습득하여 사회구성의 일원이 될 수 있는 자질을 갖춤으로써 사회인이 되고, 직업인이 되며 인간이 되는 것이다. 바로 이러한 점에 교육의 본질적 의의가 있다.

특히 오늘날과 같은 산업사회에서는 직업이 세분화되고 각 직업마다 요구하는 지적 및 기술적 차이가 심하여 다양한 교육에 의하지 않고서는 이러한 요구에 부응할 수 없게 되었다. 즉, 교육의 정도에 따라 노동의 능력이 결정되고, 교육 및 노동능력에 따라 직업이 결정되며, 직업에 따라 그 사람의 경제적·사회적 지위가 결정된다.

교육에 의하여 노동의 능력이 갖추어져 있지 못한 상황에서 근로자의 생존권의 보호라 하여 "모든 국민에게 자신의 일할 능력의 임의적 상품화를 통하여 생활의 기본적 수요를 자조적으로 충족케 한다."고 하는 것은 그 의의가 상당히 퇴색되는 것이다.

노동력 이외에는 달리 생존의 수단이 없는 근로자를 보호하기 위한 기본권 보장은 교육을 통해 노동의 능력을 함양시킬 수 있는 기회의 보장이 전제가 된 다음에 근로의 권리라던가 노동삼권이 인정될 때 비로소 그 취지를 살릴 수 있을 것이다.

과거와 같은 신분제 사회에서는 특권적 지배계급 자제의 교육을 교양교육, 자유교육이라 하고 생산계급의 자녀교육은 직업교육이라 하여 교육의 가치를 다르게 부여하였다. 오늘날에 와서도 교육을 교양교육과 직업교육으로 이원화하여 학교교육이 어느 쪽에 중점을 두어야 하는가에 대한 논의가 있어 왔다.

또 한편으로는 개인의 능력과 교육이수의 정도의 차이가 개인소득 결정에 상대적으로 어떤 역할을 하는가, 어떤 사회에서 교육의 생산성을 측정하는 간접적인 방법으로서 교육의 정도가 서로 다른 사람에게 배분된 소득을 알아보는 방법을 사용하였을 때 타당성이 있는가 하는 것이 논의되어왔다.

이상의 제 문제 즉 노동과 교육을 받을 권리, 일반교육과 직업교육과의 관계, 인적자본이론 등에 대하여 항을 바꾸어 살펴보기로 한다.

Ⅱ. 노동과 교육을 받을 권리

1. 교육을 받을 권리의 의의와 기능

교육을 받을 권리는 첫째, 교육을 통하여 개인의 잠재적인 능력을 계발시켜줌으로써 인간다운 문화생활과 직업생활을 할 수 있는 기초를 마련해준다는 의의와 기능을 가지고 있다. 둘째, 문화적이고 지적인 사회풍토를 조성하고 문화창조의 바탕을 마련함으로써 헌법이 추구하는 문화국가 실현을 촉진시켜 준다는 의의와 기능을 가지고 있다. 셋째, 합리적이고 계속적인 교육을 통하여 민주주의가 필요로 하는 민주시민의 윤리적 생활철학을 어렸을 때부터 습성화시킴으로써 헌법이 추구하는 민주주의의 정착화에 이바지한다는 의의와 기능을 가지고 있다. 넷째, 능력에 따른 균등한 교육을 통하여 직업생활과 경제생활 영역에서 실질적인 평등을 실현시킴으로써 헌법이 추구하고 있는 사회국가적 이상에 보다 가까이 가게 한다는 의의와 기능을 가지고 있다.[10)]

이와 같은 네 가지 교육을 받을 권리의 기능 가운데 노동과 관계되는 기능은 첫째, 넷째의 교육이다.

2. 교육을 받을 권리의 법적인 성질

교육을 받을 권리는 그것이 가지는 다원적인 헌법상의 의의와 기능 때문에 헌법의 통일성에 입각한 거시적인 이해가 필요하다. 즉 교육을 받을 권리는 먼저 직업

---

10) 허영, 헌법이론과 헌법(중), 1988, 267면.

의 자유와 관련시켜서 이해하여야 한다. 초등학교부터의 단계적인 학교 교육이 직업 교육적 의미도 함께 가진다는 점을 도외시한다 하더라도 교육과 직업은 불가분의 상호관계에 있다는 점을 부인할 수는 없다. 직업선택의 자유를 행사하는데 교육이 미치는 결정적인 영향을 고려한다면 이 점은 스스로 자명해진다. 또 교육을 받을 권리는 교육 분야에서 평등권을 실현시키고 구체화시키는 수단이라고 볼 수 있기 때문에 평등권과도 불가분의 관계에 있다. 나아가서 교육을 받을 권리는 우리 헌법이 지향하는 문화국가와 민주복지국가의 이념이 실현될 수 있는 방법적인 기초를 의미하기 때문에 우리 헌법이 채택한 국가의 구조적 원리와도 뗄 수 없는 관계에 있다. 따라서 교육을 받을 권리는 그것을 단순한 자유권 또는 사회권만으로는 이해할 수 없다. 교육을 받을 권리는 여러 가지 통합적인 성질을 가지는 주관적 공권인 동시에 객관적 가치질서라고 할 것이다.[11)]

3. 교육을 받을 권리의 내용

교육을 받을 권리는 교육의 기회균등을 그 내용으로 하지만 교육의 기회균등을 실현시키는 것은 기본권 주체 스스로의 노력만으로는 불가능하기 때문에 우리 헌법은 교육을 받을 권리의 실효성을 높이기 위하여 가정과 국가의 교육책임을 강조하고, 교육의 자주성, 전문성, 정치적 중립성 및 대학의 자율성을 보장하며, 교육제도의 법률주의를 채택하는 등 합리적인 교육환경의 조성에 대하여 규율하고 있다.[12)]

가. 능력에 따라 균등한 교육을 받을 권리

(1) 「능력에 따라」 교육을 받을 권리

교육의 내용에 있어서는 당연히 「능력에 따라」 차별이 생긴다. 여기서 능력이라 함은 정신적·내용적 능력을 말하며, 재산·가정·환경·성별·인종 기타에 의한 불합리한 차별은 허용되지 않는다. 따라서 능력에 따른 교육이라 함은 정신적·내용적 능력에 상응한 교육을 말한다. 입학에 있어서 공개경쟁시험을 치르게 하는 것은 능력에 따른 차별을 하는 것으로 위헌이 아니다. 그러나 정신박약아 등 능력이 떨어

---

11) 허영, 헌법이론과 헌법(중), 268면.
12) 허영, 헌법이론과 헌법(중), 269면.

지는 자에 대한 교육을 경시하거나 무시할 수 있다는 의미는 아니므로 국가는 이 점에 관한 배려를 하여야 할 것이다.

(2) 「균등하게」 교육을 받을 권리

「균등하게」 교육을 받을 권리의 내용에 관하여는 소극적 평등권설과 적극적 생존권설이 대립된다. 균등하게 교육을 받을 권리는 교육에 있어서의 차별대우의 금지라는 소극적인 것이 아니고, 국가가 모든 국민에게 균등한 교육을 받게 하도록 학교교육시설을 확장하고, 의무교육을 시행하되 초등교육의 무상을 실시하고 경제적 이유에 의하여 진학이 방해되지 않도록 장학정책을 시행하여야 한다는 것을 말한다고 본다. 특히 경제적 약자에게 실질적인 평등교육을 받을 수 있도록 국가가 적극적 정책을 실현할 것을 요청한다.

평등하게 교육을 받을 권리의 구체적 내용은 첫째로, 교육에 있어서 기회균등이 보장되어야 한다. 특정한 문벌이나 사회적 지위의 자녀만을 입학시키는 학교의 설립은 위헌이며, 혼혈아 등에게 입학자격을 거부하는 것은 위헌이다. 둘째로, 국민에게 균등하게 교육을 받을 권리를 보장하는데 대응하여 국가 또는 지방자치단체는 교육의 기회균등을 보장하기 위한 각종의 방책을 시행할 의무를 지게 된다. 학교를 지역적 또는 종별적으로 공평하게 배치하고 장학금제도, 학비보조제도를 실시하며 야간제 기타의 사회교육방법을 강구해야 하는 것은 그 한 예이다.

(3) 「교육」을 받을 권리

권리의 대상이 되는 교육은 학교교육·가정교육·사회교육·공민교육 등을 포함하는 광의의 교육을 말하나, 그 중에서 교육체계를 이루고 있는 제도적인 기관에서 행하는 학교교육이 가장 중요하다.

(4) 교육을 「받을 권리」

교육을 받을 권리는 오늘날 국민(특히 아동·청소년)의 학습권으로서 파악된다. 오늘날 「어린이를 비롯하여 모든 국민은 나면서부터 교육을 받아 학습하고 인간적으로 발달·성장하여 갈 권리를 가지고 있다」고 하는 것은 민주적인 교육법이론에서 인정되고 있다. 모든 인간이 그 가능성을 충분히 개화시키기 위하여 스스로 학습하고 교육을 받아서 성장하는 것은 문화적인 사회에 있어서의 기본권이라고 하겠다.

교육을 시킬 권리, 즉 교육권은 학습권에 대응하는 것으로서 어린이의 인간성을 개발하고, 그들에게 문화를 전달하고, 민주적인 국가와 사회의 담당자를 육성한다고 하는 국민적인 의무와 책임 및 그를 다하기 위한 권한을 총괄한 개념이다.

나. 교육의 의무

교육을 받을 권리의 주체는 원래 취학연령에 있는 미성년자이나 이들은 독립하여 생활할 수 없는 자이므로 보호자가 그 자녀를 취학시킬 의무를 다하지 아니하면 이 권리는 실효성이 없다. 따라서 헌법 제31조 제2항에서는 제1항의 교육을 받을 권리의 실효를 기할 목적으로 교육의 의무를 부과하고 있다.

교육의 의무의 주체는 교육을 받아야 할 자녀를 가지는 국민, 즉 학령아동의 친권자 또는 그 후견인이고, 교육의 의무의 내용은 보호하는 자녀를 일정한 학교에 취학시킬 의무이다. 그러나 반드시 공립학교에 취학시킬 의무는 아니다.

이 의무의 대상이 되는 교육은 적어도 초등교육과 법률이 정하는 교육이며 이것은 초등교육뿐만 아니라 중등교육까지도 의무화하기 위한 것이다. 현행 교육기본법 제8조 제1항은 6년의 초등교육과 3년의 중등교육을 의무교육이라고 명시하고 있다.

납세의 의무, 국방의 의무가 국가구성 및 유지에 관한 적극적 의무로서의 성격을 갖는데 대하여, 교육의 의무는 다른 목적, 즉 국민의 인간다운 생활을 유지하고 문화국가를 건설하는데 수반되는 의무이다.

다. 의무교육의 무상

국민에게 교육의 의무를 부과하는 이상 국가는 피교육 아동 및 학생의 편의를 도모하여 줄 의무를 진다. 이에 헌법은 제31조 제3항에서 의무교육은 무상으로 할 것을 규정하고 있다.

여기서 무상이라 함은 수업료 면제만이 아니다. 국가의 재정이 허용하는 경우에는 학용품을 비롯한 급식의 무상까지도 포함된다고 보아야 할 것이다. 국가와 지방자치단체는 의무교육의 실시에 관한 의무를 지고 있으며, 국가는 가능한 한 최대의 배려를 하여 보호자의 부담을 경감시켜 주어야 할 것이다. 교육세[13]의 징수는 위헌

13) 교육세의 근거법인 교육세법은 1958년에 제정되었다가 1961년에 폐지되었다. 이후 1981년에

이 아니다. 사립초등학교의 경우에는 문제가 있으나 국·공립학교의 수용능력이 있는데도 불구하고 사립학교에 자원해 취학하는 경우에는 유상으로 할 수도 있다고 하겠다.

4. 교육제도의 보장

가. 교육의 자주성·전문성 및 정치적 중립성의 보장

교육의 자주성·전문성과 정치적 중립성이 보장되지 않는 경우 특정한 세계관을 강요하고 교육의 발전이 저해될 우려가 있으며 특정한 정치세력에만 영합하는 교육을 할 우려가 있기 때문에 헌법은 특별히 교육의 자주성과 전문성 및 정치적 중립성을 보장하고 있다(제31조 제4항). 나아가 대학의 자치는 학문의 자유에서도 보장되고 있으며 대학의 교육도 자주성·전문성과 정치적 중립성이 보장된다. 교육의 자주성·전문성을 확보하기 위해서는 교원의 교육시설 설치자·감독권자로부터의 자유, 교육행정의 교육내용에 대한 권력적 개입의 배제, 교육관리기구 특히 교육감, 교육장 등의 공선제가 확립되어야 할 것이다. 교육의 정치적 중립성을 확보하기 위하여 교육기본법은 교원의 정치적 활동을 금지하고 있다. 그러나 정당법에서 예외를 인정하고 있다(제22조).

교육의 자주성·전문성 및 정치적 중립성과 관련하여 교원의 수업의 자유가 문제된다. 대학교육의 경우에는 학문의 자유와 관련하여 교육의 자유가 인정되고 있으나 의무교육이나 중등교육에 있어서는 일정 부분 교육의 자유가 제한되고 있다.

나. 평생교육의 진흥

국가는 평생교육을 진흥하여야 한다. 평생교육은 학교교육뿐만 아니라 가정교육, 사회교육 등을 망라한 넓은 의미의 교육으로 연령에 의한 한정을 두지 않는다. 평생교육을 포함한 교육제도와 그 운영에 관한 기본적 사항은 법률로 정하게 되어 있다. 이를 위하여 방송통신교육, 공민교육(시민교육), 개방대학(open university)[14] 등의

다시 제정된 교육세법은 교육세를 1982년부터 1986년까지 5년간 한시적인 목적세로 운영하도록 하였으나, 1986년의 개정으로 1986년에서 1991년까지 연장하여 적용하였고, 이후 1990년의 개정에서 교육재원의 지속적이고 안정적인 확보를 위하여 교육세를 한시세에서 영구세로 전환하였다.

14) 성별·연령·직업 등의 제한 없이 언제든지 배울 수 있는 평생교육의 이념에 알맞은 개방적 교육

제제도가 도입되고 있다.

다. 교육의 기본제도의 법률주의

학교교육 및 평생교육을 포함한 교육제도와 그 운영, 교육재정 및 교원의 지위에 관한 기본적인 사항은 법률로 정하도록 하고 있다. 교육제도라 함은 교육의 기본방침과 내용, 교육행정의 조직, 교육 및 그 감독 등에 관한 제도를 말한다. 교육에 관한 기본제도를 정한 법률로는 교육기본법이 있으며, 교육기본법에서는 교육에 관한 국민의 권리·의무 및 국가·지방자치단체의 책임을 정하고 교육제도와 그 운영에 관한 기본적 사항을 규정하고 있다. 또한 교육기본법 제9조에 따라 유아교육 및 초·중등교육, 고등교육에 관하여는 각각 유아교육법, 초·중등교육법, 고등교육법에서 세부적인 사항을 규정하고 있다. 그 외에 교육공무원법이 교원의 대우에 관하여 규정하고 있고, 지방교육재정에 관하여 지방교육재정교부금법이 특별법으로서 규정하고 있다. 이 밖에도 교육세 등의 징수로 교육재정을 확보하고 있다.

라. 교육의 자유

교육을 받을 권리에 있어서의 교육이란 교육의 본질에 근거한 자유로운 교육이 아니면 안된다. 교육의 자유의 근거에 대해서는 이를 행복추구권에서 찾는 경우, 학문의 자유에서 찾는 경우, 어린이의 교육을 받을 권리에서 찾는 경우 등이 있다. 행복추구권에서 교육의 자유를 찾는 경우는 인간의 존엄과 가치 및 행복추구권이 교육의 자유를 통하여 보장될 수 있다고 보는 것이고, 학문의 자유에서 교육의 자유를 주장하는 경우는 대학에서만 교수의 자유가 인정될 것이 아니고 일반학교에서도 교육의 자유를 인정하여야 한다고 주장하는 것이고, 어린이의 교육을 받을 권리에서 찾는 경우는 그에 대응하는 권리로서 부모를 중심으로 하는 국민전체에 교육의 자유가 보장되어 있다고 보는 것이다. 일본 하급심판례는 이 여러 가지 견해를 대표하고 있는데 최고재판소는 보통교육에 있어서도 일정범위의 교수의 자유를 인정하면서, 국가는 필요하고도 상당한 범위 내에서 교육내용을 결정할 권능을 가지고 있다고 본다.

으로 원하는 수준의 교육을 받지 못한 사람들에게 제2의 교육기회를 마련해주는 제도이다.

Ⅲ. 일반교육과 직업교육

일반교육은 특정직업과는 관계없이 인간의 지·덕·체를 함양하기 위한 일반적, 기초적 또는 교양적 교육을 목적으로 하는 것을 말한다. 논자에 따라서는 일반교육을 직업교육의 일부분으로 보고 있다.[15] 이에 대하여 직업교육은 직업에 관한 지식이나 기술 또는 태도 등을 가르치고, 그들의 개성발휘와 사회적 역할 수행 및 자신의 생계유지를 영위할 수 있는 유능한 직업인으로 육성하고 도야(陶冶)해 가는 것을 말한다.

이러한 일반교육과 직업교육의 구분은 과거의 신분제 사회의 영향에 의한 것이다. 즉 신분제 사회하에서는 특권적 지배계급 자제의 교육만을 교양교육·자유교육이라고 하고, 생산계급의 자녀교육은 직업교육으로 하여 가치를 다르게 부여하였다.[16] 그러나 오늘날과 같은 민주주의 사회에 있어서는 모든 사람이 평등하게 업무에 종사하고 사회에 봉사할 책무를 지고 있으므로 과거와 같은 의미에서의 일반교육과 직업교육의 구분은 불가능하다 할 것이다.

직업교육은 넓은 의미에 있어서 인간교육이며 일반교육의 성과 위에 계속되는 전문적인 직업교육을 협의의 직업교육이라고 할 수 있을 것이다. 사회의 유지와 발전에 공헌할 수 있는 사회인의 교육에 있어서 사회인으로서의 생활에 필요한 보다 일반적이고 교양적인 지식이나, 덕성을 함양하려는 것이 일반적 직업교육이고 이러한 기초위에 보다 전문적인 고도의 지식, 기술, 능력을 부여하려고 하는 것이 전문적 직업교육이다. 그러므로 일반교육은 직업교육의 기반이 되는 한 영역이며, 직업교육은 어느 정도의 일반교육을 전제로 그 토대위에서 행하여지는 것이다. 또한 오늘날과 같은 산업사회에 있어서는 전문적인 직업교육과 연결되지 않는 일반교육은 무의미하다고 할 것이다.

직업교육은 인간의 노동능력 함양에 직접관련이 있는 교육으로 실업계 고교나 전문대학, 일부대학 및 각종 직업학교의 교육이 이에 해당한다고 할 수 있다. 이에 대하여 일반교육은 노동능력 함양과 직접적인 관계를 가지고 있으며 직업교육의 토대가 되는 교육이다. 의사나 변호사와 같이 보다 전문적인 직업을 갖도록 하는

15) P.프루키에/김철수 역, 공민의 윤리(상), 1980, 162면.
16) 성기중, 직업윤리, 48면.

직업교육은 보다 높은 수준의 일반교육을 요구하고 있다.

현대산업사회에 있어서 바람직한 교육은 일반교육과 직업교육이 적절히 함께 기능하는 그러한 교육이라고 할 수 있을 것이다.[17)]

Ⅳ. 인적 자본론

1. 인적자본과 교육

경제발전의 필요조건으로서 인력(人力)의 문제에 관심을 가지는 사람들은 주로 경제학자들이다. 경제학자인 데니슨(Denison)과 슐츠(Schultz)의 연구보고에 의하면 미국의 경제성장은 교육에 대한 투자에 원인을 돌릴 수 있다고 한다. 이 같은 조사연구는 국민소득의 성장에 국제적으로 나타나는 차이는 물질적 자본투자 형식에서 나타나는 차이에 쉽게 원인이 돌려질 수 없다는 것을 밝힌 것이다. 이는 물적 자본의 투자가 비슷한 국가라도 실제로는 현저하게 다른 경제성장률을 나타내고 있는 것에서도 알 수 있다. 스스로 고율의 자본을 형성했다고 하여도 반드시 높은 경제성장을 이룩할 수 없다는 사실은 경제 성장을 연구하는 자로 하여금 어떠한 경우에는 적은 자본으로 고율의 성장을 이룩할 수 있지만, 다른 경우에는 큰 자본으로도 그에 상응하는 경제성장을 할 수 없도록 하는 경제적, 사회적 조건의 특성이 무엇인가를 알아내게 한다.

한편 쿠즈네츠(Kuznets)[18)]가 경제성장의 기초가 되고 있는 "일단의 ···· 사회적 조건들"을 인식한 것은 역사적으로 자본형성의 경향을 주의 깊게 살펴본 결과이다. 우리가 잘 알고 있는 GNP[19)]의 개념에는 여러 가지 이유 때문에 어린아이를 키우는데 관련된 노동의 가치 같은 것은 포함시키지 않는다. 그런데 이러한 노동을 GNP에서 제외시킨 것은 주목할 만한 일이다. 왜냐하면 쿠즈네츠는 가정에서 인적자본

---

17) 성기중, 직업윤리, 50면.

18) 러시아 출신의 미국의 경제학자. 국민소득이론과 국민소득통계의 권위자로 경제학에서의 수량적·실증적 분석에 공헌하여 1971년 노벨 경제학상을 수상하였다.

19) 일정 기간 동안 한 나라의 국민이 국내외에서 생산한 재화와 용역의 부가가치 또는 최종재의 값을 화폐단위로 합산한 것이다. 1934년 경제학자인 쿠즈네츠가 처음 제시한 이후 전 세계에서 국민소득 수준을 나타내는 대표적인 경제 지표로 사용되고 있다.

의 형성에 이바지하는 노동이 아주 중요함을 의심 없이 인정하였는데, 이는 가정에서의 끈질긴 언어교육은 가정의 위대한 투입으로 생각하였기 때문이다. GNP가 소홀히 하고 있는 점을 설명함으로써 쿠즈네츠가 언급한 일단의 사회적 조건에 주의를 기울이게 하는데 도움을 얻을 수 있을 것이다.

따라서 아이를 양육하고 교육하는 과정은 이들에게 경제에 적합한 태도, 품성, 가치관, 재능 등을 전달하고 계발하는 그런 범위에서 경제성장을 촉진시키게 되는 것이다. 이러한 점에서 학교교육의 일반적인 영향은 잘 알려져 있다. 그러나 교육의 영향력이 어느 정도인가, 그리고 현대산업사회에서 역할요구의 수행에 오히려 적지 않게 도움을 주는 취학 전의 경험들에서 얻어진 성격을 교육을 통하여 전환시킬 수 있는가에 대하여는 신중하게 검토해 볼 여지가 남아 있다.

현대사회에서 능력계발은 일반적으로 교육을 통하여 이루어진다. 교육에 의하여 능력계발이 이루어지고, 그에 따라 직업을 선택하여 노동시장에서 장래수익이 발생하는 것이다. 교육은 현재의 희생[20]을 지불하고 미래의 수익을 추구하는 것이므로 일종의 투자행위라고 할 수 있다.

교육을 통하여 얻어지는 새로운 지식이나 정보, 전문기술 등은 인간의 몸속에 내재되는 특징을 지니되, 동시에 개인의 생산성을 높이는 자본의 특징을 지닌다는 의미에서 일반적으로 교육을 인적자본(human capital)이라고 부른다.[21]

2. 인적자본이론

가. 인적자본이론의 의의

인적자본이론(human capital theory)이란 인간의 노동을 기계, 설비 등 물적자본과 같이 투자가 가능한 생산요소로 파악하여 투자를 통하여 인간에게 인적자본이 축적되면 그만큼 인간의 자본적 가치가 높아지게 되고, 그로 인한 생산성의 증가와 높은 소득을 올릴 수 있게 된다는 이론이다. 따라서 투자수익과 투자비용을 비교하여 수익이 투자비용보다 클 경우 투자를 결정한다는 점은 물적자본의 투자이론과 동일하다. 그러나 인적자본의 투자와 물적자본의 투자 간에는 중요한 차이점이 있다.

---

20) 교육비 지출, 공부하는 노력과 고통, 교육을 받지 않았더라면 시장에서 얻을 수 있었던 소득 등.
21) 조우현·황수경, 새로운 노동경제학, 법문사, 2016년, 269면.

물적자본은 시장에서 매매될 수 있으나 인적자본은 매매될 수 없으며, 물적자본은 은행의 담보물이 될 수 있으나, 인적자본은 그렇지 않다. 이러한 경우를 자본시장의 불완전성이라고 한다. 또한 물적자본은 기업의 소요물로 사업장 내에 잔존하게 되나 인적자본의 경우 근로자에게 귀속되어 근로자의 의사에 따라 자유롭게 사용될 수 있다.

이렇듯 인적자본은 생산과정에 투입되는 설비와 같은 물적자본과는 달리 직접 보고 만질 수도 없고 매매될 수도 없지만 생산과정에 중요한 역할을 담당하는 것으로, 사람에 대한 투자의 결과로 형성된 것이다.[22]

이러한 인적자본에 대한 중요성은 최초 성서의 기록으로부터 16~17세기의 윌리엄 페티(William Petty)[23]와 애덤 스미스(Adam Smith)[24] 시대를 거치면서 경제분석에 도입되기 시작하였지만, 인적자본의 개념은 슐츠(Schultz)가 교육경제학[25]이라는 학문과 연관시키면서 경제분석에 본격적으로 도입하기 시작한 1950년대부터 비로소 일반적으로 받아들여지게 되었다.

나. 인적자본과 인적자본투자

인적자본이란 기계설비 등의 자본이 장기간에 걸쳐 형성되고 생산성을 높이는 것과 마찬가지로, 인간 체내에 내장하되 장기간에 걸쳐 형성되고 생산성을 높이는 기술이나 기능, 지식 등을 통칭한다.[26] 이러한 인적자본에 대한 투자대상은 크게 정규교육, 현장훈련, 이주, 건강, 정보 등 다섯 가지로 나눌 수 있다.

우선 정규교육은 가장 일반적인 형태의 인적투자대상으로 대개 정규학교에서 이루어지는 기본적인 교육을 의미하며, 현장훈련은 근로자가 취업 후에 작업현장에서 작업을 통해 취득하는 기술훈련을 의미한다. 이렇듯 개인의 인적자본은 학교에

---

22) 김유배, 노동경제학, 2006, 136면.

23) 영국의 경제학자로 노동가치설을 주장하였으며, 사회와 경제를 통계학적으로 설명하려고 하였다. 이러한 시도는 이후 애덤 스미스의 분업론에 많은 영향을 주었다.

24) 스코틀랜드 출신의 영국의 정치경제학자이자 윤리철학자로 국부론의 저자이다. 고전경제학의 대표적인 이론가로 경제학의 아버지로 불리며 자본주의와 자유무역에 대한 이론적 심화를 제공하였으며, 모든 부가가치는 노동 일반에서 나온다고 하는 노동가치설을 주장하였다.

25) 교육에 관한 재정, 공급 및 수요에 관한 문제를 포함한 교육과 관련된 경제문제를 연구하는 학문으로 교육학과 경제학 사이의 간학문적(interdisciplinary) 특성을 가지고 있다.

26) 조우현·황수경, 새로운 노동경제학, 269면.

서 형성되는 지식이나 기술뿐만 아니라 기업에서 향상되는 지식이나 기술 등을 포함한다. 또한 일정한 인적자본을 축적한 근로자는 자신의 생산능력을 최대한 발휘하기에 알맞은 곳으로 이동함으로써 자신의 가치를 더욱 증가시킬 수 있으므로, 이주(migration) 역시 일종의 인적자본의 투자라고 할 수 있다. 나아가 건강의 유지에는 시간이라고 하는 소중한 자원의 투자가 필요하고, 건강한 사람은 질병에 걸린 사람보다 생산성이 높을 것이므로 건강 또한 인적자본이라 할 수 있다. 뿐만 아니라 노동시장의 정보를 취득하기까지는 시간과 비용이 발생하고 이를 통하여 자신에게 보다 적합한 직업(직장)을 발견하는데 이용함으로써 결국 개인의 생산성 향상에 기여할 것이므로 노동시장에 관하여 취득한 정보 역시 인적자본이라 할 수 있다.

한편 이러한 인적자본은 인적자본의 '투자'와는 구별된다. 인적자본은 저량(stock)인데 비하여 인적자본 투자는 일정기간에 이루어지는 유량(flow)이다.[27] 따라서 학교에 다니는 것이나 작업현장에서의 훈련실시, 건강유지를 위한 활동, 정보수집을 위한 직장의 이동이나 지역의 이동 등은 인적자본에 대한 투자행위라 할 수 있다.

다. 인적자본이론에 대한 비판

그러나 교육은 인적자본형성의 과정이며, 국민소득을 증가시킨다고 하는 인적자본론에 대한 일부의 비판도 있다. 이와 관련해서는 대표적으로 신호이론과 선별이론이 있다. 우선 신호이론(signalling theory)이란 기본적으로 개인의 선천적 재능이 다르며, 이러한 개인의 능력이 장차 기업에 의하여 드러나고 그에 대하여 높은 임금을 받음으로써 결국 개인의 능력의 격차가 생산성의 격차를 낳는다고 본다. 예를 들어 기업이 직원을 채용할 때 개인은 자신의 질적 수준에 대하여 알고 있으나, 기업의 입장에서는 개인의 능력이나 생산성 등을 알 수 없는 상황(정보의 비대칭성)에 직면한다. 따라서 기업의 입장에서는 이러한 경우 고학력이나 각종 자격 등을 능력의 지표로 활용할 수 있는데, 이러한 상황에서 개인은 고학력 졸업장이나 각종 자격증을 취득함으로써 자신의 능력과 생산성에 대하여 기업에 신호(signal)를 보내기 위하여 교육에 투자를 하게 된다. 따라서 이에 의할 경우 교육은 개인의 생산성을 높이는 것이 아닌, 단지 자신의 능력을 객관적으로 입증하기 위한 수단에 불과하다.[28]

---

27) 조우현·황수경, 새로운 노동경제학, 270면.

다음으로 선별이론(screening hypothesis theory)이 있다. 선별이론이란 교육과 훈련이 실질적으로 생산력을 향상시키는 것이 아니라, 능력 있는 사람을 선별하는 용도로만 사용된다는 이론이다. 예를 들어 기업이 근로자를 채용할 때 근로자 선별비용(screening cost)과 근로자 교육 및 훈련비용이 드는데, 이에 드는 비용을 줄이기 위하여 학력을 유능한 사람을 선별하는 수단으로 삼는 것이다. 다시 말해 기업은 채용 시 근로자의 잠재적인 능력이나 성향을 쉽게 파악할 수 없는데, 만약 기업이 근로자의 능력이나 재능을 직접 측정하고 시험해본 후 채용을 결정한다면 많은 비용이 발생할 것이므로, 이러한 선별비용을 줄이기 위하여 능력의 대리변수인 학력이라는 요소를 고려할 것이므로, 이러한 측면에서 교육은 지식이나 생산성을 높이는 것이 아니라 유능한 사람을 골라내는 도구인 필터 역할을 하는 것으로 간주된다.[29]

28) 정보의 비대칭적 상황에서 교육이 개인의 유능함을 나타내는(신호) 기능을 한다는 이론은 스펜서(Spencer)에 의하여 제시되었으며, 이후 정보의 비대칭성 문제를 제시한 애컬로프(Akerlof)와 이 문제를 심화시킨 스티글리츠(Stiglitz)와 더불어 2001년도에 노벨경제학상을 수상하였다.

29) 조우현·황수경, 새로운 노동경제학, 272면.

제3장 노동과 직업

Ⅰ. 직업의 의의

1. 직업의 개념

직업은 인간의 사회적 역할, 지위에 따른 노동 활동이다.[30] 직업은 정신적, 육체적 노동력의 소모에 따라 그에 대한 대가로서 경제적 급부를 받아 생활을 유지하는 지속적인 사회활동이다. 그리고 이러한 사회활동으로서의 직업이 지속성을 유지하고 인간다운 생활을 할 수 있도록 하기 위해서는 사회적 수요에 합치되어야 하고, 동시에 사회적으로 긍정적인 평가를 받는 것이어야 하고 합법적이어야 한다.

따라서 직업이라 함은 사람의 사회생활상의 지위에 기한 계속적·반복적 사회적 활동으로서 그것에 의하여 자신의 생활을 영위해 나가기 위한 경제적 활동이어야 한다.

이를 나누어 설명하면 다음과 같다.

① 직업수행의 원동력은 노동이다. 즉 직업이 되려면 노동활동이 있어야 하며 사회적 관점에서의 외면(外面)이라고 할 수 있다.

② 직업은 사회생활상의 지위에 기한 것이어야 한다. 즉 사회구성원으로부터 긍정적인 평가를 받을 수 있고 합법적인 것이어야 한다. 따라서 불법적인 것, 예컨대 마약밀매, 매춘, 도박, 밀수 등은 이를 직업이라 할 수 없다.

③ 계속성과 반복성을 가져야 한다. 일회성을 띄는 사회적 활동은 직업이라 볼 수 없다. 예컨대 전근 등으로 자기가 살던 집을 팔거나, 필요 없게 된 중고생활용품을 파는 행위는 계속성과 반복성이 결여된 것으로 이러한 행위를 한다하더라도 이를 상행위라 하고 그 행위자의 직업을 상업이라고 할 수는 없는 것이다.

30) 성기중, 직업윤리, 1991, 37면.

④ 자신의 생활을 영위하기 위한 경제적 활동이어야 한다. 따라서 단순한 오락, 스포츠나 사회봉사활동의 일환으로 행하는 경우 이를 직업이라 할 수는 없다.

2. 직업의 의의

이와 같은 개념으로서의 직업은 일차적으로는 생업으로서의 의의를 가지며, 이차적으로는 사회적 역할분담으로서의 의의를 가진다.[31]

가. 생업으로서의 직업

인간은 자기와 가족의 생계에 충당하기 위하여 일을 하게 된다. 이러한 의미에서는 직업이라는 용어보다는 생업이라는 표현이 적절할 것이다. 이러한 의미에서의 직업이란 인간이 생존을 필요로 하는 이상 어떤 사회에도 존재한다. 즉 봉쇄적 자급자족의 생활을 하는 경우나 로빈슨 크루스와 같이 고립된 생활을 하는 경우에도 생계유지를 위한 활동으로서의 생업은 존재하고 있는 것이다.

나. 사회적 역할 분담으로서의 직업

직업이라는 개념은 일의 전문화 및 분화가 어느 정도 발달한 일정한 사회전체의 존재를 전제로 하고 있으며, 이러한 사회적 존재를 전제로 해서 비로소 역할분담이라는 것도 가능하게 된다. 사회적 기여라는 것도 이와 같은 사회적 역할분담을 통한 기여를 의미하고 있는 것이다. 이와 같은 사회적 역할의 수행은 개개인의 개성이 충분히 발휘됨으로써 보다 좋은 결과를 얻어낼 수 있다.

3. 직 업 관

일반적으로 개성의 발휘, 사회적 역할의 실현 그리고 생계의 유지를 직업의 3요소라고 할 수 있는데, 이 세 요소 가운데에서 어느 개인이 자기의 가치를 어디에 부여하느냐에 따라서 직업관이 달라지게 된다. 개성의 발휘에 의미가 부여되었을 때 자아실현지향적 직업관으로 나타나고, 사회역할의 실현이라는 측면에 가치를 부여하면 기여지향적 직업관으로 그리고 생계유지의 측면에 목표를 두면 보수지향적 직업관으로 나타나게 된다.

---

31) 이규천, 직업윤리, 1990, 10면.

현대 산업사회에서 비교적 강세를 보이는 직업관으로는 보수지향적인 직업관을 들 수가 있다. 이는 산업사회의 특성으로서 인간적 가치가 물질적 가치에 의하여 압도당하는 경향이 있기 때문에 물질적 향락을 추구하는 향락제일주의적인 경향의 영향을 받은 것이다. 그렇다고 해서 자아실현지향적 또는 기여지향적 직업관을 가진 사람이 없다는 것을 의미하는 것이 아니라, 이는 사회 전반적인 면에서 볼 때 다른 시대에 비하여 보수지향적인 직업관을 가진 사람이 많이 나타나는 경향이 있다는 것을 말하는 것이다.

따라서 이러한 가치관에 의할 때 금전 또는 권력에 따른 수단적 가치가 본래의 목적인 인간보다 높은 자리를 차지하게 되는데, 이는 곧 자아실현지향적 직업관과 보수지향적 직업관에 대한 야심형으로 나타나는 경향을 말한다. 따라서 상술한 세 가지 직업관이 균형과 조화를 이룬 형태가 가장 이상적인 것이라고 할 수 있다.

Ⅱ. 직업의 선택과 변화

1. 직업선택의 의의

직업선택의 자유가 보장된 것은 근대 시민사회 성립이후 부터이다. 중세 봉건시대에는 개인의 사회적 직분은 생래적 신분에 의하여 결정되었기 때문에, 특정신분이 아닌 자는 아무리 그 직업에 적합하다고 하더라도 그 직업에 종사할 수 없었다.[32]

오늘날과 같이 자유의사에 따라 자기의 직업을 스스로 선택하여 종사할 수 있는 자유를 "직업선택의 자유"라고 하며 우리 헌법은 제15조에서 "모든 국민은 직업선택의 자유를 가진다."라고 명시하고 있다.

그러나 개인에게 직업선택의 자유를 부여한다고 하여 자의적으로 어떠한 직업도 선택할 수 있다는 것을 의미하는 것은 아니다. 즉, 직업의 의의에 반하는 것, 예컨대 비윤리적인 것이나 불법적인 것 그리고 어느 직업을 갖는데 일정한 제한이 따르는 직업(영업허가를 요하는 직업, 의사·변호사 등과 같이 일정한 자격을 요하는 직업)은 필요한

---

32) 이규천, 직업윤리, 92면.

요건을 충족하지 못하면 그 직업을 영위할 수 없게 되는 것이다.

직업선택의 자유를 인정하고 있는 의의는 무엇보다도 개인의 개성을 존중하고, 따라서 각 개인은 그 개성을 가장 잘 발휘할 수 있는 직업을 선택하도록 하여 각자의 행복과 각 개인에게 기대할 수 있는 최대의 사회적 기여를 확보하고자 하는데 있는 것이다. 따라서 오늘날 이 사회를 살아가는 모든 사람에게 있어서 가장 중요한 일 중의 하나가 자기에게 적합한 직업을 선택하고 그 직업을 통하여 개성의 신장과 사회적 역할의 분담을 통한 사회에 기여하는 일일 것이다.

그렇다면 어느 개인에게 어떤 직업이 적합하고 이 직업을 어떻게 선택해야 할 것이냐의 문제가 제기된다.

어떤 개인에게 어떤 직업이 적합한가는 개인의 주관적인 포부나 자신감 만에 의하여 결정될 것은 아니고 그 특정개인의 적성이라든가, 지능, 신체적 조건, 경험, 생활태도, 가치관념 등에 의하여 종합적이고 합리적으로 판단해야 할 것이다. 그러나 이렇게 해서 객관적·합리적으로 개인에게 적합한 직업을 선택했다 하더라도 반드시 그러한 적직에 바로 현실적으로 종사할 수 있는 것만은 아니다. 현실적으로 어느 직업에 종사하는 데에는 가정의 사정, 본인의 구체적인 조건, 구직과 구인의 불일치, 국가 정책적 제한 등에 의하여 영향을 받게 되는 것은 불가피하다고 할 수 있다.

2. 직업선택에 미치는 영향

가. 가정의 영향

일반적으로 직업에 대한 적응의 과정을 논할 때 가정환경은 매우 중요시된다. 개인이 속한 가정의 사회적 환경이나 경제적 수준과 같은 특성은 취업의 형태와 업무태도 및 기대에 현저한 영향을 미친다. 실제적으로 어느 개인이 직업을 선택하는데 적성이나 그 직무에 대한 평가가 소외되는 경우가 많다. 부모의 직업은 자녀들에게의 요구와 직업결정에 대해 중요한 영향을 미치는 경우가 허다하다.

대부분 젊은 사람들의 직업상의 목표는 그들의 부모의 직업수준보다 높은 것이 일반적이다. 어떤 사정하의 가정적 특징은 취업에서 뿐만 아니라 직업전환, 실직에도 크게 영향을 미친다.

나. 학교의 영향

학교교육은 사회이동의 수단으로서 그 중요성이 강조되고 있다. 학교교육을 통하여 학생들은 일반적인 또 전문적인 지식을 습득함과 동시에 학교생활 그 자체를 통하여 일상 사회생활에 적응할 수 있는 유용한 경험을 얻는 장소로서 활용할 수 있다. 뿐만 아니라 직업선택에 필요한 정보를 획득하고 학연이라는 비공식적 패턴을 활용하여 사회진출의 유용한 수단으로 활용할 수 있게 된다. 특히 우리사회에 있어서와 같이 학벌이 중시되는 사회에 있어서는 학교교육이 직업선택에 미치는 영향이 매우 크다고 할 수 있다.

다. 사회적 여건의 영향

어떤 직업을 선택하느냐 하는 것에는 사회적 여건도 크게 작용한다. 즉 사회적제 환경적 여건이 직업의 선택에 크게 영향을 미친다. 어느 직업에 대한 사회적 선호도는 시대에 따라 달라지며 이러한 직업에 대한 사회적 평가는 결국 개인에게 그 직업으로 유인하는 강력한 힘을 발휘하게 한다. 과거 한 때 유교적 유습이 강하게 남아있던 시대에는 연예인이라는 직업은 천시되어 기피의 대상이었으나 오늘날은 젊은이 사이에서 선망이 되었으며 스포츠맨의 경우도 마찬가지이다.

그런가 하면 고용여건의 변화도 직업선택에 큰 영향을 미치게 된다. 경기가 호황인 국면에서는 선택의 폭이 넓어 비교적 희망하는 직업의 선택이 용이하나, 불황국면에서는 호·불호를 따지기 전에 취업하기에도 급급할 수도 있다. 이밖에도 취업정보전달의 접근성 여부라든가 국가의 사회·경제 정책의 변화도 직업선택에 큰 영향을 미치고 있다.

3. 직업의 변화

가. 직업의 변천

과학·기술의 발달은 인간의 생활에 큰 영향을 미쳤으며 그에 따른 새로운 직업이 등장하였다. 농협혁명을 이끈 농업기술의 발달에 이어 산업혁명을 가져온 증기와 전기 에너지를 이용한 기계적 생산방식의 도입, 정보혁명이라 일컫는 정보·통신 기술의 발달이 그것이다.

농업기술의 발전에 따라 채취·약탈 방식의 이동 노동이 토지의 경작을 기반으로 하는 생산적 정착 노동으로 변화하였으며 생산성이 많이 개선되었다.

이후 석탄연료를 바탕으로 하는 증기와 전기 에너지를 이용한 기계적 생산방식의 도입은 노동과 직업의 모습을 크게 변화시켰다. 인간의 노동력이 상품으로 거래되기 시작했으며 공장이라는 노동집합소가 등장하였다. 기계와 컨베이어 벨트 시스템의 등장은 생산성을 획기적으로 상승하는 계기가 되어 대량생산 체계가 구축되었다.

20세기 중반 이후의 정보·통신의 발달은 그간의 육체적 노동방식이 지식과 정보 중심의 노동으로 변화하게 된다. 반도체와 컴퓨터, 인터넷 혁명으로 정보의 생성과 가공 공유를 가능케 하는 정보기술시대가 개막되었다. 공장과 직장 근무 중심의 근무형태가 재택근무 또는 근무지를 이동하는 형식의 새로운 근무방식이 나타나게 되고, 노동시장에서 프리랜서와 같은 자유전문직이 확대되었다. 인터넷의 발달은 웹디자이너, 웹마스터, 사물인터넷개발자, 디지털큐레이터와 같은 신종 직업을 탄생하게 하였다.

21세기에는 사람과 사물, 공간을 연결하고 자동화와 지능화가 더욱 확대되어 디지털·생물학적·물리적 경계가 사라지면서 기술이 융합되는 제4차 산업혁명의 새로운 시대가 될 것이라고 한다.

나. 미래사회의 직업

미래사회에는 제조업과 단순서비스업이 줄어들고 금융, 정보통신, 건강, 노령인구, 여가활동, 교육과 관련된 업종의 직업이 유망할 것으로 보인다. 이와 같은 업종은 이미 우리 사회에서 상당한 정도의 점유율을 보이고 있다. 또한 높은 수준의 교육훈련에 기반을 둔 고숙련 전문직업군이 더욱 증가할 것으로 예상된다.

산업구조의 변화에 따른 노동의 수요공급·노동형태·사회환경·직업관의 변화 등에 따라 21C에는 어떤 직업이 유망한 것인가에 대하여 살펴보자.

① **산업구조의 변화추세와 일치하는 성장산업에서의 직업** : 우리 산업구조의 변화의 특징은 개별산업의 고도화와 산업전반의 광역화라고 할 수 있다. 개별산업 고도화와 관련하여 기술집약 첨단산업, 자본집약산업, 감성지향 문화산업 등을 들 수 있고, 산업전반에 걸친 광역화와 관련하여, 국제무역·합작투자·기술

도입·전략적 제휴에 관련되는 직업을 들 수 있다. 전기·전자산업, 기계수송기기산업, 정보통신산업, 레저산업, 건강문화관련 산업 등이 유망할 것으로 보인다.

② 노령·고학력 및 여성인구를 활용할 수 있는 직업 : 국민연금제도 등 각종의 연금제도의 실시에 따른 노인의 경제력향상 등으로 노인을 위한 식품, 건강, 의료 등 실버산업의 성장이 두드러지고 여가활용·레저·여행·오락·스포츠·외식 등 시간소비형 산업수요가 증가할 것으로 전망된다. 또한 고학력화 추세로 일에 대한 보람과 직장만족도를 높이고 동기를 부여해주는 직업이 유망할 것이다. 여성의 경제활동 참가율도 증가에 따라 이들의 노동력을 활용할 수 있는 산업도 유망할 것으로 보인다.

③ 파트타임근무·시차근무·재택근무가 쉬운 직업 : 사무자동화와 첨단기기의 활용이 증가함에 따라 21C에는 일하는 사람이 바뀌어도 일에 지장을 주지 않는 작업표준화가 진행될 것이다. 이에 따라 하루 종일 근무하는 종일제근무가 쇠퇴하게 되고 경기변동 및 수요의 변화에 따른 유연한 인력배치를 할 수 있는 파트타임 업종이 선호될 것이다. 이는 곧 시차제 근무, 시간제 재택근무를 가능하게 할 것이다.

④ 보수보다 적성·취미를 강조하는 레저적 성격이 강한 직업 : 신세대, 신신세대는 직업을 선택하는 기준으로서 높은 보수나 성취욕보다는 취미나 적성을 우선하는 경향이 있다. 근로자의 적성과 개성을 살리는 레저적 성격이 강한 직업이 유망할 것이다.

Ⅲ. 직업과 윤리

1. 서 설

우리가 살고 있는 고도산업사회에서는 산업조직의 고도화와 함께 산업조직의 관료화, 조직체로의 개인의 매몰, 노동에 있어서의 인간의 소외, 직장에 있어서 인간성의 상실 등이 점차로 증대되고 있고, 급격한 사회의 변화에 따른 가치관의 혼미 속에서 노동의 기피현상과 향락 제일주의적 생활태도가 만연되고 있다.

이와 같은 상황 속에서 직업으로부터 삶의 의의를 찾고 인간으로서의 주체성을 회복하기 위해서는 어떠한 삶의 방식에 따라야 할 것인가. 그리고 그 삶의 방식에 있어서 지도원리가 되어야 할 직업윤리는 어떠한 것인가 하는 것이 문제된다.

그러면 직업윤리란 무엇이며 어떠한 형태의 것이 있고 어떻게 구별되는가, 그리고 여기서 말하는 「윤리」란 개개인의 사회생활에 있어서 그들의 행동을 구속하는 사회적 규범과 같은 것인가 아니면 내면적인 세계를 지키기 위한 심적 태도와 같은 것인가가 구체적인 논의의 대상으로 대두된다.

직업윤리라고 하는 것은 특정 직업을 영위해 가는데 있어서 익숙해져 있는 자발적인 직업활동상의 기풍, 기질, 마음의 자세와 같이 내면적인 성격의 것으로 이는 선천적인 것이라기보다는 후천적 가정교육이나 학교나 직장에서의 훈련 등에 의하여 영향을 받아 형성되는 것이다. 또 국가·사회나 그가 속해 있는 단체로부터의 강제나 구속의 영향도 크게 받는다. 이러한 점에서 볼 때 직업상의 기풍이나 마음의 준비는 본인의 외면으로부터 이미 형성되어져 있는 일정한 사회규범이 내면화된 것이다. 그리고 직업윤리 그 자체로서는 직업에 종사하고 있는 사람들의 행동이나 의식의 근저에 있는 가치관의 일부로서 직업상의 법규와는 그 차원을 달리 하는 것이다.

그리고 사람들은 무엇 때문에 이와 같은 직업윤리에 따라야 하는가, 혹은 스스로 자진해서 따르려고 하는가 하는 의문에 대하여는 인간이 어떻게 살아야 하는가에 대한 의문에서와 같이 그 해답이 다양하다고 할 것이다.

2. 직업윤리의 정의와 내용

가. 직업윤리의 정의

직업윤리는 자신의 직업 활동을 수행하는 과정에서 지켜야 할 개인의 행위규범이라고 정의할 수 있다. 이 윤리는 먼저 개인의 자아실현을 위한 수단으로서 직업을 제대로 인식하고 받아들이는 개인윤리로 출발할 수 있다. 일을 통해 자신에게 주어진 모든 가능성을 구체화할 수 있는 능력과 기회를 가질 수 있다는 인식이 직업윤리의 시작이라고 한다.[33)]

---

33) 김영인·박병인, 직업과 윤리, 2016, 56면.

또한 직업이 단순히 한 개인의 자아실현 욕구만이 아니라 그 사회 또는 공동체와의 관련성 속에서 주어지는 도덕성을 받아들여 책임지고자 하는 역할로서의 직업윤리를 들 수 있으며, 각각의 구체적인 직업에 걸맞은 특수한 윤리를 포함하는 개념이라고 할 수 있다. 예를 들면 전문분야로서 공직자, 의사, 교사, 언론인 등은 그에 합당한 직업윤리가 있다.

직업윤리는 각 분야의 모든 열려있는 직업을 아우르는 열려있는 개념으로 이해되어야 한다.

나. 직업윤리의 내용

직업윤리는 직업인으로서 개인의 내면을 규율하는 부분과 직업생활에 있어서 함께 하는 사람 또는 소속 공동체를 규율하는 것으로 구분하여 살펴볼 수 있다.

먼저 직업인으로서 개인의 내면을 규율하는 직업윤리에 대해 살펴본다. 직업윤리의 출발점은 각 개인의 내면에 있다고 볼 수 있다. 내가 하는 일이 나의 삶에 있어서 어떠한 위치에 있는지, 어떠한 의미를 두고 있는지에 대해 스스로 답할 수 있어야 한다. 결국 인간은 일을 통해서 자신의 본성과 삶의 의미를 찾을 수 있다고 말할 수 있다. 일하는 것은 그런 점에서 그 자체로 존엄하다고 하겠다.

직업윤리의 핵심내용은 바로 이러한 삶의 의미를 담아낼 수 있는 일을 지향하는 자세이다. 자신이 하는 일에 존엄성을 부여하면서 숭고한 자세를 갖는 일은 그것이 자신의 삶의 의미를 부여하는 일로 이어지고, 그 직업에 요구되는 윤리를 온전히 갖게 되는 출발점을 이룬다.[34)]

두 번째로 공동체와 함께 하는 직업윤리에 대해 살펴본다. 직업윤리는 혼자가 아닌 사회에서 다양한 사람들과 함께 하면서 성립되기도 한다. 직장 내에서 자신에게 주어진 역할을 다하고 만나는 사람들과 돈독하게 인간관계를 형성해야 한다. 더 나아가 직장이 삶의 중요한 부분을 이루는 중요한 곳임을 자각하는 가운데 공동체적 유대관계를 맺고자 노력해야 한다. 생각건대 사회적 동물인 인간은 가족보다도 더 많은 시간을 함께 하는 타인과의 관계를 원만하게 형성하고자 노력하는 것은 그 무엇보다 중요하다고 하겠다.

그러나 이러한 타인과의 관계에서 반드시 선의의 유대관계만 형성되는 것은 아

---

34) 김영인·박병기, 직업과 윤리, 59면.

니고 경쟁이 불가피할 경우도 있을 것이다. 이러할 경우 공정하게 경쟁해야 한다는 기본적 원칙이 충실히 지켜져야 함은 두 말할 나위가 없다. 이것이 현대사회에서 가장 필요한 공정성의 원칙이며 이 원칙이 지켜져야만 당사자 모두가 받아들일 수 있기 때문이다.[35)]

Ⅳ. 노동과 레저

1. 레저의 의의

인간은 누구나 행복한 삶을 추구한다. 무엇이 행복한 삶인가에 대하여는 사람에 따라 달라지겠지만 의미 있고 풍요로운 삶과 여가 생활을 통한 즐거움과 생의 보람을 찾는 것은 행복에의 필요조건이라 할 것이다.

인간은 풍요로운 삶을 위하여 열심히 일하며, 근로생활의 질을 향상시켜 행복을 추구한다. 즉 노동을 통한 생산으로 물질적 풍요를 이루고자 하고, 노동 생활 속에서 보람을 찾고자 한다. 그러나 이러한 노동과 생산만으로는 행복한 삶을 이룰 수 없다. 인간은 소비와 여가를 통하여 정신적·육체적 에너지를 재창조하고 삶을 더욱 보람 있고 윤택하게 한다. 따라서 오늘날 여가는 노동과 함께 독립된 활동범주가 되면서 종래의 노동과 생산 중심의 삶의 양식이 여가와 소비 중심의 삶의 양식으로 크게 변모하게 되었다.[36)] 이에 따라 여가와 레크리에이션에 대한 인식을 새롭게 하게 되었다.

레저라고 하는 것은 생활시간의 일부로서 여가시간을 가리킴과 동시에 이 여가시간에 일어나는 여러 가지 활동, 즉 여가 활동을 의미한다.

레저의 개념을 명확히 하기 위하여 노동과 대비하여 살펴보면 다음과 같다. 즉 노동의 개념에는 그 일을 좋아하는 것만은 아닌데 생활을 위해서 매일 해야만 하는 것, 생활의 수단인 보수를 얻기 위하여 구속된 상태에서 해야 하는 것, 괴로운 것, 피곤한 것 등의 의미가 포함된 것으로 말하자면 노동은 필요악인 것이고, 반면에

35) 김영인·박병기, 직업과 윤리, 60면.
36) 백석현, 현대노사관계론, 2002, 24면.

레저라는 개념에는 구속으로부터의 자유나 인간성회복, 즐거움, 생의 보람 등과 같이 인생의 밝은 면의 이미지만이 결부되어 있다.

또 노동은 각 개인의 사회적 역할, 사명, 책임에 의하여 임무를 수행하는 것에 의하여 그가 한 사람의 사회인으로서 인정받게 되는 것이다. 이와 같은 측면에서는 노동은 단순한 생활을 위한 수단이 아니다. 노동하는 것 자체가 각 개인의 존재 이유이고 열심히 일하여 뛰어난 업적을 남기는 것이 그 사람의 사회적 명예가 되고 그 자신의 자랑이 될 수 있다는 의미에서 그것은 그의 생의 보람이 될 수 있는 것이다.

그런가하면 이와 같은 차원에서의 명예나 자랑은 대부분의 경우 레저 활동으로는 얻을 수 없다. 비록 어떤 개인이 어떤 취미활동이나 노력을 통하여 주변 사람들에게 명성을 얻는다 하더라도 그것이 레저 활동에 머무르는 한 그 명성은 대개 외부의 사회에서는 통용되지 않을 것이고 그 자신에게도 그것이 장기간의 행복의 원천이 될 수는 없을 것이다.

레저의 개념은 노동의 개념 이상으로 복잡하고 다양하다. 레저는 우선 시간상의 개념으로 노동과 같이 일정한 활동에 관한 개념은 아니다. 하루 24시간 중에 직업이나 가사노동을 위하여 구속되어 있는 시간과 수면이나 식사와 같이 생리적으로 필요한 시간을 제외한 나머지 자유시간을 자신이 좋아하는 데 사용하는 여가시간을 레저라고 할 수 있다.

2. 레저의 유형

레저 활동은 매우 다양하게 이루어지고 있으나 여기서는 이를 다음과 같은 네 가지 범주로 유형화하여 구분해 보고자 한다.

가. 내일의 일에 대비해서 휴식이나 기분전환을 위한 레저

이 의미에서의 여가활동을 가리키는 것이 바로 레크리에이션이다. 이 범주에는 가정에서 저녁 식사 후 일가족이 단란하게 모여 신문이나 잡지를 보면서 휴식을 취하거나 간단한 실내오락 등이 포함된다. 이 범주에 속하는 레저를 정의한다면 「레저란 단지 그 자체를 즐기는 활동이고 자기 목적적인 행동이다」라고 할 수 있다.

이와 같은 범주에 속하는 것은 일상적으로 쉽게 자주 이루어지는 것으로 주로 내일의 근로에 대비한 수단으로 행해지는 활동이기 때문에 엄밀하게 보아서 레저라고 하기에는 적합하지 않을 수도 있다.

나. 보는 레저

이는 영화, 연극을 관람하거나 TV나 라디오를 시청하거나, 독서를 하거나 야구 등의 스포츠를 구경하는 형태의 레저를 말한다. 부분적으로는 (1)의 범주와 중복되는 듯한 활동도 이에 포함되어 있다. 보는 레저의 특색은 그 활동이 수동적이고 항상 관객이나 청중의 입장에서 행해지는 특징이 있다.

다. 실행하는 레저

이는 등산, 테니스, 낚시, 드라이브, 스키, 관광 등과 같이 스스로 행하고 체험하는 레저이다. 또 취미로 동물을 기르거나 화단에 꽃을 가꾸는 행위도 이 부류에 속한다. 또 동호인들이 모여서 행하는 취미활동으로서의 독서회나 연구회도 여기에 포함된다.

라. 타인에게 서비스로서의 활동

고아원, 양로원의 방문, 사회단체의 일원으로서의 봉사활동, 종교활 동, 자선사업 등과 같이 행위자 자신보다 그 대상자에 중점이 주어지고 부수적인 만족감을 얻게 되는 활동유형이다. 이는 직업상의 서비스처럼 물적 보수를 기대하고 하는 것이 아니라는 점에서 광의의 레저 활동의 일부로 볼 수 있다.

이와 같이 레저는 네 가지 유형으로 분류했을 때 여기서는 다음과 같은 공통점을 발견할 수 있다. ① 많든 적든 자기 목적적이다. ② 구속적이거나 강제적인 것이 아니라 자발적인 것이다. ③ 물적 보수를 결과로서 기대하지 않는다. ④ 자기만족적인 것이다.

3. 노동의 레저화(化)

앞에서 살펴본 바와 같이 노동이란 생활을 위해서 싫든 좋든 매일 해야만 하는 것, 구속된 상태에서 해야 하는 것, 괴로운 것, 피곤한 것으로 평가되는 데 반하여 레저는 구속으로부터의 해방, 인간성 회복, 즐거움, 보람으로 평가된다. 우리가 살아가는데 있어서 생활이 노동만으로 이루어지거나 레저만으로 이루어지는 경우는 거의 없고 비율의 차이는 있겠지만 양자에 의하여 구성되게 된다.

이와 같이 생활이 노동과 레저로 구성된다고 하더라도 현실적으로 노동이 차지하는 비중이 대부분의 경우 절대적이라고 할 수 있다. 따라서 생에 활기를 불어넣기 위해서 또는 노동능률의 향상을 위해서 노동을 레저처럼 할 수 없을까 하는 궁리를 하게 되는 것이다.

어느 사람에게는 낚시가 직업이지만, 일부의 사람에게는 낚시가 레저이다. 또 어느 사람에게는 운전이 직업이지만 다른 사람에게는 레저이다. 왜 이와 같이 같은 형태의 행위가 A에게는 노동이 되고 B에게는 레저가 되는가. 이는 일정한 행위를 하는 자의 관념적 접근의 차이에 기인한다고 할 수 있다. 즉, 자기만족적으로 즐거운 마음으로 행하느냐 아니면 생활수단의 획득이라는 목적에 압도되어 할 수 없이 행하느냐에 따라 노동이냐 레저냐가 결정된다 할 수 있다.

일을 하는 사람이 생활수단의 획득에 직접적이고 일차적인 노동에의 동기부여를 하지 않고 일 그 자체에 목적을 가지고 일을 할 때 노동의 레저화가 되는 것이다.

어부가 낚시꾼의 심정으로 고기를 잡고 농장노동자가 취미로 꽃을 가꾸는 사람과 같은 마음으로 노동을 한다면 그들의 일들은 고통스럽거나 괴로운 것이 아니라 즐거운 것이 될 수 있는 것이다. 그러므로 노동과 레저의 차이는 어쩌면 종이 한 장의 차이에 불과한 것이라고 할 수 있을 것이다.

과거에는 향락을 추구하는 것 자체가 낭비이고 사치이며 도덕적으로도 좋지 않다는 가치관이 지배적이었고, 근검절약이 강조되어 있었다. 실제적으로도 여가를 즐길 시간이나 경제적 여력도 없었다.

그러나 대다수의 시민들도 노동시간이 짧아짐에 따라 시간적 여유가 생기고 임금상승에 따른 경제적 여유가 어느 정도 이루어지자 휴일이나 주말에는 레저를 즐기는 것이 당연한 것이라는 새로운 풍조가 급속히 확산되어 왔다. 이는 국민의 객관적인 생활여건의 향상에 따른 직업 활동을 생활중심에 두는 풍조에서 레저나 소비활동을 생활의 중심으로 보는 가치관의 변화에 기인하는 것이다.

이러한 가치관의 변화에 따라 나타나는 레저의 범람을 우려하는 주장도 제기되고 있으나 문제는 레저의 일반화 내지 범람이 아니라 레저의 맹목적 추구와 노동의 기피이다. 즉, 노동은 고통스럽고 괴로운 것이기 때문에 즐거워야 할 인생의 장애가 되어 배제되어야 한다는 레저지상주의가 문제이다.

노동은 우리의 생존의 조건을 창출하는 일련의 과정이고 인간의 삶을 기름지게 하는 주요 요소로서 양자는 인간다운 삶에 있어서 필요조건이다. 따라서 과거와 같은 노동제일주의나 오늘날 사회일각에서와 같은 레저향락지상주의는 모두 배격되어야 할 것이다. 노동과 레저의 적절한 조화 속에서 인간다운 삶이 실현될 수 있도록 하여야 할 것이다. 또 이의 실현을 위하여 직업의 선택이나 수행에 있어서 노동의 레저화는 바람직하다 할 것이다.

V. 제4차 산업혁명과 직업

1. 서 설

우리 사회는 지금까지 2차례의 산업혁명으로 인한 변화를 경험하였고, 현재 컴퓨터 및 정보통신기술(ICT)의 발전으로 인한 '디지털 혁명'이라는 제3차 산업혁명의 시대를 지나며 정보화·자동화를 구축하고 있다.

그런데 지난 2016년 1월 다보스 포럼(WEF; World Economic Forum. 세계경제포럼)에서는 『The Future of Jobs』보고서를 통해 제4차 산업혁명이 가까운 미래에 도래하여 이로 인해 일자리 지형에 있어 구조적 변화를 초래할 것이라 전망하였다. 동 포럼에서는 제4차 산업혁명을 '디지털 혁명(제3차 산업혁명)에 기반하여 물리적 공간, 디지털적 공간 및 생물학적 공간의 경계가 희석되는 기술융합의 시대'라고 정의하면서 사이버물리시스템(Cyber -Physical System)에 기반하여 전 세계의 산업구조 및 시장경제 모델에 커다란 영향을 미칠 것이라고 전망하였다.

제4차 산업혁명의 주창자이자 WEF 회장인 클라우스 슈밥 교수는 『제4차 산업혁명』(2016)이라는 저서를 통해 "오늘날 우리는 삶과 일, 인간관계의 방식을 근본적으로 변화시키는 혁명의 문 앞에 서있다."고 주장하면서 제4차 산업혁명을 "인공지능, 로봇공학, 사물인터넷, 자율주행자동차, 3D 프린팅, 나노기술, 생명공학, 재료공학, 에너지 저장기술, 퀀텀 컴퓨팅 등 폭넓은 분야의 과학기술과 그 기술들의 융합"이라 정의하였다.

사실 제4차 산업혁명이라는 용어는 앞서 독일이 2010년 발표한 '하이테크 전략 2020'의 10대 프로젝트 중 하나인 '인더스트리 4.0(Industry 4.0)'에서 '제조업과 정보통신의 융합'을 뜻하는 의미로 먼저 사용됐다. 이후 WEF에서 제4차 산업혁명을 의제로 설정하면서 전 세계적으로 주요 화두로 등장하게 되었으며, 포럼 이후 세계의 많은 미래학자와 연구기관에서 제4차 산업혁명과 이에 따른 산업·사회 변화를 논의하기 시작했다.

제4차 산업혁명은 기존의 산업혁명과 어떻게 다른가? 종전의 1차, 2차, 3차 산업혁명은 손과 발을 기계가 대체하여 자동화를 이루고 연결성을 강화해온 과정인 반면, 제4차 산업혁명은 인공지능의 출현으로 사람의 두뇌를 대체하는 시대의 도래를 의미하기 때문에 그 파급력은 상상하기 어려울 정도라고 볼 수 있다.

2. 제4차 산업혁명의 주요기술과 미래사회 변화

가. 제4차 산업혁명을 주도할 기술

제4차 산업혁명을 주도할 주요기술로는 인공지능, 사물인터넷, 로봇, 3D 프린터, 빅데이터, 바이오 등이 거론되고 있으며 더 새롭고 다양한 형태의 제품, 서비스, 비즈니스를 가능하게 할 것으로 예상된다.

① **인공지능**(Artificial Intelligence, AI) : 컴퓨터가 사고, 학습, 자기 계발 등 인간 특유의 지능적인 행동을 모방할 수 있도록 하는 컴퓨터 공학 및 정보기술 이다. 다양한 분야와 연결하여 인간의 업무를 대체하고 그보다 높은 효율성을 가져올 것으로 예상된다.

② **사물인터넷**(Internet of Things, IoT) : 사물에 센서를 부착하여 실시간으로 데이터를 네트워크 등으로 주고받는 기술이다. 인간의 개입 없이 사물 상호간 정보를 직접 교환하여 필요에 따라 정보를 분석하고 스스로 작동하는 것이 가능해진다.

③ **로봇공학** : 로봇공학에 생물학적 구조를 적용함에 따라 더욱 뛰어난 유연성을 갖추고 정밀농업에서 간호까지 다양한 분야의 광범위한 업무를 처리할 만큼 활용도가 향상될 것으로 예상된다.

④ **빅데이터**(big data) : 기존 데이터베이스 관리도구의 능력을 넘어서는 대량의 정

형 또는 심지어 데이터베이스 형태가 아닌 비정형의 데이터 집합으로부터 가치를 추출하고 결과를 분석하는 기술로서 수많은 개인들의 수많은 정보의 집합이다. 이 데이터를 바탕으로 인간의 행동패턴 등을 분석 예측하고 산업현장 등에서 활용하면 시스템의 최적화와 효율화를 도모할 수 있다.

⑤ **3차원(3D) 프린팅** : 입체적으로 형성된 3D 디지털 설계도나 모델에 원료를 층층이 겹쳐 쌓아 유형의 물체를 만드는 기술로 소형 의료기기부터 대형 발전기까지 광범위하게 응용이 가능하다.

⑥ **생명공학(바이오)** : 생명, 의료뿐 아니라 에너지, 식량 문제까지 인류가 긴요하게 접할 수 있는 과제를 해결할 수 있는 신산업으로 평가되고 있다.

나. 4차 산업혁명에 따른 미래사회 전망

제4차 산업혁명에 따른 미래사회 변화는 크게 기술·산업구조, 고용구조 그리고 직무역량 등 세 가지 측면에서 나타날 것으로 예측된다. 먼저 기술·산업적 측면에서 제4차 산업혁명은 기술 및 산업 간 융합을 통해 산업구조를 변화시키고 새로운 스마트 비즈니스 모델을 창출할 것으로 보인다. 제4차 산업혁명의 특징인 '초연결성'과 '초지능화'는 사이버물리시스템(CPS) 기반의 스마트 팩토리(Smart Factory)와 같은 새로운 구조의 산업생태계를 형성하고, 사물인터넷(IoT) 및 클라우드 등 '초연결성'에 기반을 둔 플랫폼 기술의 발전으로 O2O(Online to Offline), 크라우드소싱(Crowdsourcing) 및 온디맨드경제(On Demand Economy) 등 스마트 비즈니스 모델의 부상이 예상된다.

둘째로 제4차 산업혁명으로 인하여 미래사회의 고용구조인 일자리 지형과 일하는 방식의 변화를 초래할 것이다. 자동화 기술 및 컴퓨터 연산기술의 향상은 단순 반복적인 사무행정직이나 저숙련 업무와 관련된 일자리를 감소시킬 것으로 보인다. 영국 옥스퍼드 대학의 미래 전문연구기관인 옥스퍼드 마틴 스쿨(Oxford Martin School)은 2013년 9월 '미래 기술의 영향에 관한 프로그램' 보고서에서 AI와 로봇이 향후 20년 이내에 미국 내 전체 일자리 중 45%를 대체할 것이라고 예측했다. 한편, 제4차 산업혁명과 관련된 기술직군과 산업분야에서 새로운 일자리가 등장하고 고숙련 노동자에 대한 수요가 증가될 것으로 전망된다.

셋째로 제4차 산업혁명은 고용인력의 직무역량(Skills & Abilities) 변화에 영향을 미치고 인간의 창의성과 혁신성은 여전히 유효할 것으로 전망된다. 신산업분야가 요구하는 주요 능력 및 역량에 변화가 생겨 '복합문제 해결능력(Complex Problem Solving Skill)' 및 '인지능력'제고가 요구될 것이다. 그러나 인간이 수행하는 업무 중 창의력을 요구하는 업무와 감정을 인지하는 업무는 자동화되기 곤란하다는 점은 분명하다.

3. 제4차 산업혁명과 노동환경의 변화

가. 노동시장의 변화

제4차 산업혁명으로 인해 노동시장에 많은 변화가 있을 것으로 예상된다.

① 종전 사람이 하던 제조나 유통과 같은 업무를 기계가 대체하게 되면 사람은 기계 감독으로 역할이 변화 됨.

② 일하는 방식의 변화와 관련하여, 장소적 측면에서 원격제어가 가능해 지면서 무인관리 방식 또는 모니터링과 원격 조작 방식의 업무가 증가할 수 있다. 모바일과 연계된 클라우드 서비스를 활용해 시간과 장소에 구애받지 않고 업무를 보는 클라우드 워커(cloud worker)가 증가하여 종전의 사무실과 같은 고정된 공간을 탈피하여 업무를 보게 됨.

③ 생산성 측면에서 기술변화는 의사결정의 합리성을 증대하고 작업자 안전 및 고객들의 만족도에 기여할 것으로 예상된다. IoT 센서와 네트워크를 통해 작업활동을 실시간으로 모니터링하면서 생산품질의 개선과 작업장 안전에 변화를 가져오게 됨.

④ 채용기준과 핵심역량 측면에서 컴퓨터공학, 수학, 통계 등 전공자에 대한 수요가 증가하고, 데이터 분석능력과 코딩능력이 강화될 것으로 전망함.

⑤ 기업활동의 전 과정에 소비자 또는 대중에 참여할 수 있도록 작업과정의 일부를 개방하고 참여자의 기여로 기업활동 능력이 향상되면 그 수익을 참여자와 공유하는 식의 전문가 대신 비전문가인 고객과 대중에게 문제의 해결을 맡기는 크라우드소싱(croudsourcing)과 같은 새로운 노동방식이 증가.

⑥ 공급자 중심이 아닌 수요가 모든 것을 결정하는 온디맨드(on-demand) 성장으로 공유경제가 활성화될 것으로 예상.

⑦ 정보통신기술(ICT)을 적용하여 제품 생산의 전 과정이 무선통신으로 연결되어 자동으로 이뤄지는 공장인 스마트 팩토리의 등장은 제조업에서 노동력의 필요성을 낮추어 기존에 인건비가 싼 개발도상국의 공장을 선진국으로 생산기지를 이동하는 리쇼어링(Reshoring) 현상이 나타날 것으로 예상.

이와 같은 노동시장 면면의 변화는 자연히 일자리에서의 다음과 같은 변화를 수반할 것으로 예측된다.

나. 일자리 전망

세계경제포럼은 2016년 1월 제4차 산업혁명으로 인한 일자리 영향을 분석한 '일자리의 미래 보고서'를 발표했다. 향후 5년간 세계 고용의 65%를 차지하는 선진국 및 신흥시장 15개국에서 일자리 710만개가 사라지고, 제4차 산업혁명으로 210만개의 일자리가 창출되어 500만 개의 일자리가 감소할 것으로 전망했다.

가장 큰 타격을 받을 직군은 사무관리직으로, 빅데이터 분석과 인공지능 기술을 갖춘 자동화 프로그램과 기계가 일자리를 대체해 앞으로 5년간 475만9000개의 일자리가 줄어들 것으로 전망하였다. 로봇과 3D 프린팅의 위협을 받는 제조·광물업 분야 일자리도 160만9000개 감소할 것으로 예상하였다. 반면 전문지식이 필요한 경영·금융 서비스(49만2000개), 컴퓨터·수학(40만5000개), 건축·공학(33만9000개) 등의 직군에선 일자리가 늘어날 것으로 전망됐다. 인공지능(AI)으로 인한 2030년 유망한 직업으로는 로봇 개선 전문가, 기업문화 전문가, 단순화 전문가, 자동 운송 분석가, 인간 내면 분석가 등이 지목되기도 했다.

우리나라 한국고용정보원은 2016년 3월 국내 주요 직업군 400여 개 가운데 인공지능과 로봇기술 등에 따른 직무 대체 확률을 분석해 발표했다. 화가 및 조각가, 사진작가, 작가 등 감성에 기초한 예술 관련 직업은 자동화 대체 확률이 낮을 것으로 분석됐다. 음식서비스 종사원, 대학교수, 출판물기획전문가, 초등학교 교사, 귀금속 및 보석 세공원 등 직업들도 확률이 낮은 쪽이었다.

콘크리트공, 정육원 및 도축원, 고무 및 플라스틱 제품 조립원, 청원경찰, 조세행정사무원 등은 인공지능과 로봇 등 자동화로 대체될 가능성이 가장 높은 직업군으로 분석됐으며, 사람들과 소통하는 일이 상대적으로 적고 정교하지 않은 동작을 반복적으로 수행하는 직업군으로 평가됐다.

제4차 산업혁명의 신기술이 고용시장에 미치는 영향에 대해서는 부정론과 긍정론이 대립되고 있는데 생산성 향상 이면에 일자리 감소가 우려된다는 부정론이 우세한 듯하다. 로봇이 저급 및 중급 기술자들의 업무를 대체하고, 언어와 이미지로 구성된 빅데이터 분석 등 인간만이 가능하다고 여겼던 업무들도 인공지능이 대체할 것으로 예상되면서, 노동자의 빈곤이나 노동시장 붕괴 등의 파장이 우려된다. 또 노동시장 내에 '고기술·고임금'과 '낮은 기술·낮은 임금' 간의 격차가 커져 노동자들 간에 빈부의 격차가 심해져 사회적 불평등이 확산되리라는 예상도 있다.

이와 같이 AI, 로봇 등의 신기술과 제4차 산업혁명이 대량실업을 야기할 것이라거나 새로운 기술(New Technology)이 더 많은 일자리를 창출하지는 않는다는 우려의 목소리와 반대로 더 많은 새로운 일자리를 창출해낼 것이라는 기대도 상당하다. 인텔의 브라이언 크르자니크(Brian Krzanich) CEO가 "자동차나 항공기가 등장했을 때 사람들은 산업이 죽고 일자리가 없어질 것이라고 생각했지만 결과적으로 새로운 산업이 만들어지면서 더 많은 일자리와 기회가 생겨났다. AI도 그럴 것"이라고 밝히며 신기술이 일자리를 창출할 것이라고 말한 것은 음미할 만하다.

제4장 노동시장, 임금, 실업

제1절 노동시장

Ⅰ. 노동시장의 의의

노동시장은 노사관계 당사자의 주요 관심사인 임금결정을 비롯한 제반 이유와 제도의 매개자로서 대단히 중요한 역할을 하는바 이에 대한 분석이 필요하다. 노동시장은 노동력이라는 상품의 매매가 이루어지는 특정적이고 구체적인 장소라기보다는 수요와 공급이 계속적으로 이루어져 상품으로서의 노동력의 매매가 이루어지는 사회적 기구로서의 추상적 시장이다. 이렇게 보는 이유는 노동력이라는 상품이 지닌 특수성에 기인한다.[37] 즉 다른 일반상품의 수급분석에서라면 외생변수 내지 여건으로서 일단 직접적 분석의 대상에서 제외된 영역 또는 차원까지도 노동력의 경우에는 매우 밀접한 관련을 가지는 것으로 분석의 대상이 된다.

자본주의 사회에서는 노동력이 상품으로 되는 하나의 특징을 갖는다. 이 때 노동력은 거래의 대상물로서 스스로 하나의 가격을 가진다는 의미에서는 다른 상품과 조금도 다를 바가 없으나 노동력의 생산주체인 근로자로부터 분리되어 대상화될 수 없다는 점에서 다른 상품과는 이질적인 요인을 가지고 있다. 노동력은 판매를 목적으로 하여 생산된 노동생산물이 아니며 노동자의 일상생활의 결과 얻어지는 것이면서도 상품으로도 되는 특징을 가진다. 따라서 노동력은 공급의 조절이 불가능하다. 오히려 노동력의 거래조건이 불리해지면 근로자들은 부족한 수입을 메우기 위하여 노동시장에 노동력의 공급을 증가시킨다.

노동은 생산요소의 하나로서 생산활동에 있어서 제약요인이 될 뿐만 아니라 노동자체로서도 노동자의 생활수준이라든가, 실업 등과의 관계에서 중요한 측면을

37) 박운성, 현대노사관계론, 104면.

가지고 있다. 이러한 노동문제를 해결하고 노동의 사회적 기능을 정상적으로 발휘하도록 하는 데가 바로 노동시장이다. 고용이나 실업과 같이 노동과 관련하여 가장 큰 의미를 지니는 현상도 노동시장에서 나타나며 임금수준의 결정이라든가 노동의 이동, 장기적인 노동정책의 수립은 노동시장의 구조 내지 변동의 분석을 통하여 파악할 수 있다.

Ⅱ. 노동시장에서의 노동력 수요의 원칙

노동시장은 자본과 노동이 교환되는 과정, 즉 유통과정에 있어서의 화폐와 노동력상품의 교환과 생산과정에 있어서의 자본과 노동의 교환이라는 의미에서 사용된다. 그렇다면 ① 어떠한 노동자를 얼마만큼 고용할 것인가 ② 고용된 노동자에게 어떠한 노동지출을 하도록 할 것인가 ③ 고용된 노동자에게 얼마만큼의 임금을 지불할 것인가 하는 노동력의 거래와 사용에 관한 문제의 세 영역이 드러나게 된다. 이러한 세 영역에서 자본과 노동의 대립이 생겨난다.

자본가의 목적은 적은 비용으로 능률적인 상품생산을 하여 이윤의 극대화를 꾀하는데 있다. 즉 ① 가능한 한 공급가격이 저렴한 노동력을 제공할 노동자를 고용하고 ② 가능한 한 많은 노동지출을 시키고 ③ 부가가치 가운데 일정한 이윤을 전제로 하여 임금을 지불하려 한다.

이에 대항하는 노동(노동조합)의 원리는 ① 공급가격이 낮은 노동력의 경쟁적 판매를 제어함으로써 시장가격이 높은 노동력을 가진 자를 고용시키고 ② 노동지출의 밀도를 높이는 노동자간의 경쟁을 규제하고 ③ 부가가치 가운데 일정한 임금을 전제로 하고 나서 이윤을 찾도록 하는 것이다.

Ⅲ. 노동시장의 특징

노동시장은 일반상품시장과 비교할 때 시장으로서 공통되는 특성을 공유하고 있지만 한편으로는 일반상품시장과는 뚜렷이 구별되는 특성을 지니는데 이는 주로 노동시장이 거래대상물로 하고 있는 노동력(勞動力)이라는 상품의 특수성에 기인한다. 일반적으로 노동시장은 다음과 같은 특징을 갖는다.

1. 노동시장의 사회적 중요성

노동시장에서 노동력을 판매한다는 것은 노동자가 노동현장에서 직접 노동력을 제공하고 그 대가로서의 임금으로 자신과 가족의 생활을 영위해 나간다는 것을 의미하는 것이다. 따라서 노동시장에서의 마찰로 인하여 노동력 판매의 기회를 갖지 못하게 되는 경우에는 노동자 자신과 그 가족에게는 직접적인 재정적·심리적 고통을 가져다줄 뿐만 아니라 그가 속하고 있는 사회에도 경제적·정치적 측면에서 커다란 파급효과를 초래할 수 있게 된다.[38)]

2. 노동력의 저장 불가능성

노동시장에서의 대상물인 노동력이 일반상품과 다른 뚜렷한 특성은 저장이 불가능하다는 것이다. 노동자는 어떠한 이유에서든지 고용되지 않는다면 그의 잠재적인 생산기여력(生産寄與力)은 없어지고 마는 것이다. 거래조건이 만족스럽지 않다고 하여 다음의 기회를 위하여 노동력의 소진을 정지시키거나 능력을 저축해 둘 수는 없는 것이다.

이러한 면은 노동력거래에 있어서 노동자의 교섭력의 상대적인 열위성(劣位性)으로 나타난다. 즉, 수요자인 자본가는 시간적인 여유를 갖고 노동자를 취사선택하는 입장에서 임금 등의 근로조건 등의 결정권을 일방적으로 행사하는 반면에 노동자는 단지 이를 수용할 것이냐 거절하여 실업의 상태에 머물 것인가 하는 선택의 여지 밖에 없을 것이다.

3. 단일가격의 부재성

단일의 시장가격은 상품시장에서는 시장을 확인하는 요건 중의 하나이지만 노동시장에서는 근로자들에게 임률(賃率)의 폭이 존재한다. 노동시장에서의 노동력에 대한 단일 가격이 존재하지 않는 이유는 많은 노동자들이 이 임금을 그들의 보수중의

38) 박운성, 현대노사관계론, 105면.

하나라고 생각하거나 임금 이외의 다른 조건들을 더 중요하다고 생각하기 때문이라고 한다. 또 노동시장이 짧은 기간으로 나누어져 작용하기 때문에 기간마다 차이가 날 수 있으며 시장정보의 불완전성으로 인하여 단일가격이 형성되기 어려운 경우도 있다.

4. 노동이 표준화되어 있지 못하다

일반 상품시장에서 취급하는 상품은 표준화의 정도가 높아서 개수나 무게와 같이 객관적으로 명료하게 규정된 거래단위를 통하여 거래가 이루어지지만 노동시장에서 취급하는 노동력은 지적수준, 육체적 조건, 교육수준, 성별 그리고 정신적 자세 등에 따라 질과 생산공헌도의 측면에서 차이가 있으므로 표준화가 힘들기 때문에 어떤 명료한 거래단위로써 거래가 이루어질 수 없다는 것이다.

5. 노동력과 노동인격의 불가분성

일반상품시장에서 거래되는 상품은 생산자로부터 분리되어 거래되나 노동력은 그 생산주체인 근로자의 신체로부터 분리하여 거래의 대상으로 할 수가 없다.

따라서 노동력의 생산자인 근로자는 노동시장에서 신체와 더불어 사용자의 지시에 따라 노동력을 제공함으로써만 거래가 가능하게 된다.

6. 노동력 이동의 한계성

근로자가 노동력을 제공하기 위해서는 노동현장에 나가야 하고 노동자는 가족생활을 하여야 한다는 등의 이유로 노동시장에서 노동력의 이동이 상당히 제약을 받게 되고 일단거래가 이루어지면 사후적으로도 고용관계의 계속성이 존재한다. 또 근로자들은 약간의 임금의 차이로 다른 직장으로 이동하려 하지 않으며, 사용자도 낮은 임금을 지불하기 위해서 현재 고용하고 있는 근로자를 해고하고 새로운 근로자를 채용하려고 하지 않는다.

Ⅳ. 노동시장의 형태

노동시장의 형태는 여러 가지 분류기준에 따라 분류해 볼 수 있으나 여기서는 가장 일반적으로 제시되고 있는 3가지 유형 즉 완전경쟁노동시장과 불완전경쟁노동시장, 1차적 노동시장과 2차적 노동시장 그리고 외부노동시장과 내부노동시장으로 구분하여 검토하고자 한다.

1. 완전경쟁노동시장과 불완전경쟁노동시장

노동시장은 시장의 운영이 가격 메커니즘에 의해 이뤄지는가 아니면 구조적 메커니즘에 의해 이뤄지는가에 따라서 완전경쟁노동시장과 불완전경쟁노동시장으로 구분해 볼 수 있다.[39]

첫째 완전경쟁노동시장(perfect competitive labor market)은 노동시장의 수급관계가 임금이라는 가격 메커니즘에 의해 결정되는 소위 「시장경쟁원리」가 작용하는 시장을 의미하여 현실적으로는 보기 드문 이론적 노동시장이다. 이와 같은 완전경쟁시장이 존재하기 위한 조건으로는 ① 노동력의 완전 유동성 ② 사용자의 이윤극대화추구 그리고 ③ 완전경쟁시장기구의 존재 등이 있다. 만약 완전경쟁노동시장이 실제로 존재한다면 노동력의 가격인 임금은 노동시장의 수요곡선과 공급곡선이 교차하는 점에서 오직 하나의 균형임률(equilibrium wage rate)로 결정될 것이다.

둘째 불완전경쟁노동시장(imperfect competitive labor market)은 노동시장의 수급관계가 임금 외의 기타 구조적 장애요인에 의한 구조적 메커니즘에 의해 결정되어 불완전하거나 비경쟁적으로 되어버린 시장을 의미하여 현실적으로 존재하는 실제적 노동시장이다. 이와 같은 불완전경쟁노동시장에서 불완전경쟁상태를 저해하는 불완전경쟁요인은 ① 시장정보의 불완전성 ② 미래 상황에 대한 불확실성 ③ 임금선도기업(wage leader)에 의한 노동력의 독점 및 과점구매 그리고 ④ 기술 또는 제도의 구조적 특징 등이 있다. 이러한 불완전경쟁요인으로 말미암아 불완전경쟁노동시장에서 볼 수 있는 특수한 현상으로는 ① 특정 직업에 대한 노동력 공급제한에 따른 임금수준의 상승 ② 소수기업의 담합으로 특정임금수준협정에 따른 임금수준의 경직화

---

39) 이준범, 현대노사관계론, 1996, 30~34면.

③ 단체교섭 등을 통한 노동조합의 임금수준의 규제 ④ 노동시간제한 및 최저임금제도 설정 등을 통한 정부의 임금수준결정에의 개입 등을 들 수가 있다.

2. 1차적 노동시장과 2차적 노동시장

노동시장은 거래대상으로 하는 직무조건이 우월한가 아니면 열악한가에 따라서 1차적 노동시장과 2차적 노동시장으로 구분할 수 있다.

첫째, 1차적 노동시장(primary labor market)은 고임금, 좋은 근로조건, 고용의 안정, 승진기회의 평등, 작업규칙의 공정한 적용 등의 특성을 갖는 우월한 조건의 직무를 거래대상으로 하는 노동시장을 의미한다. 1차적 노동시장에 속하는 직무들은 어느 정도의 학교교육이나 기계공적 숙련을 필요로 하는 직무이며 구조화되어 있다. 따라서 1차적 노동시장에서는 노동력의 선천적 이질성보다는 후천적 이질성이 상대적으로 중요시되며 직무가 구조화되어 있고 승진관리제도가 확립되어 있다. 1차적 노동시장에서 나타나는 인사 관행상의 특성을 보면 엄격한 추천제도와 선발시험을 통해 채용되며 여기에는 학연(學緣) 및 지연(地緣) 등과 같은 표면화되지 않은 측면이 보다 중요시되는 경향이 있고 일반적으로 임금수준도 높다.

둘째, 2차적 노동시장(secondary labor market)은 저임금, 열악한 노동조건, 높은 이직률, 낮은 승진기회, 자의적 감독 등의 특성을 갖는 열악한 조건의 직무를 거래대상으로 하는 노동시장을 의미한다. 2차적 노동시장에 속하는 직무들은 대부분 특별한 교육이나 훈련을 받지 않고도 수행할 수 있는 직무들이거나 훈련을 필요로 하더라도 기계공적 숙련보다는 수공업적 숙련을 필요로 하는 직무이며 구조화가 되어 있지 않다. 따라서 2차적 노동시장에서는 노동력의 후천적 이질성보다는 선천적 이질성이 상대적으로 중요시되며 직무의 구조화정도가 낮아서 승진관리제도도 확립되어 있지 못하다.

2차적 노동시장에 포함되는 노동력은 ① 전문능력(professional ability)이 부족한 집단과 ② 성취동기(achieving motive)가 열등한 집단으로 구분된다.[40] 즉 전자는 지능·기술·지식 및 경력 등과 같은 직무상의 전문적 능력이 결여된 집단이며, 후자는 직무애착·직무만족 및 직무몰입 등과 같은 노동성취동기가 결여되거나 근로참여가 결

40) 최종태, 현대노사관계론, 124면.

여된 집단을 의미한다. 2차적 노동시장에서 나타나는 인사 관행상의 특성을 보면 공개모집과 같은 단순한 방법을 통해 채용되며 임금수준과 노동연수가 낮아서 보다 높은 임금기회가 있으면 이직할 가능성이 높다.[41]

3. 외부노동시장과 내부노동시장

노동시장은 기업의 인력확보측면에서 필요로 하는 노동력을 기업외부에서 확보하느냐 아니면 기업내부에서 확보하느냐에 따라서 외부노동시장과 내부노동시장으로 나눌 수 있다.

첫째 외부노동시장(external labor market)은 인력확보의 관점을 국민경제적인 거시적 입장 즉 국가 및 산업수준에 초점을 둔 노동시장으로서 기업외부에 존재하는 노동력의 원천이다.[42] 이와 같은 외부노동시장을 통한 기업의 인력확보방법으로는 ① 새로운 고용계약과 ② 인력리스계약이 있다. 즉, 전자는 신규근로자를 계약을 통해 채용하는 것이고, 후자는 인력리스회사와 인력임대계약을 통해 필요로 하는 인력을 확보하는 방법이다. 결국 외부노동시장을 통한 인력확보란 계약을 통하여 기업이 필요로 하는 기업외부의 인력을 기업내부로 유입시킨다는 것을 의미한다.

둘째 내부노동시장(internal labor market)은 인력확보의 관점을 기업수준에 초점을 맞춘 노동시장으로서 기업내부에 존재하는 노동력을 활용하는 것이다. 이와 같은 내부노동시장을 통한 기업의 인력확보방법으로는 ① 시간외노동과 ② 승진 및 배치전환이 있다. 즉, 전자는 추가적인 인력을 채용하지 않고 기존 노동력의 노동시간의 연장을 통해 소요인력을 확보하는 것이며, 후자는 기업내부에 있는 기존의 노동력 가운데 수직적 이동 및 수평적 이동을 통해 소요인력을 충원하는 것이다.

오늘날 기업경영의 입장에서 이와 같은 내부노동시장의 개발이 강조되고 있는데 이에 대한 주요근거로는 ① 기업특유의 기술 ② 기업특유의 기능 ③ 기업특유의 직무 ④ 직장 내 교육훈련 그리고 ⑤ 기업관습 및 풍토 등이 제시되고 있다.[43]

---

41) 박성운, 현대노사관계론, 109면.
42) 이준범, 현대노사관계론, 37면.
43) 박성운, 현대노사관계론, 110면.

V. 노동시장 정책

1. 노동시장정책의 의의

노동시장정책(labor market policy)이란 노동시장에서 발생하는 여러 가지 문제를 연구하고 해결방안을 모색함으로써 노동시장의 개발을 도모하는 정책을 말한다. 구체적으로는 노동자에게 능력에 맞는 취업기회를 제공하고 산업에 필요한 노동력을 공급해줌으로써 인력의 합리적인 배분을 높이고 인간의 능력을 지속적으로 개발하여 산업사회가 요구하는 노동력을 형성시켜 공급해 주고자하는 정책이라고 볼 수 있다.[44)]

오늘날 이러한 노동시장정책이 중요하게 된 배경으로는 ① 노동시장이 갖는 사회적 중요성의 증대와 ② 노동시장환경의 변화를 들 수가 있다.

① 「노동시장이 갖는 사회적 중요성의 증대」라는 것은 오늘날 노동시장은 단순한 임금의 결정 장소라는 의미 이외의 다른 측면에서도 사회적으로 중요한 의미를 갖고 있다는 것이다. 예컨대, 불완전한 노동시장의 운영에 따른 마찰적 실업, 교육훈련의 부족에 따른 취업상의 장애, 적재적소원칙을 위배한 부적격자의 배치, 미래 특정 직무에 대비하고자 하는 진학기회의 봉쇄, 졸업 후의 취업기회의 박탈 등과 같이 노동시장에서 발생하는 여러 가지 문제들은 노동자개인에게 재정적·심리적 측면에서 부정적인 효과를 가져다줄 뿐만 아니라 국가적인 차원에서도 경제적·사회적 손실을 발생시키는 중요한 의미를 갖는다는 것이다.[45)]

② 「노동시장환경의 변화」라는 것은 소비자의 제품에 대한 수요의 변화, 기술혁신에 따른 직업 및 기술요건의 변화 그리고 노동력의 새로운 수요에 대한 적응의 필요성 등과 같이 노동시장을 둘러싼 제반환경이 변화함에 따라서 이에 대응하기 위한 보다 적극적인 노동시장의 발전이 중요하게 되었다는 것이다.

상술한 이유로 생산적인 노동시장관리를 위해서는 적극적인 노동시장정책이 요

---

44) 이준범, 현대노사관계론, 60면.

45) 박성운, 현대노사관계론, 129면.

청되며, 국가차원에서는 정부, 산업차원에서는 기업가연합회와 노조 그리고 경영차원에서는 기업이 주체가 되어 외부 및 내부노동시장개발정책이 구체적으로 마련되어야 한다.

이러한 관점에서 노동정책을 고용정책, 근로조건정책, 노사관계정책, 근로복지정책으로 분류할 수 있다. 이들 내용에 대하여 살펴보면 다음과 같다.

① **고용정책**: 노동정책으로서의 고용정책은 대개 인력개발과 직업안정제도를 중심으로 수립되고 또 시행된다. 직업훈련과 고용정보의 제공 및 취업알선 등의 내용으로 구성되는 이러한 정책에 소요되는 재원은 정부의 지원과 사업주의 부담금으로 충당된다.

② **근로조건정책**: 근로조건정책은 임금이나 근로시간 등 근로조건의 기준을 국가가 법령으로 규정하고, 사용자가 이를 준수하도록 함으로써 근로자의 소득과 생활을 보호하고자하는 정책이다. 이러한 법령의 준수의 실효성을 담보하기 위하여 근로감독관제도가 마련되어 있고 법 위반시 사법적 제재가 가해진다.

③ **노사관계정책**: 노사관계정책은 노동조합의 설립, 단체교섭 및 단체행동 등에 관한 기준을 설정하여 노사간의 대립과 갈등을 원만하게 조정하고 노사관계 안정을 도모하는데 목표를 두고 있다.

④ **근로복지정책**: 근로복지정책은 사회보장제도와 기업 또는 노동조합이 주체가 되는 복지사업의 형태로 전개된다. 근로자의 생활보장과 근로환경개선을 주 목적으로 하는 이 정책이 정부에 의하여 직접 관리될 경우에는 분배정책 내지 재분배정책의 형태로 나타나게 되지만, 법령의 규정에 의하여 사용자가 근로복지를 부담하게 하면 이는 규제정책에 해당하게 된다.[46)]

2. 직업안정정책

가. 직업안정정책의 의의

한 경제체제의 총노동공급량은 경제활동참가에 의해 결정되나, 그 경영체제 내의 산업별·사업장별·직종별·지역별 노동시장에 대한 노동공급량은 노동활동참가

---

46) 김영종, 노동정책론, 25~26면.

이외에도 「노동력의 이동」에 의해 영향을 받는다. 노동력의 이동은 사업체간 이동, 직종간 이동, 산업간 이동 그리고 지역간 이동으로 구분되며 실제로는 이들 요인들이 동시에 작용하는 경우가 많다.

노동력의 이동은 어느 지역, 특정산업 또는 특정직종에 획일적으로 나타나기보다는 여러 가지 개인별 요인과 제도적 요인에 의해 영향을 받는다. 여기서 「개인별 요인」이란 연령·성별·가족수·결혼상태·교육수준 등과 같은 사회경제적 특징들이 노동이동의 정도와 형태에 영향을 주는 것을 의미하며, 「제도적 요인」이란 정부·경영자 및 노조의 정책, 기업의 활동수준, 노동시장의 산업별구조 등 노동력의 이동에 영향을 주는 환경과 제도상의 여러 가지 요인들을 말한다.

산업사회의 실제노동시장에서는 여러 가지 인위적인 제도와 절차가 있어서 노동력의 자유로운 이동이 장애를 받고 특히 산업사회의 고도화가 진전될수록 노동시장의 정보는 더욱 복잡화되고 획득·교환이 곤란해지는 경향이 있다.

직업안정정책이란 이와 같은 노동력이동의 장애요인을 제거하는 한편 마찰을 극소화함으로써 노동력의 적재적소배치가 이루어지도록 하려는 정책이라고 볼 수 있다. 이와 같은 측면에서 제정되는 직업안정제도는 원래 빈민구제의 목적을 가진 직업소개사업으로부터 시작되었으나 20세기에 접어들면서 직업안정정책의 방향을 과거의 소극적인 구빈정책으로부터 적극적인 고용정책으로 전환되고 있다.

나. 직업안정업무의 내용

직업안정정책을 통해 수행해야 하는 기본적인 직업안정업무의 내용에는 다음과 같은 것이 포함된다.

① **직업알선과 직업지도** : 직업알선이란 노동시장의 전문가로 하여금 구직자와 구인자를 연결시켜 주도록 하는 업무이며, 직업지도란 노동시장의 신입자나 전직희망자에게 노동시장의 현황과 거래상황 그리고 어떤 직종의 장래성이나 해당분야의 취업에 필요한 훈련습득방법 등에 관한 전문가가 평생교육의 측면에서 지도해주는 업무이다.

② **구직자등록** : 구직자등록이란 직업알선 및 지도를 위하여 구직자들의 학력·기술수준 및 종류, 경력, 성별 및 적성 등에 관한 정보를 상세하게 기록해 두는 직무이다.

③ 적성검사 및 상담 : 사용자의 선택효율을 높이고 노동자의 적성에 맞는 취업을 도모하기 위하여 노동자가 갖는 능력을 과학적인 방법으로 분석하고, 미래의 노동시장 및 직업양상에 관한 전문가가 노동시장진출자에게 상담해주는 직무이다.

④ 자발적 구인등록과 직종별수요분석 : 직업안정조직의 확대를 통해 사용자의 자발적 구인등록을 고무하고, 정기적으로(예 : 월별) 이를 산업별·직종별로 집계하여 미채용공도수(未採用空度數)를 발표하도록 함으로써 실제로 노동시장에서 인력이 부족한 직종에 관한 정보를 제공해주는 업무이다.

⑤ 직업사전의 편찬 : 원활한 직업알선과 지도를 위하여 직업안정요원이 활용할 수 있도록 장기적 계획하에서 편찬위원회를 구성하여 국가별 실정에 맞는 직업사전을 편찬하여 갱신하는 업무이다.

⑥ 직업훈련방향의 유도 : 노동시장에 관한 전문적인 지식을 갖는 직업안정요원이 기본적인 직업훈련의 방향과 구조적 실업자를 위한 재훈련의 방향을 유도하는 업무이다.

⑦ 실업보험제도의 실시 : 실업보험제도는 어떤 이유로 인해 실직한 사람을 대상으로 재취업이 가능할 때까지 최소한의 생계를 유지할 수 있도록 소득을 보장해 주는 제도로서 대개 재취업 알선기능을 담당하는 직업안정소가 그 관리를 담당하게 된다.

3. 직업훈련정책

가. 직업훈련의 의의

전술한 노동력의 수요분석에서 실업노동자와 공석직무가 공존한다는 사실을 지적한 바 있는데 그 이유는 노동자 자신이 감당할 수 있는 직무를 찾는 데 소요되는 시간적·금전적 정보비용이 높다는 것 이외에도 노동자가 공석된 직무를 담당할 자격조건을 갖추고 있지 못하다는 사실에 있다. 직업훈련은 바로 이러한 측면에서 노동자의 기능을 개발하여 현재 및 미래의 직업수행능력을 갖추도록 하려는 것이다.

다시 말해서, 직업훈련(vocational training)이란 인력개발을 통하여 고용을 증진시킴과 동시에 직업안정에 의한 국민경제의 발전에 기여하는 것을 목적으로 노동자에게 필요한 기능 및 지식을 습득시키고 이들의 지위를 향상시키는 일체의 훈련을 의미하는 것이다.

이러한 직업훈련은 일반교육과 밀접한 관계를 갖고 있지만 전자는 특수하고도 개별적인 기능을 훈련내용으로 하고 후자는 일반적이고 보편적인 지식과 기술을 훈련내용으로 한다는 점에서 구별되고 있다.

나. 직업훈련의 내용

직업훈련은 훈련목적에 따라서 직업기초훈련, 직업향상훈련, 직업전환훈련, 직업재활훈련 등으로 구별된다.

① **직업기초훈련** : 노동자가 어떤 직업에 취업하는데 기초적으로 필요한 지식 및 능력을 습득케 하는 훈련이다.
② **직업향상훈련** : 노동자가 가진 기존의 지식 및 능력을 보충하고 확대하며 또한 유지시키고 향상시키는 교육훈련이다.
③ **직업전환훈련** : 노동자가 기존의 직업에서 다른 여타 직업으로 이전하는 데 필요한 지식 및 숙련을 획득케 하는 교육훈련이다.
④ **직업재활훈련** : 심신장애자의 취업 내지 재취업을 위해 수행하는 교육훈련이다.

또한 직업훈련은 노동자의 훈련참가방식에 따라서 ① 풀타임으로 훈련에 참가하는 전일제훈련 ② 현재의 직업에 종사하면서 파트타임으로 훈련에 참가하는 시간제훈련 그리고 ③ 대중매체를 통해 훈련을 받는 통신교육 등으로 구분된다.

우리나라에서는 1948년 정부수립 후 사회부 혹은 보건사회부의 노동국 직업과에서 직업훈련문제를 취급해 온 이래, 1967년에 직업훈련법이 제정되어 본격화되었고 그 후 직업훈련에 관한 특별조치법(1974), 직업훈련기본법과 직업훈련촉진기본법(1976), 한국직업훈련관리공단법(1981), 근로자직업훈련촉진법(1997) 등을 통하여 직업훈련대책이 모색되어 왔다.

우리나라의 경우 직업훈련은 훈련주체로 볼 때 ① 공공직업훈련 ② 사업내직업훈련 ③ 인정직업훈련 등으로 구분되며 부수적으로 훈련교사양성업무와 기능검정업무가 있다.

제2절 임 금

Ⅰ. 임금의 의의

임금이라 함은 사용자가 근로(勤勞)의 대상(對償)으로 근로자에게 임금·봉급 기타 어떠한 명칭으로든지 지급하는 일체의 금품을 말한다(근로기준법 제2조제1항제5호).

여기서 근로의 대상이라 함은 근로자가 사용자의 지휘·명령을 받으며 근로를 제공하는 것에 대한 보수라고 이해되므로 사용자는 개개의 근로자에 대하여 법률상 또는 계약상 임금의 지급의무를 지게 된다.

임금에 대하여는 기본적으로 서로 대립되는 두개의 정의가 있다. 하나는 임금을 노동력의 가치나 가격으로 하는 것이며, 다른 하나는 그것을 노동의 대가 또는 대상으로 하는 것이다.

어떤 것이 임금인가의 여부를 구체적인 예를 들어 살펴보면 다음과 같다.

① 상여금이 정기적·제도적으로 지급되는 경우에는 임금의 성질을 가지는 것이며, 퇴직금은 후불되는 임금이다.

② 물가수당, 통근수당, 가족수당, 월동수당 등은 근로의 대상으로 지급되는 것이므로 임금에 속한다.

③ 유급휴일, 연차유급휴가 중에 지급되는 급여는 근로의 대상이므로 임금에 속한다.

④ 식사대, 김장값, 추석떡값 등도 임금이라고 할 수 있으며, 사택의 제공도 주택수당이 다른 근로자에게도 지급되고 있다면 임금으로 취급된다.

⑤ 해고수당은 퇴직금과는 달리 생활의 보장을 위한 부조제도(扶助制度)의 변형이므로 임금이 아니다.

⑥ 경조금, 위로금은 단체협약, 취업규칙 또는 근로계약 등에 지급조건이 명시되어 사용자에게 지급의무가 존재하고 근로자에게 청구권이 있다고 하더라도 근로의 대상이 아니므로 임금이 아니다.

⑦ 근로자의 재해에 대한 보상은 근로의 대상이 아니므로 임금이 아니다.

⑧ 근로자를 위한 복지시설비는 근로의 대상이 아니므로 임금이 아니다.
⑨ 근로자가 고객으로부터 받는 팁은 임금이 아니다.

Ⅱ. 임금의 경제적 기능

첫째, 임금은 사용자에게는 감가상각비, 임대료, 재료비 등과 마찬가지로 생산에 들어가는 하나의 비용인데 대하여, 근로자에게는 자신과 가족의 생계를 꾸려나가는 유일하거나 가장 중요한 소득의 원천이다. 따라서 사용자는 임금을 가능한 한 줄여서 자신의 몫인 이윤을 증대시키려고 하는 반면에 노동자는 임금을 많이 받으려 노력한다.[47)]

둘째, 사용자에게는 임금이 비용이기 때문에 화폐임금(명목임금)이 중요성을 갖는 반면에, 근로자에게는 임금이 생계의 수단이기 때문에 구매력을 나타내는 실질임금이 중요하다.

셋째, 사용자는 가능한 한 임금총액을 줄이고, 노무관리를 효율적으로 하기 위하여 근로자의 선천적, 또는 후천적 특징을 고려하여 근로자 사이에 임금의 격차를 두고자 하는 반면에 근로자들은 경쟁을 피하고 안정적 임금을 위하여 동일노동(同一勞動), 동일임금(同一賃金)을 요구한다.

넷째, 임금수준은 노동과 대체관계(代替關係)에 있는 다른 생산요소 즉 기계에 대한 사용자의 투자를 결정하는 중요한 요인이 된다. 즉 임금수준이 높은 경우에는 사용자들은 노동절차적인 기술을 개발하여 가능한 한 노동의 비용을 줄이고자 할 것이다. 반대로 저임금의 노동력이 풍부한 경우에는 사용자는 노동집약적인 노동과정을 더 선호할 것이다. 따라서 임금 수준은 기업의 기술수준 및 기술개발 투자를 결정하는 중요한 요인이 되는 것이다.

다섯째, 임금은 사람의 선천적 요인에 의하기보다는 교육수준 등과 같은 후천적 요인에 의하여 차이가 나므로 이러한 임금의 격차는 사람들의 이러한 후천적 요인에 대한 투자수요결정의 중요한 기준이 된다.

여섯째, 임금은 그 대부분이 기업에서 생산하는 생활물품을 구입하는 데 지출되

---

47) 김유배, 노동경제학, 188면.

므로 한 나라의 유효수요의 크기를 결정하는 중요한 요인이 된다.

Ⅲ. 임금학설

임금은 노동시장에서 결정되는 하나의 가격이라고 할 수 있다. 따라서 임금의 결정에는 노동시장에서의 수요와 공급이 중요한 역할을 하게 되는 것은 사실이나 노동은 노동자의 신체와 분리하여 따로 제공되어 질 수 없기 때문에 노동시장에서의 임금결정에는 인간의 주체적 행동과 근로자와 사용자의 행위에 영향을 미치는 제도적 요소들도 중요한 역할을 하게 된다.

지금까지 경제역사에서 임금이 어떻게 결정되는가에 대하여 여러 가지 학설이 등장하였는데, 이러한 여러 이론이 등장한 데에는 경제학자들의 기본적인 입장의 차이에 연유한 면도 있지만 대부분은 임금결정에 주도적인 역할을 하는 수요의 측면, 공급의 측면 또는 제도적인 측면에 대한 차이에서 기인한 것으로 학자들은 보고 있다.

즉 임금이론의 전개는 보다 못한 이론에서 보다 우수한 이론에로의 발전이 아니라 어떤 시대에는 대단히 중요하였던 가정이 다음 시대에는 무의미해졌거나 적절하지 않게 되었기 때문에 다른 이론으로 대체되어 왔다고 볼 수 있다.

역사적으로 존재해온 임금이론은 크게 ① 재생산비설, ② 생산력설, ③ 균형론, ④ 임금교섭설의 4가지로 분류될 수 있다. 이 가운데 재생산비설이 공급이론이라면 생산력설과 균형이론은 수요이론이라고 할 수 있을 것이다.[48)]

1. 재생산비설

가. 생존비설

이 설은 아담 스미스 및 리카아도 등에 의하여 체계화되었으며 보통 '노동의 자연 가격론'으로 불리고 있다. 한 나라의 임금수준은 노동자의 유지와 가족의 재생산에 필요한 비용 또는 노동자와 그 가족의 생존에 필요한 생활필수품의 양에 의해

48) 박덕제 외, 노동경제학, 186면 이하 참조.

결정된다는 것이다.

노동시장에 있어서 노동력의 수급관계에 의해 결정되는 노동의 시장가격은 장기적으로는 노동자와 그 가족을 부양하기 위해 관습상 불가결한 생활자료의 가격을 내용으로 하는 '노동의 자연가격'으로 귀착될 수밖에 없다는 것이다. 생존비설의 기초에는 맬서스의 인구론과 수확체감의 법칙이 있다.

이 설은 주장되는 시대의 사회상과 밀접한 관련이 있다. 자본주의적 경제의 초기 단계인 이 시대에는 사람들의 영양상태가 열악하고 의료수준도 낮아 임금수준과 인구증감 사이에 밀접한 관계가 존재하였다.

임금수준의 저하가 유아의 사망률을 높여서 인구의 감소를 초래하거나 반대로 임금수준의 상승이 영양 상태를 개선시켜 인구증가를 가져오는 것으로 이 시대에는 인식하였던 것이다. 그러므로 임금수준의 변화가 인구의 증감을 가져오고 인구의 증감은 결국은 임금수준을 장기적으로는 최저생존비 수준에 수렴하게 한다는 임금생존비설이 그 시대의 사람들에게는 '임금(賃金)을 지배(支配)하는 철(鐵)과 같은 법칙(法則)'으로 간주되었다.

그러나 임금생존비설은 단기적인 시장임금의 설명에는 무력하였기 때문에 임금이론으로서의 가치가 점차 감소하게 되었으며, 최저생존비의 개념이 애매모호하고 가변적이라는 문제점 때문에 그리고 그 후의 경제발전, 생산수준의 향상, 출생률 저하라는 시대상황의 변화에 따라 빛을 잃게 되었다.

나. 노동력 가치설

마르크스는 고전경제학의 이론을 수정하여 최저생존비를 생리적 최저생존비에 역사적·정신적 요소를 플러스하여 노동력 상품의 가치로서 엄밀화 하였다. 또 그는 임금률에 대한 인구의 압박을 번식에 대한 인간의 고유한 욕구에 의한 자연법칙인 것이 아니라 자본주의 사회 특유의 상대적 과잉 인구의 형성이라는 경제법칙에 의하여 발생한다고 주장하였다. 이 이론에 따르면 일자리를 구하려는 노동의 공급량은 자본주의 임금제도의 특수한 성격에 의해 항상 그 수요보다 과잉상태에 놓여 있게 된다. 그 성격이란 임금이 상승하면 어떻게 해서든 그것을 저지하려는 저항의 크기도 그만큼 상승하게 되는 현상을 말한다. 임금상승을 저지하려는 방법으로는 노동력을 기계로 대체하는 것과 보다 값싼 노동력을 개발하기 위한 자본의 해외수

출 경향을 들 수 있다.

2. 생산력설

가. 잉여액 청구설

이는 F.A.워커(1840~1897)의 학설로서 '임금은 생산물의 크기에 따라 고용주가 적정이윤을 확보하고 남은 잔액이 원천이 된다.'는 것이 그 요지이다. 당시 자본가의 임금관을 대표한 이 학설에 의하면 임금을 인상하려면 먼저 생산력을 높여 임금에 배당되는 자원(금액)의 크기를 크게 하여야 한다는 것이다. 이는 이른바 〈파이의 이론〉의 선구자이다.

나. 임금의 한계생산력설

이 설은 임금기금설과는 달리 노동에 대한 수요가 미리 정해져 있는 임금기금의 크기에 의해서가 아니라 노동자의 생산에 대한 기여에 의하여 결정된다고 보았다.

이 설은 처음 주장한 J.B 클라크(1847~1938)에 의하면, 자본을 일정하게 한 다음 자본량과 결합된 노동량을 1단위씩 증가시켜 가면 노동량 1단위가 증가할 때마다 증대하는 생산물 수량의 증가분, 즉 노동의 한계생산력은 수확체감의 법칙에 따라 점차 감소해 가며, 일정한 노동량의 최종단위의 한계생산력이 일반적인 보수의 크기 즉 임금수준을 결정한다고 한다.

한계생산력설은 임금결정이론이라기 보다는 기업주의 노동수요의 원리를 설명하는 것이라고 할 수 있다. 그러나 모든 기업주들이 이윤극대화의 원칙 아래서 행동한다면 균형점에서는 결국 임금이 노동의 한계생산물가치와 같아지게 되므로 한계생산력설은 임금이론이라고 할 수 있게 되는 것이다.

이 학설의 이론적 난점은 자본량이 일정하고 노동력 이외의 생산요소 가격이 일정하다는 조건 그 자체에 있다.

3. 균 형 론

가. 임금기금설

밀에 의하여 주장된 이 학설은 노동수요의 역할을 중요시한 것으로 1830년대부터 1870년대까지 영국의 지배적 학설이었다.

이 이론은 경쟁 상태에서는 임금이 자본과 노동인구의 상대적 크기에 의하여 결정된다고 보았다. 이 설에 의하면 특정 사회의 어느 시기에 임금으로 지불되는 부분, 즉 임금기금은 일정하며 시장임금의 크기는 임금기금을 노동자의 수로 나눈 값이라는 것이다.

임금기금설은 임금생존비설의 경직성을 크게 완화시켰다. 또한 이 이론은 결정론적인 장기이론(長期理論)이나 정태이론(靜態理論)을 제시하지 않고 변화하고 있는 세계에서의 임금의 변동을 설명하고자 시도하였다.

그러나 이 설은 주로 노동자의 단결된 힘에 의한 교섭력이 임금수준을 전체적으로 변화시킬 수 없다든가, 기업주에게 중과세하는 것 등은 임금기금을 감소시킴으로써 임금을 저하시키게 된다는데 이용되었다. 따라서 이 설에 의하면 근로자들의 생활개선은 근로자 가족 수를 제한하거나 사용자의 번영을 도움으로써 임금기금을 증대시키는 수밖에 없는 것이다.

나. 일반균형론

A.마샬은 노동의 수요가격은 한계효용이라는 관점에서 한계효용설로 파악하였으나 이것만으로는 불충분하다고 하여 노동공급이론으로서 한계고통을 도입하고 임금수준은 사용자의 한계효용과 근로자의 한계불효용의 균형점에서 결정된다고 보았다. 물론 완전고용이 전제된 것이다. 마샬은 완전경쟁하에서의 임금은 노동의 한계생산물이 장기적으로는 그 한계공급가격과 동일한 수준으로 낙착됨에도 불구하고 임금은 수요가격이나 공급가격에 의해서가 아니라 수요·공급을 지배하는 여러 요인의 전체적인 결합에 의하여 지배받는다고 보고 임금론을 분배론의 일부로서 인식하였다.

4. 임금교섭설

가. 임금불확정설

사뮤엘슨은 불확정이라는 용어를 임금결정이 거래주체의 자의에 의하여 결정된다는 의미로 사용하고 있다. 물론 불확정이라고 하더라도 객관적 조건과 기준에 의하여 범위가 결정된다. 첫째로 노동시장에서의 수요·공급의 비탄력성이 동시에 완전하다면 그때 경쟁가격으로서의 임금은 그 범위 내에서 불확정적인 것이다. 둘째로 임금교섭이 당사자 쌍방의 상대적 교섭력에 의존할 경우의 임금결정은 불확정하다. 셋째로 불완전경쟁 하에서의 고용량, 임금결정은 완전경쟁 하에서처럼 한 가지 이유만으로는 좌우되지 않는다는 것이다.

나. 임금교섭력설

교섭력이 임금에 미치는 영향에 대하여는 일찍이 아담 스미스도 인식하고 있었다. 스미스는 노동에 대한 수요가 증가하는 시기에 임금이 생존비 이상으로 상승할 수도 있으나 임금이 생존비수준을 크게 상회하지 않는 것은 교섭력에서의 노동자의 열등한 지위 때문이라고 하였다.

스미스 이후에도 교섭력이 임금수준에 미치는 영향에 대하여는 오늘날에 와서는 교섭력과 임금사이의 관계에 대한 연구를 하나는 노동자의 집단(노동조합)의 임금에 대한 영향을 연구하는 것으로, 다른 하나는 개별 근로자의 교섭력의 차이가 임금에 미치는 영향을 연구하는 두 갈래 방향으로 전개되고 있다.

노동조합이 임금에 미치는 영향은 노조조직률, 산업 및 기업규모 등에 따라서 차이가 있으나 미국의 경우는 대체로 10~20% 정도라고 한다.

개별근로자의 교섭력은 어떤 근로자가 현재 취업중인 회사가 마음에 들지 않을 때 사직할 수 있는 능력의 정도에 따라 결정된다.

Ⅳ. 임금격차

사용자에게 고용되어 일하는 근로자 사이에는 커다란 임금격차가 존재한다. 임금격차는 한편에서는 근로자의 인적특성(人的特性)에 따라 즉 성별, 학력별, 경력별 임금격차가 주된 관심이 되기도 하고 다른 한편으로는 노동수요 측의 특징에 따라 즉 기업규모별, 산업별, 직종별 임금격차가 문제가 된다.

그러면 왜 이러한 임금격차가 생기는 것인가. 근로자 사이의 임금격차를 가져오는 요인으로는 크게 경쟁적 요인과 경쟁외적 요인이 있다. 경쟁적 요인이란 노동시장이 기본적으로 경쟁적이며 비인적 시장의 경쟁력이 임금결정에 기본적이며 궁극적인 힘이라고 믿는 학파가 제시하는 임금격차의 요인을 말한다. 반면에 비경쟁적 요인이란 임금결정에 시장의 경쟁력과의 독립적인 힘, 즉 제도 또는 인간의 의사결정이 임금결정에 중요한 영향을 미친다는 학파가 내세우는 임금격차의 요인들이다.

1. 경쟁적 요인

가. 근로자의 생산성 격차

경쟁이론에 의하면 근로자의 임금은 기본적으로 그의 생산에의 기여에 의하여 결정되므로 근로자 사이의 임금의 격차는 노동자 사이의 생산에의 기여의 차이를 반영한다는 것이다. 특히 인적자본론에 의하면 근로자의 인적자본에 대한 투자의 차이가 근로자 사이의 생산에의 기여의 차이를 가져오고 임금격차를 초래하는 것이다.[49] 결국 근로자 사이의 임금격차는 생산성 차이에서 비롯되는 것이므로 저임금 노동자의 해고를 위해서는 이들 근로자의 생산성 증대를 위한 정책, 즉 근로자의 교육훈련 지원정책, 유아교육 등을 펴나가야 한다는 것이다.

나. 임금의 보상 격차

어떤 직업은 다른 직업보다 노동이 힘들 뿐만 아니라 열악한 환경에서 일을 하여야 하는 경우가 있는데 이들 직업은 적절한 노동력을 확보하기 위하여 이러한 부정적인 측면을 상쇄할 수 있는 정도의 높은 임금을 제시하여야 한다. 이러한 경우의 임금격차는 직업의 임금 외적인 불리한 측면을 상쇄하여 노동자에게 돌아가는 순이익을 다른 직업과 같게 해주기 위한 것이므로 균등화임금격차(均等化賃金隔差)라고도 한다. 스미스가 임금격차를 가져오는 요인으로 지적한 것으로는 고용의 안정성 여부, 작업의 쾌적함 정도, 교육훈련비용, 책임의 정도, 성공 또는 실패의 가능성 등이 있다.

다. 시장의 단기적 불균형

일시적인 요인에 의하여 일정한 기능을 요하는 어떤 직종에 대한 노동수요가 갑

---

49) 인적자본이론에 의하면 노동시장이 완전 경쟁적으로 작용할 경우 임금격차는 교육과 훈련에 투자된 자본지출의 차이와 개인능력의 차이에 기인한다. ; 김성수, 노사관계론, 1993, 267면.

자기 증가하게 되면, 단기적으로는 노동력 공급이 비탄력적이므로 초과수요상태가 발생하여 이 직종에 대한 임금이 상승하게 된다. 이러한 임금상승으로 인하여 타 직종에 종사하는 유사근로자보다 고임금을 획득하게 된다.

그러나 이러한 임금상승을 시간의 경과와 함께 이 직종에 대한 노동력의 공급이 증가함에 따라 장기적으로는 사라지게 되므로 과도기적 임금격차라 할 수 있다.

2. 경쟁외적 요인

가. 차별화 및 노동시장의 분단

내부노동시장에서와 같이 제도적인 규칙이나 관행이 노동자의 채용, 훈련 및 임금을 결정하고, 이러한 제도가 모든 종류의 노동자에게 동등한 기회를 부여하지 않는다면 노동자 사이에는 생산성과는 관계없이 임금격차가 발생할 수 있다.

이것이 차별화에 의한 임금격차인데 이는 크게 둘로 나눌 수 있다. 하나는 임금격차로서 동일한 인적자본을 소유하고 있는 노동자들이 제도적 규칙에 의하여 임금을 상이하게 받는 경우이고, 다른 하나는 고용에서의 차별화로서 채용, 배치 및 승진에 있어서 특정 노동자 집단의 기회를 제한하는 것이다.

따라서 이러한 차별화가 존재하면 동일한 인적자본을 지니고 있고 노동자 사이에 비록 일시적인 시장불균형도 없고, 보상해야 할 직업의 비금전적 불이익이 없는 경우에도 임금격차가 발생할 수 있다.

한편 특정 노동자 집단에 대한 차별적 관행이 노동시장의 어떤 부문에서 공통적으로 이루어져서 다른 노동자의 이 부문에의 진입이 제도적으로 제한되어 있을 때 노동시장은 분단되게 된다. 이와 같이 노동시장이 분단되어 있을 때에는 임금이 높은 시장부문에 취업되어 있느냐의 여부에 따라 임금이 달라지므로 노동자 사이의 임금격차가 생기게 된다.[50)]

나. 노동자의 독점지대의 배당

기업은 그 규모·집중도·정부와의 관계 등에서 큰 차이가 나는데 이는 각 기업의 환경에 대한 영향력, 즉 경제력의 차이를 가져온다.

---

50) 박덕제 외, 노동경제학, 201면.

한 나라의 경제가 경제력에서 차이 나는 두개의 부문으로 이루어져 있다고 주장하는 이중경제론자(二重經濟論者)들의 견해에 따르면 강력한 경제력을 가지고 있는 대규모의 중핵(中核, core) 기업은 안정적인 독과점 이윤을 획득하기 때문에 노동자에게 높은 임금을 지불할 능력이 있는 반면에, 경쟁에 노출되어 있는 중소규모의 주변기업은 시장임금(市場賃金)을 지불하게 된다. 즉 노동자 사이의 임금의 격차는 독과점적인 대기업에 종사하고 있는 노동자가 기업이 얻은 독과점 지대의 일부를 배당받는데 기인하는 것이라고 한다.

그러나 이 이론은 독과점 이윤을 취득한 대기업이 이윤의 일부를 노동자들에게 분배해 주는 이유에 대하여는 설명하지 못하고 있다.

다. 기업주의 고임금정책

고임금정책이란 사용자가 노동자에게 시장임금이상의 높은 임금을 지불함으로써 노동생산성을 꾀하는 것을 말한다.

효율임금이론에 따르면 생산성은 기술적인 외생변수가 아니라 노동자에게 지불된 임금의 함수가 된다. 따라서 시장임금보다 높은 임금을 지불하는 기업의 노동자는 다른 기업의 유사한 노동자보다 생산성이 높아지게 되는 것이다. 효율임금이론에서는 고임금이 고생산성을 가져오는 원인으로 「① 고임금은 노동자의 직업상실의 비용을 증대시켜서 노동자가 작업 중에 태만하지 않게 한다. ② 고임금의 자본은 노동자의 이직을 감소시켜 신규 근로자의 채용, 훈련에 드는 비용을 감소시킨다. ③ 고임금의 지불로 노동 시장에서 기업의 이미지가 좋아지면 신규 노동자의 채용시에 높은 질의 노동자를 획득할 수 있다. ④ 고임금은 근로자의 기업에 대한 충성심과 소속감을 증대시킨다.」는 세 가지를 들고 있다.

라. 노동조합의 효과

기업사이의 임금의 격차는 노동조합에 의하여 초래된다. 노동조합은 두 가지 상이한 기능을 하고 있는데, 이 모두가 노동조합이 조직되어 있는 기업의 임금을 향상시킨다고 한다. 노동조합은 한편으로는 독점자로서 단체 교섭력을 이용하여 임금을 경쟁수준 이상으로 상승시키며, 다른 한편 노동조합은 노동자의 요구를 수렴하고 대변하는 '집단적 소리'로서의 기능을 하는데, 노동조합의 이러한 기능은 노동자의 기업에의 귀속감 증대, 이직률 감소 및 노동자 사이의 협력증진을 통한 생산성의 향상을 가져오게 한다.

이와 같은 노동조합의 두 기능은 노동자의 임금을 상승시켜서 노동조합이 결성되어 있는 기업과 그렇지 않은 기업 사이에 임금의 격차를 발생시키는 요인이 되는 것이다.[51]

V. 생산성임금제

생산성임금제란 매년의 실질임금 상승률을 노동생산성 상승률과 일치시키거나 연계시키는 임금제도를 말한다. 즉 연년(年年)의 실질임금상승률을 노동의 평균 물적 생산성의 증가율과 또는 연년의 명목임금 상승률을 물가상승률과 노동의 물적 생산성 증가율의 합과 일치시키거나 연계시키는 임금결정방식을 말한다.

결국 생산성임금제란 명목임금상승률을 노동의 부가가치생산성과 일치시키거나 연계시키는 임금결정방식이 된다.

이러한 생산성임금제는 두 가지 측면에서 중요한 의미를 가진다.

첫째, 매년의 임금상승률이 노동생산성 증가율과 일치할 때에는 임금상승에 의한 물가상승요인은 없게 된다.

둘째, 생산성임금제에 의한 임금결정은 노동소득이 총국민소득에서 차지하는 비율, 즉 노동소득분배율을 불변으로 한다. 이는 신고전학파이론의 임금과 노동의 한계생산성 사이의 관계로 전환시키기 위해서는 노동소득분배율이 일정하다는 가정이 필요한 데에 기인하는 것이다.

그러나 이러한 생산성임금제에 대하여는 노사쌍방으로부터의 문제제기가 있을 수 있다. 생산성임금제에서의 실질임금상승률은 명목임금상승률에서 물가상승률을 제한 나머지를 의미하는데, 이때의 물가상승률은 생산물 가격의 상승률을 의미할 뿐 노동자의 생계비 상승률을 의미하는 것이 아니다. 따라서 물가의 상승률이 높다면 생산성임금제의 실질임금상승률은 노동자의 실질 생활수준의 향상을 의미

---

51) 박덕제 외, 노동경제학, 203면.

하는 것이 아니게 되는데, 이 경우 노동자들은 생계비의 보상을 요구할 것이기 때문에 단순한 생산성임금제는 근로자들의 반대에 직면하게 될 것이다.

한편 부가가치 생산성 증가율이 같은 비율의 기업의 지불능력증가를 의미하지 않을 경우 생산성임금제는 기업에 의한 거부가 있게 될 것이다. 기업의 부채비율이 높아서 부가가치의 상당부분이 원리금 변제에 충당되는 경우에는 부가가치 증가율과 기업의 지불능력증가 사이에 괴리가 생기게 된다. 이때 임금상승률을 부가가치 생산성 증가율과 일치시킬 경우에는 부가가치의 다른 구성부분인 이윤에 압박을 가하게 되므로 기업의 반대에 직면하게 될 것이다.

그런가하면 정부 측도 한 기업의 임금인상이 생산성이 낮은 타 기업에 미칠 파급효과 때문에 임금인상률을 기업의 노동생산성 증가와 일치시키는 것을 반드시 찬성한다고 볼 수는 없을 것이다.

제3절 실 업

Ⅰ. 실업의 의의

1. 실업의 개념

일할 수 있는 의사와 능력을 가지고 있으면서 수입이 발생하는 노동의 기회가 부여 되지 않은 상태를 실업(unemployment)이라고 한다.

여기서 노동의 의사를 가지고 있다고 하는 것은 어느 정도 취업의사를 가지고 있는 것을 말하며 반드시 왕성한 근로의욕을 가지고 있는 것을 의미하는 것은 아니다. 그리고 노동능력을 가지고 있다는 것은 일반적으로 육체적·정신적으로 노동의 조건을 갖춘 것을 말하는 것으로 반드시 전문직이거나 숙련된 노동력을 가지는 것을 의미하는 것은 아니다. 특별한 기술이나 지식이 없는 자도 단순 노동을 할 수 있으면 노동능력을 가진 것이 된다.[52)]

52) 김영종, 노동정책론, 1999, 89면.

실업자를 통계적으로 파악하는 방법에는 경제활동인구조사방식과 직업소개소방식이 있다. 직업소개소방식은 공공직업소개제도가 발달한 나라에서 활용하는 방식으로 구직과 실업보험금 수령을 위해 직업소개소에 등록되어 있는 실업자를 기준으로 실업을 측정하는 방식이다. 경제활동인구조사방식은 직업소개소 통계를 이용할 수 없을 때에 인구센서스나 표본조사를 통하여 실업을 측정하는 방식이다.

실업은 자본주의 사회의 보편적인 현상으로 개인적으로나 사회적으로 심각한 문제로 대두된다. 실업은 근로자 개인은 생활의 원천이 되는 소득이 상실됨으로 인하여 생활이 어려워지게 되는데 특히 우리나라와 같이 가계 수입의 대부분을 가장에게 의존하는 소득구조 하에서는 가장의 실업은 가정의 붕괴로까지 이어지게 되어 심각한 문제를 야기하게 된다.

뿐만 아니라 실업이 장기화하게 되면 근로자는 자신감상실·무력감·소외감으로 인한 정신적 장애에 이르게 되고 더 나아가 사회에 대한 증오로까지 발전하여 사회의 불안요인이 된다.

또 실업은 국민경제적으로 인적자원의 사장을 초래하여 인적자본형성에 투자된 비용의 낭비뿐만 아니라 경제성장의 장애요인으로 작용하게 된다.

2. 실업의 유형과 발생원인[53)]

실업의 발생원인은 학자에 따라 여러 가지로 설명되고 있으며, 이에 따라 몇 가지 유형으로 나누어 볼 수 있다.

가. 마찰적 실업(friction unemployment)

노동시장에서의 정보의 불완전으로 인하여 기업은 필요한 노동자를 찾지 못하고 노동자는 기업에 빈자리가 있어도 이를 발견하지 못하여 발생하는 실업을 마찰적 실업이라고 한다.

즉 마찰적 실업은 쇠퇴산업에서 성장산업으로 근로자가 이동할 때, 보다 좋은 근로조건을 찾아 근로자가 이동할 때, 해고로 인하여 새로운 직장을 구할 때, 신규노동력이 처음으로 일자리를 구할 때, 정보부족으로 불가피하게 생기는 것으로 노동

53) 김영종, 노동정책론, 90면 이하 ; 박덕재·조우현·이원덕, 노동경제학, 1989, 262면 이하 ; 김유배, 노동경제학, 2006, 263면 이하 참조.

시장에 유동성이 있는 한 존재하게 된다.

이러한 마찰적 실업은 노동이동과정에 정보가 부족하여 발생하는 것인 만큼 구인·구직자가 손쉽게 고용정보에 접근할 수 있도록 하는 것이 중요하다. 직업소개소를 활성화하거나 전국규모의 구인·구직 전산망을 설치하는 고용정보시스템의 운용이 필요하다. 이외에 기업이 근로복지제도와 내부노동시장을 개발하여 이직률을 낮게 하는 것도 하나의 방법이 될 수 있다.

나. 구조적 실업(structural unemployment)

산업간·지역 간의 발전의 불균등으로 인하여 어떤 지역이나 산업에서 노동력 수급의 불균등 현상이 있을 때에는 이에 대한 정보가 완전하다 하더라도 노동력 이동에 따르는 시간의 소요와 기술과 기능성의 차이로 인한 산업간 이동에 필요한 노동력 훈련기간이 필요하게 된다.

이와 같이 산업간·지역 간의 노동력 수급상황의 불균형이 존재하고 이의 해소에 장기간이 소요되는 데에 따른 실업을 구조적 실업이라고 한다.

구조적 실업에 따르는 노동력의 수급 불균형을 해소시키는 가장 좋은 수단은 교육·훈련이다. 이를 통하여 일정부분 노동력 부족을 해소시키면서 노동능력 향상으로 보다 나은 일자리를 구할 수 있게 된다. 이와 더불어 수요측면에서는 기업의 직무를 현재의 노동력에 적합하게 재개편하는 방법도 있다.

다. 기술적 실업(technical unemployment)

기술혁신과 노동절약적 신기술의 도입으로 기업의 노동력 수요는 감소하여 기존 취업자 중 일부는 일자리를 잃게 되는 데, 이러한 원인에 의하여 발생하는 실업이 기술적 실업이다. 기술혁신과 신기술에 의하여 새로운 일자리는 늘어나게 되므로 기존 취업자 중 일부가 실업하게 된다 하더라도 전체적인 노동력 수요에는 큰 변동이 없다고 할 수도 있다.

그러나 기존 기업에서 실업자가 된 근로자는 새로운 기술과 지식을 요하는 새로운 산업분야에 그대로 취업할 수 없기 때문에 기술적 실업의 해소를 위해서는 직업전환을 위한 직업훈련과 직업교육이 필요하다.

라. 경기적 실업(cyclical unemployment)

현대 자본주의 사회의 특징 가운데 하나가 경기순환이다. 호경기에는 기업의 투자와 고용이 증가하나 경기가 쇠퇴국면에 들어서면 생산 감소와 이에 따른 고용감소가 불가피하게 된다. 이와 같이 경기의 쇠퇴로 인하여 발생하는 실업을 경기적 실업이라고 한다.

경기변동에 따른 실업율과 경제활동참가율의 변동이나 경기변동이 노동공급에 미치는 영향은 다음과 같다. 경기가 악화되어 가장이 실직하게 되면 가계의 소득이 상실되므로, 호경기에는 취업을 희망하지 않던 주부와 자녀까지 노동시장에 나가 일자리를 구하게 되는데 불경기가 초래하는 이러한 노동공급의 변화를 부가노동자효과(additional worker effect)라고 한다. 그리고 실업이 증가하는 불경기시에는 취업가능성이 감소하기 때문에 실업자들은 구직 가능성에 실망한 나머지 실업자의 일부는 구직활동을 포기하고 노동시장에서 물러남으로써 비경제활동인구가 증가하는 현상이 나타나게 된다. 이와 같이 불경기시에 생기는 실업상태에서 비경제활동인구로의 후퇴로 인한 노동공급의 감소 작용을 실망노동자효과(discouraged worker effect)라고 한다.[54)]

부가노동자효과와 실망노동자 효과는 경제활동참가율에 서로 상반된 영향을 미친다. 만일 전자가 후자보다 크면 실업률이 증가할 때 경제활동참가율은 높아질 것이며, 반대의 경우에는 경제활동 참가율은 낮아질 것이다.

마. 계절적 실업(seasonal unemployment)

계절적 실업은 노동력에 대한 계절적 수급의 변화로 인하여 발생하는 실업이다. 계절적 실업은 수요의 변화에 따라 발생하고 주기성이 있다는 면에서 경기적 실업과 유사하지만 계절의 변화에 따른 실업의 발생을 예측하고 이에 대응 할 수 있다는 점에서 경기적 실업과는 차이가 있다. 농업관련 노동자, 건설관련 노동자 등이 계절적 실업자가 될 가능성이 높다.

바. 불완전 취업

불완전 취업은 특정한 근로자가 가지고 있는 숙련이나 능력, 교육수준 등을 감안

---

54) 2006년 말 현재 우리나라에는 이러한 형태의 구직 포기자가 100만 명이라고 한다.

할 때 취업할 수 있는 일자리와 비교해서 고용시간 및 기간, 임금 등 근로조건이 훨씬 낮은 일자리에 취업하는 것을 말한다. 이러한 불완전 취업을 현재적 불완전 취업과 비현재적 불완전 취업으로 구분된다. 현재적 불완전 취업은 노동력 조사 및 기타 통계를 통하여 직접 계측이 가능한 부적절한 고용상태에 대한 통계적 개념으로 정상적 노동시간 이하의 고용에 있거나 추가노동을 통하여 최소한의 수입을 유지하는 경우이다. 그리고 비현재적 불완전 취업이란 노동력 자원의 왜곡된 배분, 노동과 다른 생산요소간의 근본적 불균형에 기인하는 것으로 분석적 개념에 속하는 것으로 소득의 저위성, 숙련의 불완전 이용, 저생산성 등이 특징이다.[55)]

3. 실업의 해결방안

실업을 해결하기 위한 대책은 실업의 유형에 따라 달라 질 수 있겠으나, 실업상태로 떨어지는 것을 막는 고용안정정책과 실업상태에서 빠져나올 수 있는 방안인 고용창출정책, 그리고 실업상태에 있는 자들에 대한 생활안정정책인 사회안전망정책 및 계층별 대책이 있다.

가. 고용안정정책

고용안정정책에는 ① 정부가 고용정보를 데이터베이스화하여 취업정보망을 구축하는 방안, ② 노동수요에 맞게 직업훈련을 하고, 기존의 공급자 중심의 교육훈련 정책을 수요자 중심으로 전환하는 방안, ③ 기업의 고용유지를 돕기 위한 정부의 지원과 해고의 남용을 막기 위한 법제도 구축방안 등이 있다.[56)]

나. 고용창출정책

고용창출을 위한 정책으로는 재정금융정책, 고용창출사업, 근로제도의 변경, 외국자본의 유치를 들 수 있다.

(1) 재정금융정책

수요의 부족으로 인하여 실업이 발생할 경우 수요를 증가시키기 위하여 재정상

---

55) 김유배, 노동경제학, 290면.
56) 김유배, 노동경제학, 291면.

감세정책을 쓰거나, 금리인하, 공개시장조작, 지급준비율인하, 대출한도제 등 각종 규제의 완화 등의 정책적 수단을 활용할 수 있다. 그러나 이러한 재정금융상의 정책수단으로 총수요를 진작시켜 실업을 해소하는 데에는, 고용확대를 위하여 지나치게 수요를 증대시키면 인플레이션이 일어나는 문제가 발생한다.[57]

(2) 고용창출사업

경기가 침체되어 실업이 만연하게 되면 고전적으로 SOC 투자에 의하여 고용기회를 창출함으로써 실업자를 흡수할 수 있다. 이러한 공공투자 사업은 미국의 뉴딜정책에서 입증되었듯이 단기적으로 고용촉진에 큰 효과를 거두었지만, 이미 개도국 수준을 벗어난 나라의 경우에는 효과가 미지수이고, 실업이 대량화·장기화하여 만성적 실업으로 되면 재정상의 문제로 그 효과를 기대하기 어렵다는 한계가 있다. 이러한 한계에도 불구하고 각국에서 공공투자사업을 지속하는 이유는 이것이 소극적인 실업구제의 수단으로서의 의미를 넘어서 경제하부구조의 조성으로 성장기반을 마련하고 경기조정을 통하여 고용확대기반을 조성한다는 정책적 의미를 지니고 있기 때문이다.[58]

(3) 근무제도의 변경

실업을 방지하는 소극적이고 단기적인 방법으로 근무제도를 변경하는 방법이 있다. 일자리 쪼개기라고 하는 방법으로 2교대제를 3교대제로 변경하거나, 기본 근무시간 이외의 연장 야간근로 등을 다른 사람에게 양보하여 가능하면 많은 사람이 일자리를 얻도록 하는 방법이다. 그러나 이러한 방법은 근로시간 감소와 임금의 감소를 초래하기 때문에 고통분담이라는 것이 전제되지 않으면, 근로자의 저항이나 노사간의 갈등을 초래할 수 있다.

(4) 외국인 투자의 유치

이는 외국자본의 유치를 통하여 일자리를 창출하고자 하는 방안이다. 외국인 투자를 유치하기 위해서는 투자자가 투자승인에서부터 공장설립에 이르기까지 일괄적으로 해결할 수 있는 투자전달체계의 구축이 중요하다. 또 외국투자자가 한국정

57) 김영종, 노동정책론, 97면.
58) 김영종, 노동정책론, 98면.

부와 금융기관·재계 등으로부터 한국 투자환경에 대한 정확한 정보와 자료를 쉽게 얻을 수 있도록 해야 한다.[59)]

다. 사회안전망 정책

사회안전망 정책이란 자력으로 생계에 필요한 자원을 조달할 수 없는 사람에게 국가가 제공하는 공공부조를 말한다. 사회적 안전망은 실업이 발생하기 전에 실업을 사전에 방지하고자 하는 사전적 성격의 정책인 사전적 안전망과 실업의 발생한 후에 제공되는 실업급부 및 실업부조금을 지급하는 사후적안전망으로 나눌 수 있다.

사전적 안전망 정책으로는 직업능력개발 및 노동공급조절을 위한 고등교육기관의 정원자율화정책을 들 수 있고, 사후적 안전망 정책으로는 상호부조적 공적보험인 고용보험이 있다.

고용보험제도는 근로자가 실직한 경우에 생활안정을 위하여 일정기간동안 일정수준의 실업급여를 지급하는 종래의 전통적인 실업보험사업과 함께 취업희망자에 대한 적극적인 취업알선을 통한 재취업의 촉진과 근로자의 직업안정, 그리고 고용구조개선을 지원하는 고용안정사업 및 직업능력개발사업 등 실업예방을 위한 적극적이고 종합적인 고용정책관련사업을 하나의 체계 내에서 상호 관련적으로 실시하는 제도이다.[60)]

한국의 경우 이러한 사회안전망 구축의 필요성은 IMF 이후 더욱 더 부각되었다.

(1) 고용안정사업

국내의 경기변동, 사업구조의 변화 기타 경제상의 이유 등으로 인력이 부족하게 되거나 고용기회가 감소하여 고용상태가 불안정하게 되는 경우, 고용보험의 피보험자 및 피보험자이었던 자의 실업의 예방, 재취업의 촉진, 고용기회의 확대 기타 고용안정을 위한 고용안정사업을 고용노동부장관이 실시하여야 한다. 그리고 고용노동부 장관은 사업주가 근로자의 고용안정을 위한 조치를 취하는 경우 당해 사업주에 대한 필요한 지원을 할 수 있다.

---

59) 김유배, 노동경제학, 292면.

60) 고용보험법 제1조 참조.

(2) 직업능력개발사업

노동정책을 피보험자 등에게 직업생활의 전 기간을 통하여 자신의 직업능력을 개발·향상 시킬 수 있는 기회를 제공하고, 직업능력의 개발·향상을 위한 직업능력개발사업을 실시할 수 있으며,[61] 피보험자 등의 직업능력을 개발·향상시키기 위하여 소정의 직업능력개발훈련을 실시하는 사업주에 대하여 그 훈련비용을 지원할 수 있다.[62]

피보험자 등에 대한 직업능력개발의 지원, 직업능력개발훈련시설에 대한 지원, 직업능력개발의 촉진, 건설근로자 등의 직업능력개발지원 등도 이루어지고 있다.[63]

(3) 실업급여의 지급

근로자가 근로의 기회를 상실하여 실업이라는 보험사고가 발생한 때에는 보험자인 정부는 피보험자인 근로자에게 실업급여를 지급한다. 실업급여는 구직급여와 취업촉진수당으로 크게 구별되며, 후자는 다시 조기 재취업수당·직업능력개발수당·광역구직활동비 및 이주비로 세분된다.[64]

라. 한국의 계층별 고용촉진 정책

(1) 서 설

근로의 능력과 의사를 가지고 있는 근로자는 적정한 근로조건하에서 취업하여 인간다운 생활을 할 수 있도록 하는 것이 노동관계법의 지향하는 바이다. 그러나 산업사회에 있어서는 여러 가지 원인에 의하여 노동력 수급관계는 안정적이지 못하고 수시로 변하고 있다. 이에 따라 모든 근로자가 그에 원하는 직장에 취업하고 안정적 생활을 유지하는 것이 어렵게 되었다. 산업의 변화에 따라 기존산업이 쇠퇴하여 노동력 수요가 없어지면 그 분야의 노동력 수요는 더 이상 없게 되어 실업이 발생하게 되고, 또 경기의 침체와 경쟁력의 약화 등으로 노동력의 수요가 감축되기도 한다. 따라서 오늘날의 노동시장에서의 노동력의 수요와 공급은 경기변동, 산업의 쇠퇴와 신산업의 등장, 기업의 경쟁력, 신기술의 발달과 밀접한 관계를 가지며,

---

61) 고용보험법 제29조.

62) 고용보험법 제20조.

63) 고용보험법 제31조, 동법 제32조

64) 고용보험법 제37조.

그 범위는 국내에 한정되지 않고 현대와 같은 글로벌 경제체제 하에서는 국제적인 여건도 국내적 여건 못지않게 직접적이고도 큰 영향을 주고 있다.

오늘날에는 취업중인 근로자라 하더라도 언제 직장을 잃게 될지 모르며, 새로운 직종의 등장과 신기술의 개발로 이에 대비하지 못한 상황 하에서는 노동력의 수요는 있으나 적정 노동력이 공급되지 못하는 마찰적 상황이 발생하기도 한다. 따라서 오늘날과 같이 경제 환경이 급속히 변화하는 사회에서는 노동시장이 고용과 실업이 교차하면서 급격히 변하게 되며 이에의 대응은 개인 노동자로서는 한계가 있게 된다.

이러한 상황 하에서 국가적 차원에서의 정책적인 대응이 필요하게 되며, 그 적절성 여하에 따라 그 사회의 경제, 사회에 끼치는 영향은 매우 크다고 할 것이다.

한국에서의 고용촉진 정책은 여성고용촉진, 청소년고용촉진, 고령자 고용촉진, 장애인 고용촉진 등으로 나누어 볼 수 있다.

한국에 있어서는 고용정책 기본법이 노동시장에 있어서 고용의 안정, 직업능력의 개발, 고용촉진, 사업주의 인력확보, 고용조정지원 등에 대한 기본방향을 정하고 있다. 동법 제1조는 국가가 고용에 관한 기본정책을 종합적으로 수립하고 시행함으로써 국민 개개인이 그 능력을 평생에 걸쳐 개발하고 더 많은 취업기회를 가질 수 있도록 하는 한편 근로자의 고용의 안정, 기업의 일자리 창출과 원활한 인력확보를 지원하고 노동시장의 효율성과 인력수급의 균형을 도모함으로써 국민의 삶의 질 향상과 지속가능한 경제성장 및 고용을 통한 사회통합에 이바지함을 목적으로 한다고 규정하고 있다.

고용정책 기본법은 직업안정법, 근로자 직업능력개발법, 고용보험법, 고령자고용촉진법, 장애인고용촉진 및 직업재활법 등 각종의 개별법에 공통된 사항을 규정하는 고용촉진을 위한 기본법으로서의 성질을 가지고 있다.

직업안정법은 취업을 희망하는 실업자를 그 대상으로 하고 있으며, 직업소개, 직업지도, 고용정보의 제공, 직업소개사업 및 근로자공급사업에 관하여 규정하고 있다.

근로자 직업능력개발법은 이미 고용된 자(취업자)와 취업의사를 가진 실업자를 규율대상으로 하면서 직업능력의 개발을 위한 훈련의 종류와 교사, 국가 등에 의한 직업능력개발훈련촉진, 사업주 등에 의한 직업능력개발촉진, 직업능력개발사업지원 등을 그 주요 규율 내용으로 하고 있다.

고용보험법은 보험에 가입된 취업근로자를 규율 대상으로 하면서 실업의 예방, 고용의 촉진 및 근로자의 직업능력의 개발과 향상을 도모하고, 근로자가 실업한 경우에 생활에 필요한 급여를 실시하여 생활의 안정과 동시에 구직활동을 촉진하는 것을 그 목적으로 하고 있다. 피보험자의 관리, 고용안정사업, 직업능력개발사업, 실업급여 등이 동법의 주요 내용이다.

고령자고용촉진법과 장애인고용촉진 및 직업재활법은 고령자 또는 장애인이라는 특수한 자들에 대한 특별한 배려를 함으로써 취업지원과 고용촉진을 하기 위한 법이다. 이들은 사회보장적 보호법으로서의 성질을 가진 법 들이다.

상기의 개별법령 가운데 가장 중요한 법으로는 고용보험법과 근로자 직업능력개발법이다. 고용보험법은 현대 산업사회에 있어서 노동시장에서 근로자의 생활안정과 직업훈련 및 고용촉진이라는 관점에서 중요한 역할을 하고 있으며, 근로자 직업능력개발법은 급격히 변화하는 산업사회에서의 필요로 하는 노동능력의 함양과 이를 바탕으로 한 고용촉진이라는 관점에서 중요하다 하겠다.

(2) 청소년 실업대책

(가) 청소년실업의 발생원인

한국의 청소년실업은 진로선택 결정이 늦어져 일어나는 마찰적 실업의 영향도 상당히 크지만 경기불황, 고학력화로 인한 노동력 수급불균형, 학교와 기업 간의 연계(School to Work Transition)부족, 직업안정망미비 등의 복합적인 원인에 의하여 발생하고 있다.

한국은 경제성장속도가 둔화[65]되면서 고용흡수력이 저하되고, 산업구조의 고도화에 따른 고용증가세의 둔화로 일자리 증가규모도 하락하고 있다. 이러한 상황이 기업의 신규채용 감소로 이어지면서 노동시장 신규 진입자인 청년층에 큰 영향을 주어 전체 청년 인구 중 취업자 비중인 청년층 고용률(취업자/생산가능 인구)이 96년 46.2%에서 2004년 45.1%로 감소하였다.

청소년의 대학진학률의 증가로 대학졸업자 수는 증가하였으며, 대졸취업자중 상당수가 일자리와 전공이 일치하지 않는 등 대학교육의 현장적합성 부족과 구직자의 눈높이 조절 실패로 청년실업이 심각한 최근에도 중소기업의 인력난은 여전히

65) 한국의 경제성장률은 80년대 7.8%, 90년대 6.3%, 2003년 이후 4.8%~5.2%, 2017년 3%.

지속되고 있다.

이러한 가운데 청년층 취업알선 직업지도에 있어, 공공과 민간 직업안정기관 및 학교의 역할이 미흡하여 채용동향과 산업계의 수요 등 노동시장의 정보를 분석하여 교육과정에 반영하고 청년층에게 제공하는 시스템의 미비 등 노동시장 정보제공도 청년실업의 원인으로 되고 있다.[66]

(나) 청소년 실업대책

1) 청소년 실업대책의 필요성

청년실업은 청년층의 일자리 감소, 체계적인 직업지도와 직업교육부족, 노동시장 인프라 취약과 이로 인하여 발생하는 오랜 취업소요기간 등 구조적 요인에 기인한다. 따라서 청년실업은 단기간에 해결되기 어려운 사안으로 중장기적 시각에서 일자리 창출, 직업지도와 직업교육강화, 노동시장 인프라 구축 및 취업소요기간을 단축시킬 수 있는 대책이 수립되어야 하며, 사회구성원의 인식전환과 경제, 교육, 고용, 산업정책 등 다각적인 측면에서의 접근이 필요하다.

2) 실업대책의 기본 방향

최근의 청년실업은 경기침제가 가장 직접적인 원인이지만 실업대책은 단계적으로 대처하고 구조적 원인을 해소하는 방향으로 나가야 할 것이다.

구조적 문제점을 해소할 수 있는 기본방향으로는 노동력 수급불균형을 해소할 수 있는 학교와 직업 간의 연계를 강화하고 무기능 저학력 청년의 장기실업을 방지할 수 있는 학교교육기회의 확대와 개선 및 직업교육의 실시가 필요하다. 취업하고 있는 근로자와 신규졸업자간의 형평문제를 해소하고 고용의 유연성을 확대하기 위한 일자리 나누기 제도의 도입과 인턴제도의 확충 그리고 청소년 공공봉사활동 및 해외활동을 지원함으로써 청년실업자의 건전한 사회참여를 유도하는 방안이다.

3) 세부대책

가) 단기대책

① 청년층 신규일자리 창출 및 직장체험기회 제공[67]

청년 고용촉진을 위한 단기적 대책으로 청년의 경우 일을 배우는 측면이 강하므

---

66) 고용노동부, 청년실업해결을 위한 청소년고용촉진 대책 참조.

67) 직장체험프로그램의 경우 효과가 높은 것으로 조사되어 확대하는 것이 바람직한 것으로 결론.

로 신규 일자리에 대한 임금 및 고용안정 수준을 장년층과 달리함으로써 노동수요를 창출하고, 정규직 외에 파견근로, 파트타임, 계약직과 임시직 등으로 취업의 기회를 넓혀 실업률을 낮추는 방안과 정보화 사업, 문화관광 가이드, 환경운동 NGO 사업, 정부출연연구기관의 보조원, 사회복지사업 등에서의 공공근로의 기회를 확충하여 신규 졸업자를 흡수할 수 있는 부문을 개발한다.

그리고 청년층을 대상으로 민간기업과 공공기관 등에 직장체험기회를 제공하며, 해외시장개척과 국제 경쟁력강화를 위한 해외인턴 등 해외연수기회와 근무기회를 제공한다.[68)]

② 학교와 직업 간의 연계 강화

실업계 고등학교 및 대학 내의 취업센터를 인력은행 지소로 활용하여, 직업안정, 직업훈련, 진로지도를 활성화 하고, 취업센터와 인력은행을 컴퓨터 통신망으로 연결하고 취업담당 인력요원 배치에 대한 정부의 재정지원으로 취업센터를 인력은행으로 기능할 수 있도록 개선한다.

③ 직업훈련 교육기회의 확충[69)]

지역별 산업특성 및 인력수급을 고려하여 IT, 지식기반 서비스 직종 등 취업유망 분야에 대한 훈련을 실시하고 비진학 청소년에 대하여는 인력부족직종훈련, 기능사 양성훈련, 소프트웨어기술교육 등에 중점을 둔다.

④ 청년층 인력수급 지원

대도시 고용안정센터에 청소년 취업지원실을 설치하고 청년층을 고용하는 기업에 한시적으로 청년고용촉진장려금을 지원한다.[70)] 그리고 정부투자기관 등 공기업에 청년채용을 권고한다.

나) 중장기 대책

① 성장잠재력 확충을 통한 새로운 일자리 창출

미래형 자동차 등 10대 차세대 성장동력사업 및 문화, 관광, 레저 서비스산업 육

---

68) 해외취업지원사업은 청년실업 완화와 인적자원의 경쟁력 제고에 기여하므로 지속적으로 실시할 필요가 있다.

69) 직업훈련은 비교적 효과가 있는 것으로 향후에도 현 수준으로 지속적으로 실시할 필요가 있다.

70) 2010년까지 기업별로 1년간 중소기업은 1인당 720만원, 대기업은 540만원을 지원하였다.

성과 주 5일제를 통한 일자리 나누기 사업을 추진하며, 일자리 만들기 위원회 등을 통하여 일자리 나누기 사업을 추진하고 추진실적을 점검하고 세부추진계획을 마련하여 시행한다.

② 산학협력 강화로 산업수요에 부응하는 인력육성

현장실습 학점제와 학기제를 확대하고 산업체와의 계약에 의한 주문형 및 맞춤형 교육과정을 개발하여 시행하고 전공분야별 취업률 공표제도 등을 시행한다.

③ 청년취업 확충을 위한 노동시장인프라 구축

모든 청소년이 직업지도를 받을 수 있는 체계를 구축하여 청년층의 건전한 직업관 형성과 직업탐색 능력을 배양한다. 그리고 세부 직업별 중장기 인력수급상황을 전망할 수 있도록 모델을 개발하여 인프라 구축을 하며, 인적자원 개발 지원을 위하여 노동시장 관련 정보를 통합하고 표준화하여 관리하는 시스템을 구축한다.

(다) 청소년 고용촉진을 위한 대책

1) 노동시장 공급측면

가) 진로, 직업지도 강화

① 청년층 학력단계별로 진로, 직업지도

㉠ 초·중·고 재학생 : 각 급 학교 교과과정에 진로·직업 내용을 반영하고, 보다 많은 학교에서 특별, 재량활동 시간을 통해 진로와 직업교육을 실시하도록 유도하며, 종합적인 진로와 직업교육의 내용을 마련한 후 교육과정에 적극 반영하도록 한다. 그리고 지역고용안정센터와 관내 초·중·고간 자매결연과 협약체결 등을 통하여 연계를 강화하고 진로직업교육을 지원하며, 각종 직업지도 행사에 교사 및 학부모가 공동 참여하여 교사와 학부모에 대한 직업의식 확립도 병행하여 추진한다.

㉡ 대학재학중 : 대학생에 대한 연수체험을 확대하여 원하는 경우 일정 기간 동안 기업현장에서 근무할 수 있도록 운영하고, 연수체험 사업의 내실화를 위하여 학점인정대학을 확대, 연수 전 사전교육실시, 대학이 연수처 발굴 및 연수상황 지도를 담당하는 방안을 추진하고 일정 인원 이상 연수 실시하는 기업에 연수관리경비를 지원한다.

각 부처 연수체험 사업 연계 운영 방안을 마련하고 각 기업의 최고경영자의 강의를 확대를 통하여 산업과 기업에 대한 이해를 높이며, 각 대학에서 진로 및 직업과목을 편성하도록 협조요청하고 취업 지원실 지원 시 이를 반영한다.

② 종합적 진로 및 직업지도 협의체 구성

생애 단계별 체계적인 진로 및 직업지도의 기획과 지원을 위하여 중앙에 「국가진로직업지도협의회」[71]를 구성하여 운영하며, 지방에는 「지역진로직업지도협의회」를 지자체, 교육청, 노동관서 등이 중심이 되고 지역 학교, 학생, 학부모, 사용자단체 등으로 구성하고 지역혁신 협의회, 지역인적자원협의회 등과 연계하여 운영한다.

나) 청년실업 해결을 위한 대학의 경쟁력 강화

① 청년층 취업촉진을 위한 대학의 자구노력 유도

대학별 학과별 취업률을 공표하여 대학이 취업에 보다 많이 노력할 수 있도록 유도하고, 졸업생에 대한 사후 관리시스템 구축 등 취업률 향상을 위하여 노력한 대학에 대한 보상시스템을 마련하며, 취업률, 취업실태 및 취업지원노력을 대학 평가에 반영하도록 한다.

② 대학의 교육과정 모델을 발굴하여 보급

산업수요에 맞는 대학 교육과정을 발굴하여 보급하고 교육과정의 산업수요 적합성 등 기업의 요구를 파악하여 관련정보를 교육과정에 반영하도록 유도한다. 그리고 산업별 인적자원개발협의체, 공학교육인증원, 대학평가전문기관 등에서 기업의 교육과정 만족도의 조사를 한다.

③ 산학협력 활성화

산·학·연·관이 참여하는 「산업별 인적자원개발협의체」를 구성하여 협의체를 법인화하고 회원제도 등을 도입하여 정부의 기타 인적자원개발사업과 연계를 강화하며, 기업과 대학간의 협약을 통하여 교과과정을 개편하여 맞춤형 인재를 양성하는 대학을 지원하는 공학교육과정개편 지원사업의 대학지원규모와 지원학과의 범

---

71) 교육인적자원부, 고용노동부 등이 중심이 되어 구성하고 국가의 직업과 진로지도 목표 및 각 주체별 역할을 설정, 직업진로 교육연수프로그램 개발·평가, 기관간 연계 등에 관한 사항을 논의.

위를 확대한다.

그리고 특정학과와 연계하여 물품을 제조하여 판매하는 학교기업을 확대하고 IT 인력의 전공역량혁신을 위하여 기업이 제시한 15개 직정 28개 직무의 핵심내용 등을 대학 전공교과에 반영을 추진하며 대학이 기업과 계약을 체결하여 학과를 설치할 수 있는 계약학과제도를 운영한다.

다) 직업교육과 훈련체계 혁신

① 현장 적응성 강화를 통한 직업훈련의 혁신

㉠ 지역산업수요에 적합한 지역단위 인적자원개발추진,[72] ㉡ IT산업 등 10대 성장동력사업 육성에 필요한 중간기술인력 양성지원, ㉢ 기능대학을 현장 밀착형 중간 기술자 양성체제로 전환,[73] ㉣ 사업장을 찾아서 교육하는 이동식 직업훈련서비스 실시 및 온라인 기술교육확대, ㉤ 재직근로자에 대한 교육 훈련비 지원을 위하여 근로자 본인이 부담하는 훈련비용 전액 소득공제 추진 및 단기 해외훈련비용지원, ㉥ 여성 청년층의 고용증진을 위하여 지역특화 산업과 연계하여 직업훈련과 취업알선을 묶은 지역사회맞춤형 취업지원사업 확대 등을 한다.

② 수요 중심적 직업교육 시스템 강화

특성화 실업계고교 운영, 실업계 고교졸업과 동시에 기업체근무가 가능하도록 맞춤형 기업현장교육 실시, 전문대학 특성화 사업 추진, 주문식 교육활성화를 위한 프로그램 지원, 전문 기술인력 양성을 위하여 기업과 대학이 공동연구개발을 할 수 있도록 연계를 강화하고 대학실습실 등의 지원 추진, 해외 전문인력 양성을 위한 체계적 어학과 실무교육 시스템을 구축한다.

2) 노동시장 인프라 측면

가) 취약 청년층에 대한 개인별 종합취업지원서비스 도입

청년실업대책이 다양하게 시행되고 있으나 청년층의 실업기간과 교육수준 등 특성과 능력에 따른 차별화 된 대책이 미흡하여 취약 청년층을 개인별로 특화된 종합적 취업지원서비스를 통하여 취약 청년층의 고용증진을 도모한다.

---

72) 지역별 노동시장 및 인력수급 실태조사 후 지역혁신을 위한 인력개발사업실시 및 인프라 구축.

73) 학력에 관계없이 현장경험이 풍부한 자를 교수로 채용, 항공정비 등 고기술학과의 교육기간을 2년에서 3년으로 연장하고, 능력에 따른 조기 졸업제 도입 등.

나) 대학의 취업기능 강화

청년층에 고용에 대한 서비스를 제공하는 대학의 취업지원기능이 취약하여 사전적 실업예방 기능이 미흡하므로 대학의 취업지원실을 종합인력개발센터로 확대하도록 지원하고 취업촉진을 위하여 노력한 대학을 선정하여 지원하는 등 대학 내의 취업지원기능을 강화한다. 특히 취업에 어려움을 겪고 있는 여대생을 위한 특화된 진로지도와 경력개발을 위한 여대생 커리어 개발센터의 확대를 추진한다.

다) 직업 및 고용정보를 생산하여 보급을 확대

기업의 채용동향, 직업전망 등 청년층에 유용한 정보의 생산과 제공이 미흡하므로 노동시장 정보의 생산 및 제공의 강화로 청년층의 직업과 진로선택을 지원한다.

이를 위하여 장단기 직업전망, 기업의 채용동향 등 노동시장 정보를 종합적으로 파악하여 제공하고 직업별 중장기 인력수급전략을 실시하여 인적자원수급불일치의 해소를 도모하고 청년에 특화된 홈페이지와 노동시장통합정보시스템을 구축하여 개인별 맞춤식 고용정보 서비스를 제공하며, 중소기업에 대한 정보제공을 강화한다.

라) 청년실업대책의 성과 제고

범정부적으로 다양한 청년실업대책을 추진하고 있으나 각각 운영되고 있어 효율이 떨어지고 수요자의 참여 등에 불편을 초래하고 있어 청년실업대책에 대한 종합정보를 제공하고 청년실업대책의 연계 및 평가시스템을 구축하는 등 수요자 입장에서 청년실업대책 사업을 재구성 한다.

3) 노동시장 수요측면

단기 일자리 사업은 평가결과에 따라 탄력적으로 추진하고 일자리 나누기로 청년층의 고용창출을 도모하며, 중소기업의 작업환경개선, 근로복지 수준의 제고 등을 통하여 인식을 개선하여 중소기업의 부족한 노동력 채우기에 노력하는 등 노동시장 수요측면은 거시적 정책으로서의 접근과 기 시행 중인 일자리 창출 종합대책에 따라 추진하고, 해외취업 지원사업은 활성화를 위한 종합관리 시스템을 구축한다.

(3) 여성의 고용촉진

(가) 여성의 경제활동 참여 현황

여성의 경제활동 참여는 1960년대 이후 증가하는 경향을 보였으나 경제위기가 심화되었던 1998년에는 미취업여성의 상당수가 비경제활동인구화 하면서 경제활동참가율이 급격히 감소하였다. 이러한 현상은 선진국과는 달리 한국 여성의 노동시장 통합정도가 미약한 형편을 드러낸 것이다.

1999년 이후에는 경제의 회복과 함께 여성의 경제활동참여율이 다시 증가하고 있으나 고용 구조면에서는 여성근로자 중 비전형 근로자의 비율이 증가하는 등 해결해야 할 문제점이 많다.

여성의 임금 수준은 남성 근로자의 60% 정도로 저임금 직종에 여성근로자가 취업하고 있으며, 연령별 임금곡선은 남성근로자가 50세 전후까지 지속적으로 증가하는데 비하여 여성근로자의 임금곡선은 30세를 정점으로 하락하는 특징을 보임으로써 여성이 인정자본의 축적을 통한 경력개발 면에서 매우 취약함을 나타내고 있다.

지식기반사회로의 진입과 산업구조와 기술수준의 변화로 인하여 인력재배치가 광범위하게 진행되고 있음을 고려할 때, 이러한 변화에의 적응에 여성들이 상대적으로 늦어 앞으로 경제활동참여에 장애요인이 되지 않도록 여성들의 능력개발이 필요하다.

(나) 정책의 기본방향

1) 시장수요와 미래가치에 부응하는 여성인력개발

가) 여성을 위한 교육과 훈련

여성을 위한 교육과 훈련의 내용을 21세기 지식기반 시장의 수요와 미래가치에 부응하도록 조정하여 여자실업계 고등학교의 교육내용과 여자대학교의 전공별 정원조정 등을 통하여 변화하는 사회가 요구하는 지식과 기술을 갖춘 여성인력을 배출하도록 하며, 직업의식교육과 진로지도를 강화하고, 중장기적인 노동시장 수요분석에 근거한 직업훈련계획을 수립하도록 한다.

나) 교육과 훈련기회의 제공

여성의 참여를 유도할 수 있는 훈련내용을 개발하고 비경제활동상태의 여성은 취업자나 실업자보다 직업훈련의 기회가 현저히 적은 현실에 주목하여 비경제 활동여성이 노동시장으로 진입하고자 하는 경우에 훈련을 통하여 새로운 직업능력을 익힐 수 있는 기회의 확대가 필요하며, 저소득층 여성이 직업훈련을 받는 동안 아동보육과 생계지원을 하고 사내 훈련에서 여성의 포함비율이 높은 경우, 고용보험에서 지원하는 훈련비용을 증액하는 등 기업이 성별로 균등한 재교육 기회를 마련하도록 인센티브를 제공한다.

2) 가족책임과 병행 가능한 생애경력개발 지원

가) 보육시설확충

지역보육시설은 지역별 수요를 충족하면서 보육의 질 향상에 유의하며, 직장탁아를 활성화하기 위해서는 여성근로자 300인 이상인 사업체의 경우 직장탁아소 설치를 의무화하고 있는 현행제도를 남녀를 불문한 전체 근로자 수에 따라 직장탁아소를 설치하도록 개정하는 것이 바람직하다.

나) 다양한 근로형태의 활성화

경력단절로 인한 불이익을 당하지 않으면서 자신의 형편에 따라 일할 수 있도록 단시간 근로, 재택근로, 자율근로시간제 등 다양한 근로형태가 활성화 되어야 한다. 그러나 이러한 근로형태의 다양화는 여성을 비정규적인 한계근로에 집중시키는 기제로 작용하지 않도록 하여야 한다.

그리고 정규근로자도 일정기간동안 단시간 근로를 선택할 수 있도록 하는 제도의 도입도 검토할 필요가 있다.

다) 육아휴직 활성화 및 가족간호휴가제 도입

육아휴직제도가 추가적인 기업비용을 발생시킨다면 기업의 입장에서는 여성근로자의 채용을 기피하게 하는 요인으로 작용할 수 있으므로 육아휴직과 관련한 비용을 사회화 하여 육아휴직기간 동안의 임금의 일부를 사회보험을 통하여 보전하도록 하여야 한다.

그리고 남녀 근로자가 모두 활용할 수 있는 가족간호휴가제를 도입하고 특히 남성근로자가 가족간호휴가제와 육아휴직을 활용하는 것을 권장한다.

라) 가족친화적인 기업의 선정

상술한 제도는 현재의 여건에서 볼 때 규정을 신설한다고 해서 기업이 적극적으로 참여할 것을 기대하는 것은 어려우므로 자발적인 참여를 이끌어내기 위한 제도적보완이 필요하다.

이러한 제도들은 여성만을 위한 제도가 아니라 가족을 위한 제도임을 인식시켜 여성뿐만 아니라 남성들도 활용하도록 유도할 필요가 있다.

정규근로자의 단시간근로, 직장보육시설운영, 육아휴직 활용도 등을 기준으로 가족 친화적 기업을 선정하고 인센티브를 제공하여 장려한다.

(다) 고용평등 실현을 위한 법과 제도 정비

1) 여성보호규정의 현실화

여성에 대한 시간 외 근로 제한과 야간근로 금지를 규정하고 있는 근로기준법상의 여성특별보호규정은 노동시장에서 여성고용을 기피하는 요인으로 작용하고 있으며, 국제적인 기준에도 부합하지 않으므로 이를 현실화 할 필요가 있다. 기존의 여성보호조항을 순수 여성보호조항과 모성보호조항으로 구분하여 남녀에게 공통된 규제를 한다는 기본전제하에 여성특별보호조항은 폐지하되 임산부 및 3세 미만의 유아를 가진 여성에 대한 야간·휴일근로 금지, 시간외근로제한은 모성보호측면에서 존속시켜야 할 것이다.

2) 모성보호강화와 비용의 사회화

임신과 출산 등 여성의 모성기능보호는 사회의 재생산기능에 대한 보호이며, 실질적인 남녀평등을 실현하는 것이므로 유급출산휴가로 인하여 발생하는 비용을 사업주로 하여금 전액 부담하도록 하지 말고 국가예산과 사회보험을 통하여 분담하도록 할 필요가 있다. 이외에 임신기간 중 건강검진휴가 도입과 출산휴가의 연장이 필요하다.

(4) 장애인 고용촉진

(가) 장애인 고용정책 추진현황

1) 장애인 고용현황

장애인 경제활동 참가율은 일반인에 비하여 낮으며, 실업률은 매우 높은 편이다. 1998년 이후 장애인 고용속도가 빨라지고 있으나, 아직 많은 사업주들이 부담금을 납부하면서까지 장애인 고용을 기피하고 있다.

2) 장애인 고용촉진정책

장애인 기능인력 양성 확대와 고용여건 조성을 위한 지원강화를 목표로 장애인 고용촉진정책을 수립하여 추진하였다. 장애인 고용촉진을 위한 향후 정책은 이미 수립된 계획과 개정 법률을 효과적으로 집행하는 구체적인 방안을 강구하는 것이 바람직하다.

(나) 장애인 고용촉진을 위한 지원대책

1) 공공부문의 장애인 고용확대

개정법에서는 국가와 지방자치단체의 장은 장애인을 소속 공무원 정원에 대하여 2017년 1월 1일부터 2018년 12월 31일까지 1천분의 32를 2019년 이후에는 1천분의 34 이상을 고용하여야 한다. 장애인 고용을 장려하기 위하여 중앙인사기관의 장과 지방자치단체의 장으로 하여금 장애인 채용계획을 고용노동부장관에게 제출하도록 하고 있으며, 고용노동부장관은 장애인 채용계획이 적절하지 아니하다고 인정될 경우에는 그 계획변경을 요구할 수 있고, 고용의무이행실적이 현저히 부진한 때에는 그 내용을 공표할 수 있다.

2) 장애인 고용사업주에 대한 지원강화

의무고용률을 초과하여 장애인을 고용하는 사업주에게는 고용장려금을 지원하고 있으며, 중증장애인이나 여성장애인을 고용할 경우에는 우대하여 장려금을 지원하도록 하고 있다.

수화통역사나 작업지도원 등을 배치할 경우에는 이에 필요한 고용관리비를 융자해주고 있으며, 고용시설자금과 편의시설개선자금을 융자해 주고 있다.

3) 장애인에 대한 직접지원

자영업 창업을 희망하는 장애인에게는 창업에 필요한 창업자금을 융자해주고 있으며, 필요한 경우 영업장소를 임대해 준다. 그리고 취업알선기관 등을 통해 취업알선을 받을 수 있다.

(다) 직업능력 개발

1) 직업훈련기관 설립·지원

장애인 고용촉진정책에 따라 지역별·장애유형별 전문직업훈련기관을 건립하여 운영하고 있으며, 고용개발원을 개원하여 전문적인 직업재활서비스와 기초조사 및 연구사업을 수행하고 있다. 그리고 공공직업훈련기관, 특수학교 전공과, 장애인직업준비훈련기관, 인정직업훈련기관 등 각종 직업훈련기관을 장애인 훈련기관으로 지정하여 훈련교사 수당, 편의시설설치비, 부대시설 개선비용 융자, 취업알선 수당 등을 지원해 주고 있다.

2) 훈련수당 지급

훈련실시기관에서 직업훈련을 받는 장애인에게 훈련준비금, 교통비, 식비, 가계보조수당 등의 훈련장려금을 지원하며, 근로자직업능력개발법에 의하여 지정된 직업능력훈련시설에서 자비로 능력개발훈련을 받는 경우에는 일정한 범위 내에서 훈련수강료를 지원해 준다.

(라) 취업알선체계정비

전국의 특수학교, 장애인복지관, 장애인직업재활시설 및 장애인복지단체를 통하여 훈련과 취업을 알선하며, 장애인고용촉진공단을 중심으로 장애인 취업알선 전산망을 구축하고 각종 장애인복지 및 직업재활기관과 정보교류를 한다.

직업안정법에 의한 무료직업소개사업을 수행하는 기관이 장애인의 취업을 확정시킨 경우 일정한 금액을 지원하고 있으며, 직업상담과 심리평가 및 작업평가 등을 통하여 적합한 직업선택을 지원하는 직업능력평가센터를 운영하고 있다.

(마) 정책의 주안점

장애의 종류와 정도에 따라 장애인이 잘할 수 있는 일자리에서 능력을 발휘할 수 있도록 해 주되, 생산성이 떨어지는 만큼 국가가 보조금을 지급하여 장애인에게 고용의 기회를 제공한다. 국가 및 지방자치단체의 장애인 고용비율을 획기적으로 높여 나가고, 취업알선체계를 정비하며, 장애인 구인, 구직자에 대한 정보를 종합적으로 관리하는 고용관리 전산망을 완비하고, 장애인복지관과 직업재활기관에 대한 지원을 강화하면서 이들 기관의 훈련과 취업알선 담당자에 대한 보수교육실시와 기본 지침을 제공한다. 장애인에 대한 교육과 훈련기회를 확대하고 장애인 전담교육, 훈련기관을 추가 설립하고, 훈련기간 동안 지원되는 교통비와 생계비를 증액하며, 장애인훈련기관으로 인정된 각종 직업훈련기관의 훈련교사 수당을 인상한다.

제5장 취 업

제1절 노동과 취업

Ⅰ. 서 설

1. 취업과 고용

취업이란 사전적 의미로 일정한 직업을 잡아 직장에 나간다는 것을 의미한다. 직업을 선택하는 것은 자유이며, 우리나라 헌법은 제15조에서 직업선택의 자유를 명시하고 있다. 그러나 개인에게 직업선택의 자유를 부여한다고 하여 자의적으로 어떠한 직업도 마음대로 선택할 수 있다는 것을 의미하는 것은 아니다.

노동을 사람이 생활에 필요한 물자를 얻기 위하여 육체적 노력이나 정신적 노력을 들이는 행위라고 정의할 때, 노동은 현대 자본주의 사회에서 궁핍으로부터 벗어날 수 있는 유일한 수단이라고 할 수 있다.[74] 즉 사람은 자기가 생산요소를 보유하면서 자기의 계획과 자기의 계산아래 행하는 자기노동을 하든지 타인에게 고용되어 타인의 지시·감독 하에 노동력을 제공하는 타인노동(종속노동)을 하든지 양자택일 말고는 선택의 길이 거의 없는 것이 현실이다. 또한 자기노동의 경우에도 자기 혼자만의 사업보다는 타인을 고용하여 사업을 영위하는 것이 훨씬 많기 때문에 각 개인은 결과적으로 취업을 하든지 아니면 기업을 운영하든지 사실상 노무 제공 또는 노무 수령이라는 관계 속에 살아가는 것이 대부분이다. 따라서 노동활동을 하는 대부분의 경우 결국 취업 또는 고용으로 연관되어 있으며, 노동력을 제공하는 입장(근로자)에서 볼 때 취업이라고 할 수 있지만, 그 상대방(사업주) 입장에서 보면 이는 고용에 해당한다.

다만, 여기서 취업이라는 제목으로 설명하는 것은 근로자들의 입장에서 좀 더 쉽

74) R.C.크반트(강희원 역), 노동철학, 동림사, 1999, 38면.

게 접근한다는 의미일 뿐 노동법상 제한은 그 상대방인 사용자를 대상으로 하기 때문에 실질적인 내용은 고용관계 내지 근로관계를[75] 중심으로 할 수밖에 없다는 점 이해가 필요하다. 이하에서 노동법의 생성배경과 체계를 설명한 다음 근로관계에 관한 일반적 내용을 알아보고자 한다.

2. 노동법의 생성

시민법 질서가 자본주의사회의 법적 지주로서 자본주의사회 발전에 크게 기여하였다는 점을 부정할 수는 없다. 그러나 시민법 질서에서 인간은 자유롭고 평등하다고 하나 구체적 인간으로서는 결코 평등하지 못하였음이 시민사회가 발전됨에 따라 점차 드러나기 시작하였다. 이렇듯 시민법 질서의 「자유」와 「평등」의 가치는 노동력을 제공하지 않고서는 생활을 할 수 없는 근로자들에게는 실질적으로는 부자유와 불평등으로 나타나 열악한 근로조건과 작업환경에서 장시간의 노동에 시달릴 수밖에 없었다. 불리한 근로조건과 이로 인한 빈곤을 근로자 개개인의 분산된 힘으로는 해결할 수 없다고 인식하여 자구책을 강구하게 되었다. 즉 노동운동은 자본제 사회의 역사적인 산물로서 자연발생적으로 일어나게 되었다.

이와 같은 근로자들의 노동운동은 드디어 자본주의 사회에서 법적으로 결실을 보게 되는데, 이는 자본주의 사회 스스로가 노동문제에 대하여 시민법 질서만으로는 합리적인 해결이 불가능하다는 것을 깨닫게 되었기 때문이다.

오늘날 노동법의 규율대상이 되는 노동문제는 산업혁명 이후 근로자들이 열악한 근로조건하에서 장시간 집단적인 노동에 종사하게 된 때부터 발생하게 되었다고 할 수 있다. 근로자들의 저임금으로 인한 생활고와 산업재해로 인한 생명의 위협 및 신체장애는 중대한 사회문제가 되었고, 국가는 근로자의 보호를 위한 대책을 강구하지 않을 수 없게 되었다. 그 결과 제정된 것이 노동보호 제 입법이다. 그러나 이러한 법규들도 초기에는 그 내용이 다분히 시혜적인 색채를 띠게 되었고, 그 적용범위도 소년·부녀자 등 제한된 근로자를 대상으로 하고 있었다. 이 후 근로자들의 단결권·단체교섭권·단체행동권이 확립되면서 근대적인 의미의 노동법으로 발전하게 되었으며, 법의 내용도 시혜적인 것이 아니라 노동자의 권리를 기초로 하여

75) 고용 및 근로관계의 구분 등에 대하여는 제3절 근로관계 참조.

구성되기에 이르렀다.

노동법사의 초기에 있어서는 개별적 근로관계에 대한 강행적 노동보호입법이 국가에 의하여 제정되었고, 그 다음 단계로 노동 3권이 보장됨으로써 근로자들은 스스로의 노동운동을 통하여 임금 및 근로조건을 집단적으로 개선할 수 있게 되었다. 이와 같은 노동법의 생성과 발전은 각국의 경제적·사회적·정치적 사정에 따라 여러 가지 형태로 발전하여 왔다.

우리나라의 경우는 노동관계법이 제정되기 전까지 선진자본주의 제국이 겪어온 노동법생성의 역사적 과정을 경험하지 못하여, 초기 입법은 대부분 외국의 노동 법제를 계수하여 이루어 졌다. 우리나라 노동법 역사는 1948년 헌법 제정 당시 노동3권과 노동자의 이익균점권을 규정하였고 이후 1953년에 개별법으로 근로기준법, 노동조합법, 노동쟁의조정법 등이 처음으로 만들어 졌다.

3. 노동법의 체계

헌법상 노동에 관한 조항을 두고 있는 국가의 노동관계법규는 헌법을 정점으로 제정되고 있는데, 우리나라의 경우 헌법 제32조 ① 국민의 근로권리와 의무 및 적정임금의 보장, ② 근로조건 기준의 법정화, ③ 여자와 연소근로자에 대한 보호, ④ 국가유공자·상이군경 및 전몰군경유족에 대한 우선적 취업기회의 보장 등에 관한 규정을 정점으로 하는 개별적 근로관계법과 헌법 제33조 근로권에 관한 규정을 정점으로 하는 집단적 노사관계법으로 체계화하고 있다.

근로관계는 근로계약에 의하여 개개의 근로자와 사용자의 결합을 전제로 하기 때문에 개별적 근로관계를 그 기반으로 한다. 그리고 이 개별적 근로관계는 국가의 후견적 보호를 전제로 하고 있지만, 이것만으로는 노사의 실질적인 평등을 확보할 수 없을뿐더러 현실적으로도 국가가 모든 근로조건을 규율할 수 없으므로 현대적인 근로관계에는 필연적인 것은 아니지만 숙명적으로 집단적 노사관계가 수반될 수밖에 없다. 또 한편으로는 집단적 노사관계도 개별적 근로관계의 존재를 전제로 하는 것이라 할 수 있다. 양자는 노동법의 이념의 실현에 있어서 밀접한 관계를 가지고 있으며 서로 보완적 관계를 가지는 경우가 적지 않다. 따라서 근로관계에 관한 법적 규제를 고찰하는 경우 이 양자를 분리하여 형식적으로 고찰하는 것은 문제가 있다. 다만, 이하에서는 지면 등을 이유로 근로기준법을 비롯한 개별적 근로관계에 관한 규율내용 만을 중심으로 살펴본다.

4. 개별적 근로관계법

자본주의체계하에서 근로관계는 근로자와 사용자 사이의 근로계약이 필요불가결한 것이다. 그러므로 개별적인 근로자와 사용자 사이의 근로계약을 통하여 성립되는 근로관계가 개별적 근로관계의 중심을 이루는 것이다. 근로관계의 성립·유지·변경·소멸, 근로관계 당사자의 권리·의무 등에서 근로자를 위한 강행법적인 기준을 설정하고 행정적인 감독과 함께 법위반에 대한 벌칙을 규율한 것이 개별적 근로관계법의 내용이다. 보다 광의로는 근로자와 사용자사이에 적용되는 법규의 총체적 적용관계를 의미한다. 이와 같은 의미로 사용되는 개별적 근로관계는 엄격하게 법률관계로서의 근로관계를 전제로 하지 않기 때문에 직업안정이나 실업구제에 관한 법규도 개별적 근로관계법에 속하는 것이라고 할 수 있다. 따라서 근로관계의 성립에서 종료에 이르기까지 제반노동관련 사항을 규율한 법규를 개별적 근로관계법이라고 할 수 있다.

이와 같은 개별적 근로관계법에 속하는 것으로는 근로기준법, 최저임금법, 근로자퇴직급여보장법(이하 '퇴직급여법'), 기간제및단시간근로자보호등에관한법률(이하 '기간제법'), 선원법, 산업재해보상보험법(이하 '산재보험법'), 고용보험법, 직업안정법, 근로자직업능력개발법 등이 있다.

한편 근로조건은 근로자와 사용자가 동등한 지위에서 자유의사에 따라 결정하여야 하지만,[76] 개별적 근로관계법에서 정하는 근로조건은 최저기준이므로 근로관계 당사자는 이 기준을 이유로 근로조건을 낮출 수 없다는 점에 유의하여야 한다.[77]

5. 근로기준법의 적용범위

근로기준법 제11조는「이 법은 상시 5인 이상의 근로자를 사용하는 모든 사업 또는 사업장에 적용된다.」는 원칙을 정하고, 단서에서「다만, 동거의 친족만을 사용하는 사업 또는 사업장과 가사사용인이나 대통령령으로 정하는 사업 또는 사업장

76) 근로기준법 제4조.
77) 근로기준법 제3조.

에는 적용하지 아니 한다」라고 규정하고 있다. 또한 「5인 이하의 근로자를 사용하는 사업 또는 사업장에 대하여는 대통령령이 정하는 바에 따라 일부규정을 적용할 수 있다」고 규정하고 있다.[78)]

계속적으로 운영되는 사업체이면 사기업은 물론 국가 또는 지방자치단체에 의한 사업, 국영기업체와 공익사업 그리고 사회사업단체나 종교단체가 행하는 사업이 모두 근로기준법의 적용대상이 된다. 동법 제11조 단서에서 동거친족만을 사용하는 사업 또는 사업장을 적용대상에서 제외한 것은 공동생활을 영위하는 친족에게까지 국가가 개입하여 통제를 하는 것은 불합리하기 때문이다.

그리고 근로기준법은 국내에서만 적용되는 것이 원칙이나 한국인 사업주가 외국에서 한국인을 고용하고 있는 경우, 그리고 그 본사가 우리나라에 있는 경우에도 적용된다.

Ⅱ. 채용 절차에 대한 제한

1. 서

취업결정 과정상 필기시험을 거쳐야 한다거나 면접전형을 반드시 거쳐야 한다는 등 전형방법에 관하여 노동법상 특별한 규정은 없다. 따라서 각 기업에서는 합리적 방법에 의하여 우수한 인재를 채용하면 된다. 통상 기업에서는 서류전형 ·필기시험·면접·신체검사 등을 일반적으로 선택하여 진행하고 있다.

그러나 구직자의 입장에서 보면 채용절차 중 과도한 부담을 주더라도 취업의 불가피성 때문에 이를 수용할 수밖에 없는 처지에 놓여 있다. 따라서 채용절차에서의 최소한의 공정성을 확보하고 나아가 구직자의 권익을 보호하기 위한 입법이 필요하다. 이에 따라 2014년 사용자의 거짓 채용광고를 금지하고, 구인자가 구직자에게 채용심사 비용을 부담 시키는 것을 원칙적으로 금지하며, 채용서류를 반환하도록 하고, 전자 접수를 장려하며, 채용 일정, 지원서 접수 사실 및 합격·불합격 여

78) 5인 미만 사업장에 대하여는 해고의 일반적 제한 규정(해고예고제도 예외)이 적용되지 아니하며, 연차유급휴가, 근로시간 및 할증임금 등이 적용되지 아니한다(근로기준법 제11조 및 동법 시행령 제7조 별표1).

부 등을 명확히 고지하도록 하는 등을 주 내용으로 하는 「채용절차의 공정화에 관한 법률(이하 '채용절차법')」이 제정[79]되어 시행되고 있으며, 이에 관한 주요 내용은 다음과 같다.[80]

2. 거짓 채용광고 등의 금지[81]

구인자는 채용을 가장하여 아이디어를 수집하거나 사업장을 홍보하기 위한 목적 등으로 거짓의 채용광고를 내서는 아니 된다.[82]

또한, 구인자는 정당한 사유 없이 채용광고의 내용을 구직자에게 불리하게 변경하여서는 아니 되며, 구인자는 구직자를 채용한 후에 정당한 사유 없이 채용광고에서 제시한 근로조건을 구직자에게 불리하게 변경하여서는 아니 된다.[83]

그리고 지식재산권과 관련하여 구인자는 구직자에게 채용서류 및 이와 관련한 저작권 등의 지식재산권을 자신에게 귀속하도록 강요하여서는 아니 된다.[84]

한편 구직자 역시 구인자에게 제출하는 채용서류를 거짓으로 작성하여서는 아니 된다.[85]

3. 접수상황, 채용일정 및 채용과정의 고지[86]

구인자는 채용서류를 전자우편 등으로 받은 경우에는 지체 없이 구직자에게 접수된 사실을 홈페이지 게시, 휴대전화에 의한 문자전송, 전자우편, 팩스, 전화 등으로 알려야 한다.

또한, 구인자는 구직자에게 채용일정, 채용심사 지연의 사실 등 채용과정을 알려야 하며,[87] 또한 구인자는 채용대상자를 확정한 경우에는 지체 없이 구직자에게

---

79) 제정 2014. 1. 21 법률 제12326호.

80) 이 법은 상시 30명 이상의 근로자를 사용하는 사업 또는 사업장의 채용절차에 적용한다. 다만, 국가 및 지방자치단체가 공무원을 채용하는 경우에는 적용하지 아니한다.

81) 채용절차법 제4조.

82) 위반시 5년 이하의 징역 또는 2천만원 이하의 벌금.

83) 위반시 500만원 이하의 과태료.

84) 위반시 500만원 이하의 과태료.

85) 채용절차법 제6조.

86) 채용절차법 제7조, 제8조, 제10조.

87) 위반시 500만원 이하의 과태료.

채용 여부를 알려야 한다.

4. 채용심사비용의 부담금지[88]

구인자는 채용심사를 목적으로 구직자에게 채용서류 제출에 드는 비용 이외의 일체의 금전적 비용(이하 "채용심사비용"이라고 한다)을 부담시키지 못한다. 다만, 사업장 및 직종의 특수성으로 인하여 불가피한 사정이 있는 경우 고용노동부장관의 승인을 받아 구직자에게 채용심사비용의 일부를 부담하게 할 수 있다.

5. 채용서류의 반환 등[89]

구인자는 구직자의 채용 여부가 확정된 이후 구직자(확정된 채용대상자는 제외한다)가 채용서류의 반환을 청구하는 경우에는 본인임을 확인한 후 구직자가 반환 청구를 한 날부터 14일 이내에 구직자에게 해당 채용서류를 발송하거나 전달하여야 한다. 다만, 홈페이지 또는 전자우편으로 제출된 경우나 구직자가 구인자의 요구 없이 자발적으로 제출한 경우에는 그러하지 아니하다. 채용서류의 반환에 소요되는 비용은 원칙적으로 구인자가 부담하는 것이 원칙이다.

또한, 구인자는 구직자의 반환 청구에 대비하여 채용서류의 반환 청구기간 동안 채용서류를 보관하여야 한다.[90] 다만, 천재지변이나 그 밖에 구인자에게 책임 없는 사유로 채용서류가 멸실된 경우 구인자는 채용서류의 반환 의무를 이행한 것으로 본다.

그리고 구인자는 반환 청구기간이 지난 경우와 채용서류를 반환하지 아니한 경우에는 「개인정보보호법」에 따라 채용서류를 파기하여야 한다. 청구기간은 구직자의 채용 여부가 확정된 날 이후 14일부터 180일까지의 기간의 범위에서 구인자가 정한 기간으로 한다. 이 경우 구인자는 채용 여부가 확정되기 전까지 구인자가 정한 채용서류의 반환 청구기간을 구직자에게 알려야 한다.

---

88) 채용절차법 제9조.
89) 채용절차법 제11조.
90) 위반시 300만원 이하의 과태료.

제2절 근로계약

Ⅰ. 서 설

채용절차를 거쳐 취업이 확정되면 가장 먼저 해야 할 일이 근로계약을 체결하는 것이다. 근로계약이란 '근로자가 사용자에게 근로를 제공하고 사용자는 이에 대하여 임금을 지급하는 것'을 목적으로 체결된 계약을 말한다.[91] 민법상으로는 계약자유의 원칙이 적용되어 계약내용, 계약체결 방식 등은 모두 당사자가 정하면 된다. 그러나 근로자가 근로조건의 내용을 모른다는 것은 근로조건이 확정되지 않은 상태에서 불리한 취업을 강요당할 위험이 있기 때문에 근로기준법은 근로계약 시 명시해야 할 사항을 정하는 등 근로계약에 일정한 제한을 두고 있다.

그러나 실제에 있어서는 근로자는 계약체결 시에는 서면명시 의무 내용인 임금·담당업무 등의 중요한 사항에 대하여 합의하는 정도에 머물고 세부적인 사항은 사용자가 작성한 취업규칙에 정한 바에 따르는 것이 일반적이므로 본 절에서 근로계약과 취업규칙을 같이 다루고자 한다.

Ⅱ. 근로계약의 당사자

1. 서

근로계약의 당사자는 근로자와 사용자이다. 근로기준법은 근로자 및 사용자에 대한 정의 규정을 두고 있으며, 여기에서의 사용자 개념과 근로계약상 당사자로서의 사용자 개념은 다르기 때문에 먼저 근로기준법 제2조에서 정하고 있는 근로자 및 사용자 정의 규정을 살펴본 다음 근로계약상 당사자를 살펴보고자 한다.

91) 근로기준법 제2조 제1항 제4호.

2. 근로기준법 제2조 '정의'규정상 근로자와 사용자

가. 근 로 자

(1) 서 설

근로기준법상 근로자라 함은 직업의 종류와 관계없이 사업 또는 사업장에 임금을 목적으로 근로를 제공하는 자를 말한다.[92)]

근로기준법상의 근로자 개념은 「노동조합및노동관계조정법(이하 '노동조합법')」상의 근로자 개념[93)]과 구별된다. 노동조합법에서의 근로자에는 취업하지 않은 실업자도 포함될 수 있지만, 근로기준법상으로는 취업하지 않은 사람은 근로자가 되지 못한다.[94)] 근로기준법에서의 근로자 정의는 최저임금법, 산업안전보건법, 산업재해보상보험법(이하 '산재보험법') 등 근로기준법과 관련된 법에 그대로 적용된다.

(2) 근로기준법상 근로자 개념

(가) 직업의 종류 불문

근로기준법에서 근로자는 직업의 종류와 관계없이 임금을 목적으로 사업장에서 근로를 제공하는 자이다. 직업의 종류와 관계없다는 것은 근로의 내용이 정신노동이거나 육체노동여하를 묻지 않는다는 것이다. 또 계약의 형식이 도급계약 또는 위임계약의 형식을 가졌는가 여부도 묻지 않으며 근로의 형태가 상용근로자이거나 일용근로자 또는 단시간 근로자임을 달리 보지 않는다.

(나) 임금을 목적으로

여기서 말하는 임금이란 사용자가 근로의 대상으로 근로자에게 임금, 봉급 기타 어떠한 명칭으로든지 지급하는 일체의 금품을 말한다. 따라서 반드시 금전에 한정되지 않고 영업시설의 이용에서 받는 이익이나 기능보유자 밑에서 기능전수를 받기 위하여 일정한 근로를 제공하는 경우에 기능전수도 임금이 될 수 있다.[95)]

---

92) 근로기준법 제2조 제1항 제1호.

93) "근로자"라 함은 직업의 종류를 불문하고 임금·급료 기타 이에 준하는 수입에 의하여 생활하는 자를 말한다(노동조합법 제2조 제1호).

94) 김형배, 노동법, 박영사, 2007, 217면.

95) 이병태, 노동법, 현암사, 1999, 516면.

(다) 근로를 제공하는 자

근로자는 사업장에서 사용자의 지휘·명령을 받으며 또는 그 지휘 아래 근로를 제공하는 자이다. 따라서 다른 사람의 이름으로 근로계약을 맺었다 하더라도 실제로 근로를 제공한 자가 근로자가 된다.[96]

(3) 외 국 인

국내에 거주하는 외국인도 근로기준법 제2조 제1항 제1호에서 정한 근로자의 요건을 구비하는 경우 근로기준법의 적용을 받게 되어 근로자로서 보호될 수 있다.[97] 만일 불법체류 외국인이라 하더라도 출입국관리법상의 제재와는 별개로 노동법상의 권리는 보호받을 수 있다.

나. 사 용 자

(1) 의 의

사용자란 일반적으로 근로자를 사용하는 자로 근로관계에서 근로자의 근로와 그 밖의 여러 이익에 지배력 내지 영향력을 행사하는 자를 말한다.[98] 근로기준법상 사용자라 함은 사업주 또는 경영담당자 기타 근로자에 관한 사항에 대하여 사업주를 위하여 행위하는 자를 말한다.[99]

(2) 정의 규정상 사용자의 유형

(가) 사 업 주

사업주란 그 사업의 경영주체로서 근로자를 사용하여 사업을 하는 자이다. 개인기업의 경우에는 기업주 개인자신이고, 법인기업의 경우에는 법인 그 자체이다. 사업주는 일반적으로 근로자와 근로계약을 체결한 근로계약의 한쪽 당사자이지만 반드시 근로계약을 체결할 필요는 없고 실질적으로 근로관계가 있으면 무방하다.[100]

---

96) 법무 811-8509, 1979.4.10.
97) 대판 1995. 9. 15. 94누12067.
98) 이병태, 노동법, 536면.
99) 근로기준법 제2조 제1항 제2호.
100) 대판 1986. 8. 19. 83다카657.

(나) 사업의 경영담당자

사업의 경영담당자란 사업주가 아니면서도 사업경영 일반에 관하여 포괄적인 권한과 책임을 가진 자를 말한다. 주식회사의 경우에는 대표이사, 그 밖의 회사에서는 업무담당권을 가진 이사가 이에 해당된다. 개인 기업의 경우에는 상법상 영업활동 전반에 포괄적 대리권을 가진 지배인, 민법상 미성년자와 한정치산자 등의 법정대리인 또는 금치산자의 후견인 등이 이에 해당한다.[101]

(다) 사업주를 위하여 행위하는 자

여기서 "사업주를 위하여 행위하는 자"라 함은 사업주를 위하여 근로자의 고용·해고·승진 또는 조직 등의 인사관리를 담당하거나 임금·근로시간 등 근로조건의 결정과 노무관리의 기획 또는 집행에 관여하는 자를 말한다.[102] 이들이 사용자에 해당하는가 여부는 형식적인 명칭에 구애되지 말고 실질적인 직무로 판단하여야 한다.[103]

(3) 정의 규정상 사용자 개념에 대한 평가

근로기준법 사용자 정의 규정에서 사용자를 사업주에 한정하지 아니하고 사업경영담당자 및 사업주를 위하여 행위하는 자까지 확대한 이유는 노동현장에 있어서 근로기준법의 각 조항에 대한 실효성을 확보하기 위한 정책적 배려에 있다고 할 수 있다.[104] 즉 근로기준법은 사업주뿐만 아니라 사업경영담당자 및 사업주를 위하여 행위하는 자가 노동관계법을 위반할 경우 형사적인 벌칙이 적용된다. 또한 사업주의 대리인, 사용인, 그 밖의 종업원이 해당 사업의 근로자에 관한 사항에 대하여 위반행위를 하면 그 행위자를 벌하는 외에 그 사업주에게도 해당 조문의 벌금형이 과해지는 양벌규정을 두고 있다.[105]

다. 정의 규정상 근로자 또는 사용자 개념의 상대성

근로기준법의 정의규정상 근로자와 사용자 개념은 상대적인 것이어서 근로자임

---

101) 이병태, 노동법, 538면.
102) 1980. 6. 30, 법무811-15635.
103) 대판 1989. 4. 25. 87도2129.
104) 대판 1997. 11. 11. 97도813.
105) 근로기준법 제115조.

과 동시에 사용자의 지위를 가질 수 있다. 근로기준법상의 사용자에는 근로관계의 당사자로서 임금·급료 등의 지급의무를 부담하는 사업주뿐만 아니라 근로자에 대하여 지시권을 가진 경영담당자나 근로자에 관한 사항에 대하여 사업주를 위하여 행위하는 자도 해당되므로 이들은 사용자임과 동시에 근로자의 지위도 가진다. 예를 들면 공장장, 지점장, 인사부장 등은 한편에서는 사용자에 해당하지만, 한편에서는 근로자에 해당할 수 있다.

결과적으로 근로자에 관한 사항에 대하여 사업주를 위하여 행위하는 자를 사용자 개념에 포함하고 있는 것은 근로기준법을 준수해야할 의무를 부과하기 위한 것으로 근로기준법 정의규정상 사용자 개념은 상대적이지만, 이와 달리 근로계약 당사자로서의 사용자 개념에는 해당하지 않는다는 점에 주의해야 한다.

3. 근로계약상 당사자

가. 근 로 자

여기서 "근로자"란 직업의 종류와 관계없이 임금을 목적으로 사업이나 사업장에 근로를 제공하는 자를 말한다. 따라서 근로기준법 정의규정상 근로자와 근로계약상 당사자로서의 근로자 개념은 차이가 없다.

민법에 의하면 미성년자가 법률행위를 하려면 원칙적으로 법정대리인의 동의를 얻어야 하고 이에 위반한 경우 미성년자 또는 법정대리인은 그 행위를 취소할 수 있다. 따라서 고용계약의 경우 미성년자의 고용계약을 법정대리인이 대리할 수 있으나, 근로기준법은 미성년 근로자를 보호하기 위한 규정을 두어 '친권자 또는 후견인은 미성년자의 근로계약을 대리할 수 없다.'고 하고 있다. 따라서 비록 미성년자인 근로자의 동의가 있다 하더라도 법정대리인이 근로계약을 대리할 수는 없다. 이는 근로계약의 대리를 허용하는 경우 미성년자에게 불리한 친권 남용의 가능성이 있으므로 미성년자의 인적 종속을 가져오는 근로계약은 본인인 미성년자가 스스로 체결하도록 한 것이다. 미성년자의 근로계약이 일단 유효하게 성립한 경우라 하더라도 그 근로계약이 미성년자에게 불리하다고 인정될 때에는 법정대리인 또는 고용노동부장관은 이를 해지할 수 있다.

나. 사 용 자

사용자는 근로관계의 당사자로서 임금·급료 등의 지급의무를 지며 근로자에 대하여 지시권을 가지는 자를 말한다. 따라서 개인, 조합, 공익법인, 회사, 재단 등 모두가 사용자가 될 수 있다.[106)]

근로계약상의 사용자는 근로계약을 체결한 당사자로서의 사용자(사업주)를 의미하지만, 근로기준법 정의규정상의 사용자는 전술한 바와 같이 사업주 또는 사업경영담당자, 그 밖에 근로자에 관한 사항에 대하여 사업주를 위하여 행위하는 자를 총칭하는 것으로, 근로계약관계에 있어서는 근로자에 해당하더라도 근로기준법 정의규정상 사용자에 해당하여 근로기준법을 준수해야 할 의무를 지는 경우가 있다(사용자개념의 상대성).

한편 어떤 기업이 하도급기업을 사용하는 경우 하도급 기업주에 의하여 채용되는 근로자는 하도급 기업주와의 계약에 의하여 그의 지휘 아래에 있게 되면 하도급 기업주가 사용자이다. 반면에 하도급 기업이 전체로서 원기업의 노무지휘를 받을 때에는 그 원기업이 사용자가 될 수 있다.[107)]

기업의 임대차, 경영위임 등의 경우에도 계약상의 노무지휘권이 누구에게 있느냐에 따라 사용자가 결정된다.[108)]

4. 근로자와 사용자의 근로계약상의 의무

가. 근로자의 의무

(1) 근로제공의무

근로자는 근로계약에 의하여 사용자에게 근로를 제공하여야 할 의무가 있다. 근로자가 제공하여야 할 근로의 종류는 당사자 사이의 약정에 따라 결정되며 그러한 약정이 없는 경우에는 근로계약의 취지에 따라 결정된다. 대개의 경우 근로계약체결 시에는 근로의 종류에 대하여 대강만을 정하고 구체적인 것은 사용자의 지시에 따르도록 하는 것이 일반적이다. 그러나 이때의 사용자의 지시권의 행사는 근로계

---

106) 김형배, 노동법, 217면.

107) 대판 1986. 8. 19. 83다카657.

108) 대판 1991. 9. 26. 90다20151.

약의 취지, 취업규칙, 법률의 규정 또는 신의칙상 인정되는 범위 내에서만 가능하다. 사용자의 지시권은 근로계약에서 약정된 근로의 구체적 내용, 장소, 실현방법 등을 확정하는 권한이다. 그런 의미에서 사용자의 지시권의 행사는 계약의 내용을 구체적으로 형성하는 의사표시이다.[109)]

근로제공의 장소는 근로계약에 의하여 결정되고, 근로계약에서 정하지 않는 경우에는 취업규칙에 의하고 취업규칙이 없는 경우에는 경영관행에 의한다. 사업장 내에서 근로제공의 장소변경에 대한 사용자의 지시가 있을 때에는 근로자는 이에 따라야 하며, 다른 근로 장소로의 배치전환을 사용자의 인사권에 관한 근거가 있는 경우에만 가능하다.

근로자는 약정된 근로시간에 노무를 제공하여야 하며, 근로의 양 속도 및 근로의 질은 당사자 사이의 약정에 의하거나 관행에 의한다.

근로자가 근로계약에 정해진 취업개시일에 근로를 시작하지 않거나 아무런 이유 없이 일방적으로 중단하는 경우에는 사용자는 그 근로자를 해고할 수 있으며 손해가 있는 경우에는 손해배상을 청구할 수도 있다.

근로자가 유책하게 근로제공의무를 이행하지 않을 때에는 채무불이행 책임을 진다. 사용자는 근로자에게 이행에 갈음하여 손해배상을 청구하거나 계약을 해지할 수 있다. 그러나 근로자의 채무불이행이 이행지체에 해당되는 경우에도 근로제공의무에 대한 강제이행은 허용되지 않는다. 근로자의 단순한 하자 있는 근로제공이 문제되는 경우에는 임금감액이라는 하자 담보책임은 발생되지 않는다.

(2) 부수적 의무

근로자는 주된 의무로서 근로제공의무이외에도 계속적 채권관계에서 발생하는 부수적 의무를 부담한다. 이러한 부수적 의무는 당사자사이에 특별한 약정이 없더라도 성립한다. 근로자의 부수적 의무는 사용자의 이익을 보호하고 침해해서는 안된다는 신의칙상의 의무로써 크게 부작위의무와 작위의무로 나눌 수 있다.

(가) 부작위 의무

근로자는 근로제공과 관련하여 알게 된 사업이나 경영상의 비밀을 다른 제3자에

---

109) 김형배, 노동법, 259면.

게 누설해서는 안 될 비밀유지의무를 지게 된다. 그러나 기업의 신용이나 명예에 관련된 비밀을 제3자나 일반인에게 알릴 정당한 이익이 있고 그 이익이 사용자가 침해받을 이익과 비교하여 더 큰 경우에는 근로자의 비밀유지의무는 성립하지 않는다.

그리고 일정한 근로자에 대하여는 경업피지의무가 인정된다. 이 경업피지의무는 근로관계가 존속하는 동안은 물론 당사자간의 약정으로 근로관계가 종료된 후에도 존속시킬 수 있다. 다만 그 기간이 부당하게 장기간이어서는 안 된다.

이외에도 근로자는 정력을 낭비하여 정상적인 노무급부에 지장을 주지 않을 의무, 뇌물을 수령해서는 안 될 의무를 지며[110] 다른 근로자로 하여금 근로계약을 침해하거나 경영 질서를 파괴하는 행위를 유도해서는 안 된다.

(나) 작위의무

근로자는 사용자에 의하여 제공된 기계, 설비 및 원료 등에 하자나 결함을 발견한 때에는 이를 지체 없이 사용자에게 고지하여야 할 고지의무를 진다. 또 사용자에게 발생할 수 있는 또는 발생한 손해를 사용자에게 고지할 의무를 지게 되며, 손해를 예방할 신의칙상의 의무도 부담하게 된다.

나. 사용자의 의무

(1) 임금지급 의무

사용자는 근로의 대상으로 임금을 지급할 의무를 진다. 사용자의 임금지급의무는 근로자의 근로제공의무와 쌍무적 견련관계에 있으므로 임금은 제공된 근로에 대한 반대급부로서의 의의를 가진다.

임금의 액은 당사자 사이의 근로계약, 취업규칙, 단체협약 등에 의하여 결정된다. 임금의 지급시기에 대하여는 당사자간에 특약이 없으면 관습에 의하고 관습도 없으면 약정된 근로가 종료하면 지체 없이 임금을 지급하여야 한다. 임금의 지급장소는 특정한 약정이 없고 특수한 상황이 전제되지 않는 경우에는 사용자의 사업장에서 추심하거나, 근로자의 은행계좌로 지급되는 것이 일반적이다.[111] 다만 근로기

110) 김형배, 노동법, 266면.

111) 김형배, 노동법, 280면.

준법은 임금의 지급방법에 대하여 서면으로 명시하도록 하고 있다.[112]

임금은 근로자의 거의 유일한 생계의 원천이기 때문에 근로기준법에서는 근로자의 임금을 보호하기 위한 여러 규정을 두고 있다.[113]

(2) 안전배려 의무

근로자가 근로제공의무의 이행하는 데에는 노동력은 근로자의 신체와 분리하여 제공될 수는 없기 때문에 근로자는 자신의 신체, 건강, 생명까지도 사용자의 영향하에 둘 수밖에 없다. 그러므로 사용자는 자신의 지배하에 들어온 근로자의 신체, 건강, 생명에 대하여 적절한 보호조치를 하여야 하는데 이와 같은 사용자의 보호의무를 안전배려의무라고 한다. 사용자의 안전배려의무는 근로자가 사용자의 경영조직 속으로 현실적으로 편입됨으로써 발생되는 신의칙상의 효과라고 할 수 있다.[114]

안전배려의무의 구체적 내용은 당사자간의 약정이나 취업규칙, 단체협약 등에 의하여 결정되지만 이러한 것이 없는 경우에는 개별적 근로관계와 관련하여 거래통념상 타당한 범위 내에서 인정된다.

사용자가 안전배려의무를 위반하여 근로자의 권익을 침해한 경우에는 사용자는 적극적 채권침해 또는 채무불이행에 따른 책임을 지게 되고 따라서 근로자는 발생된 손해에 대하여 배상을 청구할 수 있으며, 사용자에게 적절한 배려조치를 요구할 수 있으며 안전배려의무에 위반되는 행위에 대하여 이의 중지를 요구할 수 있다. 법률에 규정된 안전배려의무를 위반한 때에는 소정의 벌칙이 가해진다.[115]

(3) 균등대우 의무

사용자는 정당한 이유가 없는 한 근로자를 균등하게 대우해야 할 의무를 부담한다. 헌법 및 근로기준법은 균등대우에 관하여 일반조항[116]을 두고 있으며, 나아가 개별규정에서 구체적인 균등대우에 관한 구체적 규정들을 정하고 있다. 균등대우의무가 특히 문제되는 것은 근로조건 및 해고에 있어서 남녀의 차별적 대우를 비롯

---

112) 근로기준법 제17조.

113) 이에 대하여는 후술하는 임금 내용 참조.

114) 대판 1997. 4. 25. 96다53086 ; 대판 2002. 11. 26. 2000다7301.

115) 이에 관하여는 산업안전보건법 등 참조

116) 헌법 제11조, 근로기준법 제6조.

하여 연령상 차별이라 할 수 있다. 이에 남녀고용평등과일가정양립지원에관한법률 및 고용상연령차별금지및고령자고용촉진에관한법률을 제정하여 남녀 및 연령에 의한 차별을 금지하고 나아가 고용을 촉진하는 구체적 규정이 있다.

(4) 취업기회부여 의무

사용자는 근로자를 취업시킬 의무가 있고 근로자는 사용자에 대하여 취업청구권을 가지는 가가 문제된다. 오늘날은 이를 인정하는 것이 일반적이다. 그 근거는 근로자는 노동을 통하여 인격을 실현하는 것이기 때문에 사용자가 상당한 이유 없이 근로자를 취업시키지 않는 경우에는 비록 근로자에게 임금을 지급한다 하더라도 인격권의 침해가 될 수 있기 때문이다.[117)]

또한 근로의 기회를 주지 않는 것이 근로자의 직업상의 발전에 부정적인 영향을 주는 경우에는 근로자의 직업상의 능력과 기술을 개발·촉진해주어야 할 사용자의 지원의무에 반한다고 할 수 있다.[118)]

Ⅲ. 근로계약의 기간

종전 근로기준법 제23조는 근로계약은 기간을 정하지 않고 체결되는 경우와 일정한 사업완료에 필요한 기간을 정한 것을 제외하고는 1년을 초과하여 근로계약의 기간을 정할 수는 없는 것으로 규정하고 있었다. 이는 근로자의 자유가 부당하게 구속되는 것을 막기 위한 것이다. 그러나 동 규정이 근로자의 보호취지 및 계약자유의 원칙에 어긋난다고 하여 기간제 및 단시간근로자보호 등에 관한 법률 제정시 폐지되었다.

따라서 사용자와 근로자는 자유로이 근로계약기간을 정하여 근로계약을 체결할 수 있다. 다만 기간제 및 단시간 근로자 보호 등에 관한 법률 제4조는 일정한 계약기간을 정하여 근로계약을 반복 갱신할 수 있지만, 총계약기간이 2년을 초과하는 경우에는 기간의 정함이 없는 근로계약으로 전환되도록 규정하여 근로자를 보호하

117) 대판 1994. 2. 8. 92다893.
118) 김형배, 노동법, 284면.

고 있다.[119]

Ⅳ. 근로조건의 서면작성 및 교부의무

사용자는 근로계약을 체결할 때에 근로자에게 임금, 소정근로시간, 주휴일, 연차유급휴가 및 근로기준법 시행령으로 정하는 근로조건을 명시하여야 한다. 근로계약 체결 후 변경하는 경우에도 또한 같다.[120]

한편 사용자는 임금의 구성항목·계산방법·지급방법 및 소정근로시간, 주휴일, 연차유급휴가 사항에 대하여는 서면으로 작성하고 이를 근로자에게 교부하여야 한다. 다만, 이 같은 사항이 단체협약 또는 취업규칙의 변경 등 근로기준법 시행령으로 정하는 사유로 인하여 변경되는 경우에는 근로자의 요구가 있으면 그 근로자에게 교부하여야 한다.[121]

명시된 근로조건이 사실과 다른 경우에는 근로자는 근로조건의 위반을 이유로 손해배상을 청구할 수 있으며, 근로관계를 즉시 해제 또는 해지할 수 있다.[122] 또한 근로자가 근로관계를 해제 또는 해지하고 귀향하는 경우에 그 근로자가 취업을 목적으로 거주를 변경한 때에는 사용자는 그에게 귀향여비를 지급하여야 한다.[123]

Ⅴ. 근로계약시 금지되는 내용

1. 위약예정의 금지

사용자는 근로자와 근로계약의 불이행에 대한 위약금 또는 손해배상액을 예정하는 계약을 체결하지 못한다.[124] 여기서 위약금이라 함은 채무불이행의 경우에 채

---

119) 후술하는 비정규직 근로관계 참조.
120) 근로기준법 제17조 제1항.
121) 근로기준법 제17조 제2항. 이를 위반하는 경우 500만원 이하의 벌금(근로기준법 제114조).
122) 근로기준법 제19조 제1항.
123) 근로기준법 제19조 제2항 후단.

무자가 채권자에게 지불할 것을 미리 약정하는 금액으로써 계약 당사자 사이에 계약에 부수하여 정하여 진다. 실제로 위약금에 대한 약정은 계약기간 중 퇴직의 방지를 위하여 약정하는 것으로서 채권자인 사용자가 근로자의 채무불이행에 대한 사실을 입증하면 약정된 금액을 청구할 수 있게 된다.[125)]

그리고 손해배상액의 예정은 채무불이행의 경우에 배상하여야 할 손해액이 실손해와는 관계없이 미리 정해져 있는 경우이다. 따라서 사용자는 근로자의 채무불이행과 이로 인한 손해의 발생만을 입증하면 예정된 손해배상액을 청구할 수 있게 된다.

이러한 위약예정은 이를 인정하게 되면 근로자가 직장을 얻기 위하여 어쩔 수 없이 불리한 계약을 체결하고도 위약금 또는 손해배상액 등의 부담 때문에 그 직장을 그만두지 못하고 이에 얽매이는 경우가 있기 때문에 근로기준법은 근로계약체결에 있어서 근로자를 보호하기 위하여 위약금이나 손해배상의 예정을 금지하고 있다.

위약금의 지급책임을 부담해야 할 대상자의 범위에 관하여는 구체적인 규정이 없으나 친권자, 신원보증인, 보증인, 연대보증인 또는 제3자와의 위약금예정계약도 근로기준법 제20조 위반으로 금지된다.[126)]

2. 전차금 상계의 금지

사용자는 전차금(前借金)이나 그 밖에 근로할 것을 조건으로 하는 전대(前貸)채권과 임금을 상계하지 못한다.[127)] 이는 금전대차를 이유로 한 근로자의 신분적 구속의 폐단을 방지하고자 함이다.

여기서 전차금이란 근로자가 취업한 후 임금에서 변제할 것을 예정하여 근로계약 체결 시에 사용자가 근로자 또는 채권자에게 대부하는 금전을 말 한다. 또한 그 밖에 근로할 것을 조건으로 하는 전대채권이란 전차금에 이외에 근로자 또는 친권자 등에게 지급되는 금전으로서 전차금과 동일한 목적을 가진 금전을 말한다.

124) 근로기준법 제20조, 벌칙114조 ; 선원법 제31조.
125) 김형배, 채권총론, 박영사, 1999, 283면 이하.
126) 서울고판 1972. 11. 17. 71나1983.
127) 근로기준법 제21조.

3. 강제 저금의 금지

사용자는 근로계약에 덧붙여 강제 저축 또는 저축금의 관리를 규정하는 계약을 체결하지 못한다. 사용자가 근로자의 위탁으로 저축을 관리하는 경우에는 저축의 종류·기간 및 금융기관을 근로자가 결정하고, 근로자 본인의 이름으로 저축할 것과 근로자가 저축증서 등 관련 자료의 열람 또는 반환을 요구할 때에는 즉시 이에 따를 것 등 사항을 지켜야 한다.[128)]

Ⅵ. 취업규칙

1. 취업규칙의 의의

근로계약은 개별적인 근로자가 사용자와 체결하고 근로조건도 이에 대하여 확정하는 것이 원칙이다. 그러나 사용자가 다수의 근로자와 일일이 근로계약을 체결한다는 것은 매우 번잡한 일이다. 따라서 근로계약에 일부만 정하고 나머지 대부분은 근로조건을 정형화하고 있는 취업규칙에 의하는 것이 일반적이다.

이와 같이 취업규칙이라 함은 사용자와 다수의 근로자 사이의 개별적 근로관계의 처리상의 편의를 위하여 근로계약의 내용이 되는 사항과 복무규정 및 직장의 질서에 관한 사항을 사용자가 일방적으로 정하는 것으로 보통거래약관과 같은 기능을 한다. 취업규칙은 이른바 부합계약의 한 모습으로 시민사회에서 널리 이용되고 있는 법 기술을 사용자가 근로계약관계에 이용하고 있는 것이라고 할 수 있다.

2. 취업규칙의 내용

근로기준법은 취업규칙에 업무의 시작과 종료 시각 등 아래 사항을 작성하도록 하고 나아가 이를 고용노동부장관에게 신고하도록 하고 있다.[129)]

---

128) 근로기준법 제22조.

129) 변경하는 경우에도 또한 고용노동부장관에게 신고하도록 하고 있다. 아울러 취업규칙 작성·신고의무를 위반하는 경우 500만원 이하의 과태료가 부과될 수 있다(근로기준법 제116조).

1. 업무의 시작과 종료 시각, 휴게시간, 휴일, 휴가 및 교대 근로에 관한 사항
2. 임금의 결정·계산·지급 방법, 임금의 산정기간·지급시기 및 승급(昇給)에 관한 사항
3. 가족수당의 계산·지급 방법에 관한 사항
4. 퇴직에 관한 사항
5. 「근로자퇴직급여 보장법」 제4조에 따라 설정된 퇴직급여, 상여 및 최저임금에 관한 사항
6. 근로자의 식비, 작업 용품 등의 부담에 관한 사항
7. 근로자를 위한 교육시설에 관한 사항
8. 출산전후휴가·육아휴직 등 근로자의 모성 보호 및 일·가정 양립 지원에 관한 사항
9. 안전과 보건에 관한 사항

9의2. 근로자의 성별·연령 또는 신체적 조건 등의 특성에 따른 사업장 환경의 개선에 관한 사항

10. 업무상과 업무 외의 재해부조(災害扶助)에 관한 사항
11. 표창과 제재에 관한 사항
12. 그 밖에 해당 사업 또는 사업장의 근로자 전체에 적용될 사항

3. 취업규칙의 변경과 근로계약

취업규칙은 사용자가 일방적으로 정하는 것이므로 이를 변경하는 것도 원칙적으로 사용자의 자유이다. 그러나 변경전의 취업규칙을 기초로 근로계약을 체결하고 있는 근로자에 대하여 사용자가 일방적으로 변경한 취업규칙의 내용을 강요할 수 없다. 그러므로 취업규칙의 변경에 의하여 기존 근로조건의 내용을 일방적으로 근로자에게 불이익하게 변경하려면 종전의 취업규칙의 적용을 받고 있던 근로자의 동의가 있어야 한다.[130] 여기서의 동의는 근로자 과반수로 조직된 노동조합이 있는 경우에는 그 노동조합의, 그와 같은 노동조합이 없는 경우에는 근로자들의 과반수의 동의를 말한다. 이와 같은 동의가 없는 한 불이익하게 변경된 취업규칙은 무

130) 근로기준법 제94조 제1항.

효이다. 한편 동의방식은 집단적 회의방식이 원칙이므로 취업규칙의 불이익 변경에 대한 근로자의 개별적인 동의는 아무런 효력이 없다.

4. 취업규칙에 대한 국가적 감독

근로기준법 제93조는 상시 10인 이상의 근로자를 사용하는 사용자는 동조에 규정된 일정내용의 취업규칙을 작성하여 고용노동부장관에게 신고하도록 하고 있다. 그리고 고용노동부장관은 근로기준법과 같은 법령 또는 단체협약에 저촉되는 취업규칙에 대하여는 그 변경을 명할 수 있다.[131]

그리고 근로기준법은 취업규칙의 내용상 적정을 기하기 위하여 사용자가 취업규칙을 제정하거나 변경하는 경우 그 적용을 받는 근로자 과반수의 의견을 듣도록 하고 있다. 한편 취업규칙을 신고할 때에는 근로자 과반수의 의견을 적은 서면을 첨부하여야 한다.[132] 아울러 취업규칙을 불이익하게 변경하는 경우에는 근로자 과반수 동의서를 첨부하여야 한다.

제3절 근로관계

Ⅰ. 근로관계의 의의와 특징

1. 근로관계의 의의

근로관계는 근로자가 사용자에게 근로를 제공하고 사용자는 이에 대하여 임금 기타 급료를 지급함을 목적으로 하는 근로계약에 의하여 성립하는 근로자와 사용자 사이에 있어서의 법률관계이다.[133] 근로관계는 근로자 보호를 위한 근로기준법 등의 계약의 자유를 제한하는 법령의 적용을 받는다는 점에서 민법상 고용계약관

131) 근로기준법 제96조 제2항.
132) 근로기준법 제94조 제2항.
133) 김형배, 노동법, 209면.

계와 구별되는 특수한 법률관계이다. 따라서 모든 근로관계는 개념상 고용관계에 속하지만 모든 고용관계가 다 근로관계인 것은 아니다. 고용관계 가운데에는 근로관계가 아닌 것이 있기 때문이다.

근로자와 사용자 사이에 근로관계가 성립하면 근로자는 근로계약 및 취업규칙 등에 의하여 사용자의 지시권 내지 명령권에 복종하면서 일정한 기간 소정의 근로를 제공하여야 하기 때문에 사용자와 근로자는 계속적 관계가 있게 된다.

근로관계는 근로자의 노무급부와 이에 대한 대상(對償)으로서 임금의 경제적 교환을 주된 목적으로 하는 법률관계로서 일시적이 아닌 계속적 법률관계라고 할 수 있을 것이다.

2. 근로관계의 특색

(1) 근로자는 사용자의 지시권에 복종하면서 노동력을 제공한다. 이러한 점에서 근로관계를 종속노동관계라고 하고 있다.[134] 그러나 근로관계는 어디까지나 법적으로 대등한 인격자 사이에 생기는 현상으로 근로자에 대한 사용자의 권력 관계 또는 권위를 긍정하는 것은 아니다. 다만 근로자가 사용자에게 노동력을 제공할 때 근로자의 신체로부터 분리할 수 없으므로 사용자의 노동력을 사용하기 위한 지시권의 행사가 잘못하면 근로자 자체에 대한 지배관계로 될 우려가 있으며, 사용자라는 우월적 지위를 이용하여 근로관계를 자기에게 유리하게 상하관계로 변질시킬 염려가 있다. 이러한 점에서 노동의 종속성이 사실상 근로관계의 특색을 이루고 있다.

(2) 근로관계 그 자체로는 사용자와 근로자의 개별적 관계에 지나지 않으나 오늘날의 대부분의 경우는 노동조합에 의한 집단적 근로관계가 수반된다.

근로자는 기업의 유기적 구성원으로서 기업과 긴밀한 관계를 맺으며 사용자에 대하여는 통일적 관계를 수립하려 하므로 노동조합을 배경으로 하여 집단적 관계를 이루는 것이 일반적이다. 이러한 점에서 근로관계는 노동조합이 있는 경우에는 그 구체적 근로조건의 내용이 노동조합과 사용자 사이의 단체협약에 의하여 결정되고, 노동조합이 없는 경우에는 취업규칙에 의하여 그 내용이 결정된다. 그런 의

134) 김형배, 노동법, 212면.

미에서는 근로관계는 근로계약에 의하여 성립되나 그 내용결정이 단체협약이나 취업규칙에 의하여 맡겨진다는 백지성을 가지고 있다.

(3) 근로관계는 통일적이고 유기적인 기업경영을 전제로 하는 계속적 법률관계이기 때문에 장기간 그 기업을 지배해온 관행적 사실이나 경영관행은 근로관계에 대하여 형성적 성질을 가지고 적용된다. 그러나 이러한 경영관행이 반드시 합리적이라고 볼 수는 없기 때문에 그 적용에는 일정한 제한이 따른다.[135)]

이하에서 근로기준법을 중심으로 구체적인 개별적 근로관계 규율내용을 살펴보고자 한다.

Ⅱ. 임 금

1. 총 설

근로기준법에서 정하고 있는 근로조건 중 가장 중요한 부분을 꼽으라면 임금이라 할 수 있다. 이는 임금이 근로자가 생존을 확보하는데 있어서 거의 유일한 수단이기 때문이다. 따라서 임금은 노동운동에 있어서도 가장 핵심적인 관심의 대상이 될 뿐만 아니라 근로자의 최저한의 근로조건을 정하는 근로기준법에 있어서도 필수적인 보호의 대상이 된다. 이를 보호하기 위해서는 여러 가지 형태의 보장이 필요하다. 그래서 우리나라의 근로기준법도 임금보호규정을 두고 있는 한편 임금액의 최저한도를 보장하기 위한 최저임금법이 시행되고 있다.

2. 임금의 정의

임금이라 함은 사용자가 근로의 대가로 근로자에게 임금, 봉급 밖에 어떠한 명칭으로든지 지급하는 일체의 금품을 말한다.[136)] 여기서 근로의 대가라 함은 근로자가 사용자의 지휘·명령을 받으며 근로를 제공하는 것에 대한 보수라고 이해되므로 사용자는 개개의 근로자에 대하여 법률상 또는 계약상 임금의 지급의무를 지고 있

---

135) 김형배, 노동법, 213면.
136) 근로기준법 제2조 제1항 제5호.

는 것이다.[137)]

3. 최저임금보장제도

가. 개 요

최저임금보장제도는 국가가 근로자가 받는 임금의 최저수준을 정하고, 사용자에게 그 이상의 임금을 지급하도록 법으로 강제함으로써 저임금 근로자를 보호하기 위한 제도로 우리나라의 경우 최저임금법에서 이를 정하고 있다.

나. 적용대상

최저임금법은 근로자를 사용하는 모든 사업 또는 사업장에 적용된다. 다만, ① 동거하는 친족만을 사용하는 사업과 가사사용인, ② 「선원법」의 적용을 받는 선원과 선원을 사용하는 선박소유자, ③ 정신 또는 신체의 장애가 업무수행에 직접적으로 현저한 지장을 주는 것이 명백하다고 인정되는 자로 고용노동부장관의 인가를 받은 자(인가기간은 1년을 초과할 수 없음)에 대하여는 그 적용이 배제될 수 있다.[138)]

한편 수습 사용 중에 있는 자로서 수습사용한 날부터 3월 이내인 자에 대하여는 시간급 최저임금액의 10%를 감액하여 적용가능하다. 단, 이 경우 1년 미만의 기간을 정하여 근로계약을 체결한 자에 대하여는 감액규정을 적용할 수 없다.[139)]

다. 최저임금 결정방법 및 최저임금액

최저임금은 노·사·공익위원 각 9명으로 구성된 최저임금위원회에서 매년 최저임금안을 의결한 후 정부에 제출하면 고용노동부 장관이 이를 결정·고시한다.

최저임금은 근로자의 생계비, 유사근로자의 임금 및 노동생산성을 고려하여 사업의 업종별로 구분하여 정할 수 있지만, 지금까지 업종별 구분 없이 시간당 최저시급을 기준으로 정하고 있으며, 현재까지 최저임금 현황은 아래와 같다.

---

137) 대법원 판례에 의하면 임금이란 사용자가 근로의 대상으로 지급하는 일체의 금품을 말하고, 의례적·호의적으로 지급되는 것을 포함되지 아니한다(대판 1990. 11. 9. 90다카4683).

138) 최저임금법 제3조, 제7조.

139) 최저임금법 제5조.

〈최저임금 현황〉

년 도	2013	2014	2015	2016	2017	2018
시 급	4,860	5,210	5,580	6,030	6,470	7,530
인상률	6.1	7.2	7.1	8.1	7.3	16.4

최저임금액이 결정된 경우 사용자는 해당근로자에 대하여 최저임금액 이상의 임금을 지급하여야 한다. 최저임금액에 미달하는 근로계약의 내용은 그 부분에 한하여 무효이며, 무효로 된 부분은 최저임금액과 동일한 임금을 지급하기로 정한 것으로 본다.

최저임금법을 위반하여 최저임금액보다 적은 임금을 지급하거나 최저임금을 이유로 종전의 임금을 낮춘 자는 3년 이하의 징역 또는 2천만원 이하의 벌금에 처한다. 이 경우 징역과 벌금은 병과(倂科)할 수 있다.

라. 최저임금 산입범위

최저임금법 위반 여부를 판단하기 위한 임금의 범위에는 근로기준법 제2조의 규정에 의한 임금 중[140] 매월 1회 이상 정기적으로 지급하는 임금은 포함되지만, 매월 정기임금 외의 임금, 소정 근로시간에 대해 지급하는 임금외의 임금, 순수한 생활보조적·복리후생적 수당 등은 제외된다. 최저임금 산입여부에 대한 구체적인 내용은 최저임금법 시행규칙 제2조의 〈별표 1〉에서 최저임금에 산입(算入)하지 아니하는 임금의 범위와 〈별표 2〉에서 최저임금에 산입하는 임금의 범위를 정하고 있다.

4. 임금지급 원칙

근로기준법 제43조에서는 임금의 지급방법에 대하여 직접불, 전액불, 통화불, 매월 1회 이상의 정기불 등의 원칙을 정하고 있다.[141]

140) 사용자가 근로의 대가로 근로자에게 임금·봉급 그 밖에 어떠한 명칭으로든지 지급하는 일체의 금품을 말한다.

141) 근로기준법 제43조(임금 지급) ① 임금은 통화(通貨)로 직접 근로자에게 그 전액을 지급하여야 한다. 다만, 법령 또는 단체협약에 특별한 규정이 있는 경우에는 임금의 일부를 공제하거나 통화 이외의 것으로 지급할 수 있다. ② 임금은 매월 1회 이상 일정한 날짜를 정하여 지급하여야 한다. 다만, 임시로 지급하는 임금, 수당, 그 밖에 이에 준하는 것 또는 대통령령으로 정하는 임금에 대하여는 그러하지 아니하다.

가. 직접지급의 원칙

임금은 반드시 근로를 제공한 근로자에게 직접 지급하여야 한다. 이는 근로자에 의한 임금의 수령을 확실하게 하기 위한 것으로 예외는 인정되지 않는다. 근로자가 제3자에게 임금수령을 위임 또는 대리하게 하는 법률행위는 무효이며, 사용자가 근로자의 임금을 근로자의 친권자 기타 법정대리인 또는 임의대리인에게 지급하는 것은 근로기준법위반이다. 그러나 해상근로에 종사하는 선원에 대하여는 선원법에 의하여 직접불의 원칙에 대한 예외가 인정된다.

나. 전액지급의 원칙

임금은 전액을 근로자에게 지급하여야 한다. 다만, 법령 또는 단체협약에 특별한 규정이 있는 경우에는 임금의 일부를 사전 공제하고 지급할 수 있다. 법령에 의하여 공제가 인정되는 것에는 갑종근로소득세, 국민연금기여금, 건강보험료, 기능습득자에 대한 거주비와 취사비 등이 있다.

다. 통화불 지급의 원칙

임금은 전액을 강제통용력 있는 화폐(통화)로 근로자에게 지급하여야 한다. 이는 현물급여에 의한 근로자의 실질임금확보에 지장초래를 방지하기 위한 것이다. 다만, 법령 또는 단체협약 등에 특별한 규정이 있는 경우 통화 이외의 것으로 지급할 수 있다.

근로자의 의사에 따라 근로자가 지정하는 은행에서 소정의 임금액을 인출할 수 있도록 근로자의 은행예금계좌에 입금하는 것은 이 원칙에 위배되지 않는다.[142)]

라. 매월 1회 이상 정기일 지급의 원칙

임금은 매월 1회 이상 일정한 기일을 정하여 지급하여야 한다. 임금의 지급이 장기간에 걸치거나 부정기적으로 행하여지면 근로자의 생활이 불안정해지기 때문이다. 다만, 임시로 지급되는 임금·수당 기타 이에 준하는 것 등은 이 원칙의 적용을 받지 않는다.

---

142) 김형배, 노동법, 322면 ; 이병태, 노동법, 750면.

마. 임금의 비상시 지불

사용자는 근로자나 그의 수입으로 생계를 유지하는 자가 출산·질병·재해를 당한 경우, 혼인 또는 사망한 경우 또는 부득이한 사유로 1주일 이상 귀향하게 되는 경우의 비용에 충당하기 위하여 근로자가 청구하는 경우에는 임금의 지급기일 이전이라도 기왕의 근로에 대한 임금을 지급하여야 한다.

여기서 기왕의 근로에 대한 임금이라 함은 이에 급부된 근로에 대한 임금을 말하는 것으로 장래의 근로에 대한 대가는 이에 포함되지 않는다.

5. 평균임금과 통상임금

통상임금과 평균임금은 기본급 등 임금의 개념은 아니며, 연장근로 가산수당 등 실질적인 임금을 산정하는 기준이 되며, 이를 구별하는 것은 평균임금이 통상임금을 상회하는 것이 보통이기 때문에 일정한 경우에 근로자에게 평균임금을 확보해 주려는데 있다.

가. 평균임금

평균임금은 이를 산정하여야 할 사유가 발생한 날 이전 3개월간에 근로자에 대하여 지급된 임금의 총액을 그 기간의 총일수로 나눈 금액을 말한다.[143)]

평균임금을 산출하는데 있어서는 임금 총액의 범위가 문제 되는데 이것은 근로시간의 장단에 의한 임금의 다소에 불구하고 당해기간 중에 근로의 대가로서 지급된 임금의 총액으로 보면 된다. 또 평균임금의 산정에 있어서 기간의 총일수(3개월)라 함은 근로일수가 아니라 역상(曆上)의 일수이다.[144)]

$$\text{평균임금} = \frac{\text{사유발생한 날 이전 3개월간의 임금총액}}{\text{사유발생한 날 이전 3개월간의 총일수}}$$

평균임금은 퇴직금, 휴업수당, 재해보상금과 제재로서의 감금액의 기초로 사용된다.

---

143) 근로기준법 제2조 제1항 제6호.

144) 1980. 4. 18, 법무 811-9393.

평균임금제도를 마련한 기본취지가 평균임금을 지급해야 할 기간 중에 근로자의 통상의 생활을 종전과 같이 보장하려는데 있다. 그러나 산출된 평균임금이 통상임금보다 저액일 때에는 평균임금제도의 취지를 살릴 수 없다. 따라서 당해 근로자의 평균임금이 통상임금보다 저액일 경우에는 그 통상임금을 평균임금으로 한다.[145)]

나. 통상임금

통상임금이란 근로자에게 정기적·일률적으로 소정근로 또는 총근로에 대하여 지급하기로 정하여진 시간급금액·일급금액·주급금액·월급금액 또는 도급금액을 말한다.[146)]

통상임금은 해고예고수당,[147)] 시간외·야간 및 휴일근로시의 할증임금,[148)] 연차유급휴가수당 등의 산출기초가 된다.

이에 대하여 대법원은 야간, 휴일, 연장근무 등 초과근로수당 산정 등의 기준이 되는 통상임금이 되기 위해서는, 초과근무를 하는 시점에서 판단해 보았을 때, 근로계약에서 정한 근로의 대가로 지급될 어떤 항목의 임금이, 일정한 주기에 따라 정기적으로 지급이 되고(정기성), '모든 근로자'나 '근로와 관련된 일정한 조건 또는 기준에 해당하는 모든 근로자'에게 일률적으로 지급이 되며(일률성), 그 지급 여부가 업적이나 성과 기타 추가적인 조건과 관계없이 '사전에 이미 확정되어 있는 것'(고정성)이어야 하는데, 이러한 요건 모두를 갖추면 그 명칭과 관계없이 통상임금에 해당한다고 판시하고 있다.[149)] 예를 들어 매월지급하지 않고 1년에 4번 지급하는 정기상여금의 경우라 하더라도 정기성이 부정되지 않기 때문에 일률성 및 고정성이 인정되는 경우 통상임금 범위에 포함된다.

6. 할증임금

사용자는 연장근로(근로기준법 제53조·제59조 및 제69조 단서에 따라 연장된 시간의 근로)와 야간근로 또는 휴일근로에 대하여는 통상임금의 100분의 50 이상을 가산하여 지급

145) 근로기준법 제2조 제2항.
146) 근로기준법 시행령 제6조.
147) 근로기준법 제26조 제1항.
148) 근로기준법 제56조
149) 대판 2013. 12. 18. 2012다89399, 2012다94643 전원합의체.

하여야 한다.[150] 이 할증임금의 지급은 적법한 연장근로·야간근로 및 휴일근로에 있어서 뿐만 아니라 위법한 연장·야간·휴일근로에 대하여도 당연히 적용된다. 물론 위법한 연장·야간·휴일근로에 대하여 할증임금을 지급하였다고 하여 그것이 정당화되는 것은 아니다.

여기서 연장근로라 함은 일반근로자 기준 1일 8시간, 1주 40시간을 초과하여 근로한 시간을 말한다. 한편 야간근로라 함은 오후 10시부터 다음날 06시까지 사이의 근로를 말한다. 휴일근로라 함은 법정휴일, 약정휴일 및 유·무급휴일과 관계없이 휴일에 근로하는 것을 의미한다.

연장근로, 야간근로 및 휴일근로가 겹치는 경우에는 각각의 할증임금을 가산하여 지급하여야 한다.

7. 휴업수당[151]

사용자의 귀책사유로 휴업하는 경우에 사용자는 휴업기간 동안 그 근로자에게 평균임금의 100분의 70 이상의 수당을 지급하여야 한다. 다만, 평균임금의 100분의 70에 해당하는 금액이 통상임금을 초과하는 경우에는 통상임금을 휴업수당으로 지급할 수 있다.

다만, 부득이한 사유로 사업을 계속하는 것이 불가능하여 노동위원회의 승인을 받은 경우에는 상기 기준에 못 미치는 휴업수당을 지급할 수 있다.

8. 도급사업에 있어서 임금채권의 보호[152]

사업이 여러 차례의 도급에 따라 행하여지는 경우에 하수급인(下受給人)이 직상(直上) 수급인의 귀책사유로 근로자에게 임금을 지급하지 못한 경우에는 그 직상 수급인은 그 하수급인과 연대하여 책임을 진다. 다만, 직상 수급인의 귀책사유가 그 상위 수급인의 귀책사유에 의하여 발생한 경우에는 그 상위 수급인도 연대하여 책임을 진다.

직상 수급인의 귀책사유 범위는 ① 정당한 사유 없이 도급계약에서 정한 도급 금

---

150) 근로기준법 제56조.
151) 근로기준법 제46조.
152) 근로기준법 제44조.

액 지급일에 도급 금액을 지급하지 아니한 경우, ② 정당한 사유 없이 도급계약에서 정한 원자재 공급을 늦게 하거나 공급을 하지 아니한 경우, ③ 정당한 사유 없이 도급계약의 조건을 이행하지 아니하여 하수급인이 도급사업을 정상적으로 수행하지 못한 경우를 말한다.

9. 퇴 직 금[153)]

가. 기본 원칙

퇴직금은 근로자가 1년 이상 계속근무하고 퇴직하는 경우에 사용자가 퇴직하는 근로자에게 지급하는 금품을 말한다. 따라서 퇴직금 지급을 위하여 사용자가 임금의 일부를 공제·적치하여 후에 이를 지급하는 것은 퇴직금으로서 효력이 없으며, 법률위반이 된다.

퇴직급여법은 "사용자는 계속근로연수 1년에 대하여 평균임금 30일분 이상을 퇴직금으로 퇴직하는 근로자에게 지급하여야 한다."고 규정하고 있다. 따라서 근속연수가 1년 미만인 경우에는 퇴직금을 지급하지 않아도 된다. 한편 퇴직금 제도를 설정하는 경우라 하더라도 하나의 사업장에 차등제도를 두어서는 안 된다.

퇴직금계산 방식 : 퇴직금 = (1일)평균임금 × 30(일) × (재직일수 ÷ 365)

나. 퇴직금중간정산

퇴직금은 퇴직시 지급하는 것이 원칙이지만, 사용자는 주택구입 등 대통령령으로 정하는 사유로 근로자가 요구하는 경우에는 근로자가 퇴직하기 전에 해당 근로자의 계속근로기간에 대한 퇴직금을 미리 정산하여 지급할 수 있다(이를 퇴직금중간정산이라 함). 이 경우 미리 정산하여 지급한 후의 퇴직금 산정을 위한 계속근로기간은 정산시점부터 새로 계산한다.

퇴직금의 중간정산 사유[154)]는 아래와 같으며, 사용자는 퇴직금을 미리 정산하여 지급한 경우 근로자가 퇴직한 후 5년이 되는 날까지 관련 증명 서류를 보존하여야 한다.

---

153) 근로자퇴직급여보장법.

154) 퇴직급여법 시행령 제3조.

1. 무주택자인 근로자가 본인 명의로 주택을 구입하는 경우
2. 무주택자인 근로자가 주거를 목적으로 「민법」 제303조에 따른 전세금 또는 「주택임대차보호법」 제3조의2에 따른 보증금을 부담하는 경우. 이 경우 근로자가 하나의 사업에 근로하는 동안 1회로 한정한다.
3. 6개월 이상 요양을 필요로 하는 다음 각 목의 어느 하나에 해당하는 사람의 질병이나 부상에 대한 요양비용을 근로자가 부담하는 경우
   가. 근로자 본인
   나. 근로자의 배우자
   다. 근로자 또는 그 배우자의 부양가족
4. 퇴직금 중간정산을 신청하는 날부터 역산하여 5년 이내에 근로자가 「채무자 회생 및 파산에 관한 법률」에 따라 파산선고를 받은 경우
5. 퇴직금 중간정산을 신청하는 날부터 역산하여 5년 이내에 근로자가 「채무자 회생 및 파산에 관한 법률」에 따라 개인회생절차개시 결정을 받은 경우
6. 사용자가 기존의 정년을 연장하거나 보장하는 조건으로 단체협약 및 취업규칙 등을 통하여 일정나이, 근속시점 또는 임금액을 기준으로 임금을 줄이는 제도를 시행하는 경우

6의2. 사용자가 근로자와의 합의에 따라 소정근로시간을 1일 1시간 또는 1주 5시간 이상 변경하여 그 변경된 소정근로시간에 따라 근로자가 3개월 이상 계속 근로하기로 한 경우

7. 그 밖에 천재지변 등으로 피해를 입는 등 고용노동부장관이 정하여 고시하는 사유와 요건에 해당하는 경우

다. 퇴직연금제도

퇴직금 지급을 갈음하여 근로자과반수의 동의를 얻어 퇴직연금에 가입할 수 있다. 퇴직연금제도란 확정급여형퇴직연금제도, 확정기여형퇴직연금제도 및 개인형퇴직연금제도를 말한다. 확정급여형퇴직연금제도란 근로자가 받을 급여의 수준이 사전에 결정되어 있는 퇴직연금제도를 말하며, 확정기여형퇴직연금제도란 급여의 지급을 위하여 사용자가 부담하여야 할 부담금의 수준이 사전에 결정되어 있는 퇴직연금제도를 말한다. 개인형퇴직연금제도란 가입자의 선택에 따라 가입자가 납입한 일시금이나 사용자 또는 가입자가 납입한 부담금을 적립·운용하기 위하여 설정

한 퇴직연금제도로서 급여의 수준이나 부담금의 수준이 확정되지 아니한 퇴직연금 제도를 말한다.

10. 임금채권의 우선변제제도

사용자가 도산 또는 파산하거나 사용자의 재산이 다른 채권자에 의하여 압류되었을 경우에 근로자의 임금채권을 우선적으로 변제될 수 있도록 함으로써 최소한의 임금채권을 보호하기 위하여 근로기준법(제38조) 및 퇴직급여법(제12조)에서 이를 보장하고 있다.

임금, 재해보상금, 퇴직금, 그 밖에 근로관계로 인한 채권은 사용자의 총재산에 대하여 질권(質權)·저당권 또는 「동산·채권 등의 담보에 관한 법률」에 따른 담보권에 따라 담보된 채권 외에는 조세·공과금 및 다른 채권에 우선하여 변제되어야 한다. 다만, 질권·저당권 또는 「동산·채권 등의 담보에 관한 법률」에 따른 담보권에 우선하는 조세·공과금에 대하여는 그러하지 아니하다.

한편 ① 최종 3개월분의 임금, ② 재해보상금, ③ 최종 3년간의 퇴직금은 사용자의 총재산에 대하여 질권·저당권 또는 「동산·채권 등의 담보에 관한 법률」에 따른 담보권에 따라 담보된 채권, 조세·공과금 및 다른 채권에 우선하여 변제되어야 한다.

사용자가 도산하는 경우에 사용자의 총재산에 대하여 변제를 받을 수 있는 채권의 순위는 다음과 같이 정리할 수 있다.

1. 근로자의 최종 3개월분의 임금, 최종 3년간의 퇴직금 및 재해보상금(최우선변제 임금채권)
2. 담보물인 사용자의 재산에 대하여 부과된 국세와 가산금(이 있는 경우)
3. 질권·저당권에 의하여 담보된 피담보채권
4. 최우선변제 임금채권을 제외한 임금 기타 근로관계로 인한 채권
5. 조세·공과금
6. 질권 또는 저당권에 의하여 담보되지 않은 일반채권이다.

11. 임금채권보장제도[155)]

가. 개 요

근로자가 임금을 받지 못하였다하더라도 사업주가 지불능력이 없다고 하면 실질적으로 임금을 받을 방법이 없게 된다. 임금채권보장제도는 임금채권보장법에 따라 기업의 도산 등으로 인하여 퇴직한 근로자가 임금 등을 지급받지 못한 경우 국가가 사업주를 대신하여 체불임금 등을 지급하는 제도를 말하며, 이때 지급되는 금품을 체당금이라 한다.

나. 체당금 지급요건

체당금을 지급받기 위해서는 「채무자 회생 및 파산에 관한 법률」에 의한 파산 선고 및 회생절차개시의 결정(법원에 의한 재판상 도산)이 있거나 고용노동부장관에 의한 도산 등 사실인정(사실상 도산)[156)]을 받아야 한다.

한편 체당금을 지급받기 위해서는 해당 사업주가 산재보험법의 적용대상이 되는 사업의 사업주로서 6월 이상 당해 사업을 영위하여야 하며, 체당금 지급대상이 되는 근로자는 퇴직기준일[157)]의 1년 전이 되는 날 이 후 3년 이내에 해당 사업 또는 사업장에서 퇴직한 근로자이어야 한다.

다. 체당금 지급 보장범위

체당금의 지급사유가 발생한 사업에서 퇴직한 근로자가 지급보장 받을 수 있는 임금채권의 범위(체당금)는 최종 3월분의 임금 또는 휴업수당 및 최종 3년간의 퇴직금 중 미지급액이다.

한편 임금채권보장제도는 도산기업에서 퇴직한 근로자의 최소한의 생활안정에 기여하고자 도입되었기 때문에 국가에 의해 대신 지급되는 임금 등의 수준은 미지급된 임금 등의 전액이 아니라 일정한 상한액 범위 내의 금액이다. 현행 체당금의

155) 임금채권보장법.

156) 사실상 도산을 인정받기 위해서는 사업이 폐지되었거나 폐지과정에 있고, 미지급임금 등을 지급할 능력이 없거나 현저히 곤란한 상태에 있는 경우이어야 하며, 사실상 도산은 상시 근로자수가 300인 이하 사업장에 적용된다.

157) ① 파산의 선고, 회생절차개시의 결정이 있는 경우에는 그 신청일, ② 도산등사실인정이 있는 경우에는 그 도산등사실인정의 신청일이 퇴직기준일이 된다.

월정 상한액은 퇴직일을 기준으로 연령별로 제한이 있다.

구 분	30세 미만	30세 이상 40세 미만	40세 이상 50세 미만	50세 이상 60세 미만	60세 이상
임금·퇴직금	180만원	260만원	300만원	280만원	210만원
휴 업 수 당	126만원	182만원	210만원	196만원	147만원

예를 들어, 사업주로부터 받지 못한 금품이 최종 3개월의 임금 900만원, 최종 3년간의 퇴직금이 900만원이고 퇴직당시 만 42세라면, 일반체당금으로 지급받을 수 있는 금액은 1,800만원이 된다. 한편, 같은 금액이 체불되었다 하더라도 근로자의 퇴직당시 연령이 32세라면, 체당금으로 지급받을 수 있는 금액은 1,560만원이 될 것이다.

12. 금품청산 및 임금의 시효

사용자는 근로자가 사망 또는 퇴직한 경우에는 그 지급 사유가 발생한 때부터 14일 이내에 임금, 보상금, 퇴직금, 그 밖에 일체의 금품을 지급하여야 한다.[158] 다만, 특별한 사정이 있을 경우에는 당사자 사이의 합의에 의하여 기일을 연장할 수 있다.[159]

임금 및 퇴직금의 시효는 민법상의 급료채권의 시효와 마찬가지로 3년이다. 임금채권의 시효기간은 그 채권을 행사할 수 있는 날로부터 진행한다.[160]

Ⅲ. 근로시간·휴일·휴가

1. 근로시간

가. 서 설

근로기준법상 근로시간이라 함은 근로자가 사용자의 지휘·감독하에 근로계약상

158) 위반시 3년 이하의 징역 또는 2천만원 이하의 벌금.
159) 근로기준법 제36조, 근로자퇴직급여보장법 제9조.
160) 근로기준법 제39조, 근로자퇴직급여보장법 제10조.

의 근로를 제공하는 시간을 말하는 것으로, 작업의 개시로부터 종료까지 시간에서 휴게시간을 제외한 실근로시간이다.[161] 근로시간은 임금과 함께 중요한 근로조건 중의 하나로 근로자가 인간다운 생활을 영위하기 위해서는 근로시간의 단축에 의하여 노동력을 회복하고 사회적·문화적 생활을 향유할 수 있는 시간적 여유가 필요하다. 따라서 법으로 근로시간에 대한 제한을 가하고 있다.

나. 1일 8시간, 1주 40시간 초과 근로의 제한

근로시간은 휴게시간을 제외하고 1주 40시간을, 1일 8시간을 초과할 수 없다. 근로시간을 산정함에 있어 작업을 위하여 근로자가 사용자의 지휘·감독 아래에 있는 대기시간 등은 근로시간으로 본다.[162]

다만, 사업주는 유해 또는 위험한 작업으로서 잠함 또는 잠수작업 등에 종사하는 근로자에 대하여는 1일 6시간 1주 34시간을 초과하여 근로하게 하여서는 아니 된다.[163]

연소근로자에 대하여는 이들이 신체적·도덕적으로 성인근로자와는 구별되어 특별한 보호를 하여야 하기 때문에 15세 이상 18세 미만자의 근로시간은 1일에 7시간, 1주일에 40시간을 초과하지 못하도록 하고 있으며, 당사자 사이의 합의에 의하여 1일 1시간, 1주일에 6시간을 한도로 연장할 수 있게 하고 있다.[164]

다. 근로시간의 유연화

법정근로시간의 원칙을 전제로 하여 그 탄력적 배분을 위하여 인정되는 제도로서 탄력적 근로시간제, 선택적 근로시간제, 인정근로제, 재량근로제가 있다.

(1) 탄력적 근로시간제

(가) 2주 단위

취업규칙이 정하는 바에 의하여 2주간 이내의 일정한 단위기간을 평균하여 1주간의 근로시간이 40시간을 초과하지 아니하는 범위 내에서 특정주에 1주 40시간,

---

161) 대판 1992. 10. 9. 91다14406.
162) 근로기준법 제50조.
163) 산업안전보건법 제46조.
164) 근로기준법 제69조.

특정일에 8시간을 초과하여 근로시킬 수 있다. 다만 특정주의 근로시간은 48시간을 초과할 수 없다.[165)]

(나) 3개월 단위

사용자는 근로자대표와의 서면합의에 의하여 3월 이내의 단위기간을 평균하여 1주간의 근로시간이 40시간을 초과하지 아니하는 범위 안에서 특정주에 40시간, 특정일에 8시간을 초과하여 근로하게 할 수 있다.[166)] 다만, 특정주의 근로시간은 52시간을 초과할 수 없도록 함으로써 1주당 최장근로 시간을 12시간으로 한정하였고, 특정일의 근로시간은 12시간을 초과할 수 없다.

(2) 선택적 근로시간제

사용자는 취업규칙에 의하여 시업 및 종업시각을 근로자의 결정에 맡기기로 한 근로자에 대하여는 근로자대표와의 서면합의에 의하여 1월 이내의 정산기간을 평균하여 1주간의 근로시간이 40시간을 초과하지 아니하는 범위 안에서 1주간 40시간을, 1일에 8시간을 초과하여 근로하게 할 수 있다.[167)]

(3) 인정근로제(간주근로제)

근로자가 출장 기타의 사유로 근로시간의 전부 또는 일부를 사업장 밖에서 근로하여 근로시간을 산정하기 어려운 때에는 소정근로시간을 근로한 것으로 본다.[168)]

(4) 재량근로제

업무의 성질에 비추어 업무수행방법을 근로자의 재량에 일임할 필요가 있는 업무로서 대통령령이 정하는 업무는 사용자가 근로자대표와 서면합의로 정한 근로시간을 근로한 것으로 본다.[169)]

라. 연장근로

연장근로라 함은 소정근로시간을 초과하는 근로를 말한다. 일반근로자의 경우에

165) 근로기준법 제51조 제1항.
166) 근로기준법 제51조 제2항.
167) 근로기준법 제52조.
168) 근로기준법 제58조 제1항.
169) 근로기준법 제58조 제3항.

1일 8시간, 1주 40시간을 초과하는 근로시간, 연소근로자의 경우에는 1일 7시간을 초과하는 시간의 근로, 단시간 근로자의 경우 당사자간 당초에 정한 근로시간을 초과하는 시간의 근로를 말한다.

일반근로자의 연장근로는 당사자간 합의를 하더라도 1주 12시간을 초과할 수 없으며, 연소근로자의 경우에는 1일 1시간, 1주 6시간을 초과하는 연장근로를 금지하고 있다.

다만, 사용자는 특별한 사정이 있는 경우에는 고용노동부장관의 인가와 본인의 동의를 얻어 1주 12시간을 초과한 연장근로를 할 수 있다. 만일 사태가 급박하여 인가를 얻을 여지가 없을 경우에는 사후에 지체 없이 승인을 얻어야 한다.[170]

마. 근로시간 및 휴게의 특례[171]

아래의 사업에 대하여 사용자가 근로자대표와 서면합의를 한 때에는 주 12시간을 초과하여 연장근로하게 하거나 휴게시간을 변경할 수 있다.

① 운수업, 물품판매 및 보관업, 금융보험업
② 영화제작 및 흥행업, 통신업, 교육연구 및 조사사업, 광고업
③ 의료 및 위생사업, 접객업, 소각 및 청소업, 이용업
④ 사회복지사업, 기타 공중의 편의 또는 업무의 특성상 필요한 경우로서 대통령령이 정하는 사업

이는 일종의 변형근로시간제로 사업의 실태를 감안하여 공중생활의 불편을 덜기 위하여 주 12시간의 연장근로시간의 규제를 완화한 것이다.

그러나 1주 40시간을 초과하는 근로에 대하여는 할증임금을 지급하여야 하며, 야간·휴일근로를 하는 경우에는 역시 할증임금을 지급하여야 한다.

바. 근로시간규제의 예외[172]

아래의 해당 근로자에 대하여는 근로기준법에서 정하고 있는 근로시간, 휴게, 휴

170) 근로기준법 제53조 제3항.
171) 근로기준법 제59조.
172) 근로기준법 제63조.

일에 대한 제반규정이 전혀 적용되지 않는다.

① 토지의 경작·개간, 식물의 재식(栽植)·재배·채취 사업, 그 밖의 농림 사업
② 동물의 사육, 수산 동식물의 채포(採捕)·양식 사업, 그 밖의 축산, 양잠, 수산 사업
③ 감시(監視) 또는 단속적(斷續的)으로 근로에 종사하는 자로서 사용자가 고용노동부장관의 승인을 받은 자
④ 관리·감독 업무 또는 기밀을 취급하는 업무에 종사하는 근로자

이와 같은 업무에 종사하는 근로자에 대하여는 출근·퇴근시간을 엄격하게 정해질 수가 없을 뿐만 아니라 연장근로 등에 대하여도 할증임금이 엄밀하게 지급됨이 없이 그 직무에 대하여 특별수당이 지급되므로 근로시간규제에 대한 근로기준법상의 제 규정을 적용하는 것이 합리적이지 아니할 수 있기 때문이다.

다만, 근로기준법 제63조의 규정에 따라 근로시간, 휴게와 휴일에 관한 근로기준법 규정이 적용되지 않을 뿐이므로 이 경우에도 연차유급휴가 및 야간근로에 대한 할증임금 규정은 적용된다는 점에 유의하여야 한다.

2. 휴게·휴일 및 휴가

휴식은 근로자의 심신의 피로를 회복시킴으로써 근로의 재생산을 도모하고 생산성을 유지하기 위한 것이다.

가. 휴 게

휴게라 함은 근로계약상 근로자가 사용자의 지휘·감독의 구속으로부터 일시적으로 벗어나는 것을 말한다. 근로기준법상 사용자는 근로자에게 근로시간 4시간에 대하여 30분 이상, 8시간에 대하여 1시간 이상의 휴게시간을 근로시간 도중에 주어야 한다. 그리고 휴게시간을 근로자가 자유롭게 이용할 수 있게 하여야 한다.[173)]다만, 휴게시간은 근로시간에서 제외되기 때문에 사용자는 휴게시간에 대하여 임금을 지급할 의무는 없다

173) 근로기준법 제54조.

나. 휴 일

휴일은 근로자가 사용자의 지휘·감독으로부터 완전히 이탈하는 날을 말하며 근로자의 건강유지와 문화적 생활의 향상을 위하여 마련된 것이다. 휴일은 법정휴일과 약정휴일로 구분되며, 법정휴일은 근로기준법 제55조에서 정하고 있는 주휴일과 근로자의 날 제정에 관한법률에 의한 근로자의 날을 말한다. 약정휴일은 법정휴일 외에 당사자간의 약정에 의하여 정해지는 휴일을 말한다. 한편 관공서의 공휴일에 관한 규정에서 정한 휴일(이른바 공휴일)을 일반사업장의 경우 반드시 휴일로 적용되는 것은 아니다.

근로기준법은 사용자는 근로자에게 1주일에 평균 1회 이상의 유급휴일을 주어야 할 의무를 부과하고 있으며, 이를 주휴일이라고 한다.[174] 1회의 주휴일은 24시간의 역일을 의미하는 것이지만 계속 24시간의 휴식을 주면 1일의 휴일을 인정받을 수 있다. 주휴일은 근로계약이나 취업규칙에서 특정되는 것이 일반적이며, 반드시 일요일일 필요는 없다. 1주일에 1회 이상의 유급휴일을 청구할 수 있기 위해서는 소정의 근로일수를 개근하여야 한다.[175]

다. 연차유급휴가

(1) 기본원칙

연차유급휴가는 1년간 계속 근로한 근로자가 유급으로 휴가를 받는 것으로 근로자의 육체적·정신적 피로회복과 여가를 위한 것이다.

근로기준법 제60조 제1항은 "사용자는 1년간 80퍼센트 이상 출근한 근로자에게 15일의 유급휴가를 주어야 한다."고 규정하고 있으며, 이를 연차유급휴가라 한다. 여기서 1년간 80% 이상의 출근이라고 하는 것은 1년의 총일수에서 휴일을 뺀 일수, 즉 소정근로일을 기준으로 80% 이상 출근하는 말한다. 다만, 근로자가 업무상의 부상 또는 질병으로 휴업한 기간, 임신 중의 여성이 출산전후휴가로 휴업한 기간은 출근율 산정시 출근한 것으로 본다. 나아가 남녀고용평등법에 따라 사용한 육아휴직기간도 출근한 것으로 간주하고 있다.[176]

174) 이를 주휴일이라 한다(근로기준법 제55조).
175) 근로기준법 시행령 제30조.
176) 2018. 5. 29.부터 시행.

한편 사용자는 계속하여 근로한 기간이 1년 미만인 근로자 또는 1년간 80퍼센트 미만 출근한 근로자에게 1개월 개근 시 1일의 유급휴가를 주어야 한다.[177]

(2) 가산휴가일수

사용자는 3년 이상 계속하여 근로한 근로자에게는 제1항에 따른 휴가에 최초 1년을 초과하는 계속 근로 연수 매 2년에 대하여 1일을 가산한 유급휴가를 주어야 한다. 이 경우 가산휴가를 포함한 총 휴가 일수는 25일을 한도로 한다.

(3) 휴가사용

사용자는 연차유급휴가를 근로자가 청구한 시기에 주어야 하고, 그 기간에 대하여는 취업규칙 등에서 정하는 통상임금 또는 평균임금을 지급하여야 한다. 다만, 근로자가 청구한 시기에 휴가를 주는 것이 사업 운영에 막대한 지장이 있는 경우에는 그 시기를 변경할 수 있다. 또한 연차유급휴가는 1년간 행사하지 아니하면 소멸된다. 다만, 사용자의 귀책사유로 사용하지 못한 경우에는 그러하지 아니하다.

(4) 연차유급휴가의 사용촉진[178]

사용자가 연차유급휴가의 사용을 촉진하기 위하여 연차사용기간이 끝나기 6개월 전을 기준으로 10일 이내에 사용자가 근로자별로 사용하지 아니한 휴가 일수를 알려주고, 근로자가 그 사용 시기를 정하여 사용자에게 통보하도록 서면으로 촉구하고, 이와 같은 촉구에도 불구하고 근로자가 촉구를 받은 때부터 10일 이내에 사용하지 아니한 휴가의 전부 또는 일부의 사용 시기를 정하여 사용자에게 통보하지 아니하면 연차휴가사용 기간이 끝나기 2개월 전까지 사용자가 사용하지 아니한 휴가의 사용 시기를 정하여 근로자에게 서면으로 통보한 경우, 이러한 조치를 하였음에도 불구하고 근로자가 휴가를 사용하지 아니하여 연차유급휴가가 소멸된 경우에는 사용자는 그 사용하지 아니한 휴가에 대하여 보상할 의무가 없다.

---

177) 개정전 근로기준법 제61조 제3항에서는 "사용자는 근로자의 최초 1년간의 근로에 대하여 유급휴가를 주는 경우에는 제2항에 따른 휴가를 포함하여 15일로 하고, 근로자가 제2항에 따른 휴가를 이미 사용한 경우에는 그 사용한 휴가 일수를 15일에서 뺀다."고 규정하고 있었으나, 2017. 11. 28. 개정법에서 이를 삭제하였다(2018.5.29.시행).

178) 근로기준법 제61조.

(5) 연차유급휴가의 대체

사용자는 근로자대표와의 서면 합의에 따라 연차유급휴가일을 갈음하여 특정한 근로일에 근로자를 휴무시킬 수 있다. 예를 들면 명절휴일과 주휴일 사이에 1일의 근무일이 있는 경우 근로자대표와 서면합의로 해당 근무일을 연차유급휴가에 갈음하여 휴무로 정하면 해당 일에 쉬면서 연차휴가를 사용한 것으로 할 수 있다는 의미이다.

라. 생리휴가(근로기준법 제73조)

사용자는 여성 근로자의 청구가 있는 경우 월 1일의 생리휴가를 주어야 한다. 다만, 1주 40시간제를 도입하면서 유급이었던 생리휴가가 무급으로 전환되면서 생리휴가의 실효성에 의문이 제기되고 있다. 그러나 생리휴가제도는 생리시의 정신적·육체적 영향을 고려하여 생리현상이 있는 근로자에게 부여하는 것이므로, 생리가 없는 여성근로자에게 생리휴가를 주어야 할 의무는 없다.

Ⅳ. 고용평등 및 여성근로자 보호제도

1. 서 설

근로관계에 있어서 남성근로자 보다 여성근로자를 특별히 보호하여야 한다는 것은 여성은 남성과 다른 생리적·신체적인 특질을 가지고 있기 때문이다. 즉, 여성은 임신·출산·보육이라는 특유한 모성기능을 가지고 있는 동시에 일반적으로 남성에 비하여 열악한 체격조건을 가지고 있다. 그러므로 모성기능의 저하 내지는 파괴를 방지하여야 한다는 이유에서 여성근로자는 남성근로자 보다 특별히 보호되어야 한다.

2. 균등대우에 의한 여성근로자의 보호

가. 의의 및 입법취지

근로기준법 제6조에서는 사용자가 근로자에 대하여 남녀의 차별적 대우는 물론 국적·신앙 또는 사회적 신분을 이유로 근로조건에 대한 차별적 처우를 금지하고 있고, 「남녀고용평등과 일·가정 양립지원에 관한 법률(이하 '남녀고용평등법')」에서는 근로조건뿐만 아니라 교육·배치·승진·모집과 채용 등에 있어서도 남녀차별을 금지하고 있다. 이러한 규정은 헌법 제11조 및 제32조상의 평등권과 근로권을 구체화시킨 것이라고 할 수 있다.

나. 남녀차별금지내용

(1) 근로기준법상의 차별금지내용

근로기준법 제6조에서 남녀차별금지의 대상이 되는 것은 합리적 사유가 없는 근로조건에 관한 차별적 대우이다. 이는 채용에서부터 퇴직에 이르기까지 일체의 근로자 대우에 관련된 근로조건에 있어서의 차별을 의미하는 것이다. 근로조건에는 임금, 후생복지, 승진, 배치전환, 정년 등이 포함된다.

따라서 여성근로자에게 결혼퇴직제나 출산퇴직제를 실시하거나 가족수당의 지급을 제외하는 등 성별을 이유로 한 차별대우로서 금지된다. 그러나 사업이나 작업의 성질에 비추어 여성의 신체조건 등을 감안하여 정년에 차별을 두는 것이나, 근무부서의 난이도와 근로자의 기능 등에 의한 임금의 차이, 근속연한에 따른 상여금지급율의 차등, 성실성이 인정되는 일정한 근로자들에게만 연장근로를 시키는 경우 등은 차별의 사유가 합리적인 것이므로 균등처우의 원칙에 위배되는 것은 아니다.

(2) 남녀고용평등법상의 차별금지내용

남녀고용평등과 일·가정 양립지원에 관한 법률은 헌법상의 평등이념에 따라 고용에서 남녀의 평등한 기회와 대우를 보장하는 한편, 모성을 보호하고 직업능력을 개발하여 근로여성의 지위향상과 복지증진을 위하여 여러 가지 보호규정을 두고 있다.

첫째, 고용에서 남녀의 평등한 기회와 대우를 보장하기 위하여 모집과 채용에서의 기회균등, 동일가치·동일임금, 교육·배치 및 승진에서의 균등처우, 정년·퇴직 및 해고에서의 차별금지, 직업지도와 직업훈련에 필요한 조치 등을 규정하고 있다(제7~11조).

둘째, 모성보호와 복지시설의 설치를 위하여 1년의 육아휴직보장, 사업장내 육아시설의 설치, 국가나 지방자치단체의 복지시설 설치 등을 규정하고 있다(제19~22조).

셋째, 분쟁의 조정을 위하여 분쟁의 자율적 해결책무 등을 규정하고 있다(제23~25조).

(3) 해고 등 차별금지

현행 노동법은 다음과 같은 특정사유에 의한 근로자의 해고를 금지시키고 있다.

① 노동조합및노동관계조정법 제81조 제1호는 근로자가 노동조합에 가입 또는 가입하려고 하였거나 노동조합을 조직하려고 하였거나 기타 노동조합의 업무를 위한 정당한 행위를 한 것을 이유로 근로자를 해고할 수 없다고 규정하고 있다.[179]

② 근로기준법 제6조는 남녀의 차별적 대우나 국적, 신앙 또는 사회적 신분을 이유로 근로조건상의 차별적 대우를 금지하고 있다.

③ 근로기준법 제104조 제2항은 사용자가 근로기준법과 동시행령을 위반하였음을 근로감독관에게 통고한 것을 이유로 근로자에게 해고 또는 기타 불이익 처우를 하지 못한다고 규정하고 있다.

④ 남녀고용평등법 제11조 제1항에서는 해고에 있어서 여성임을 이유로 남성근로자와 차별하는 것을 금지하고 있다. 이 규정은 근로기준법 제6조의 균등처우 원칙에 기초하여 특별히 남녀 간의 성차별에 기초한 해고를 금지시키려는 것이다.

3. 취업의 제한에 의한 보호

가. 유해·위험작업에의 취업금지[180]

사용자는 임신 중이거나 산후 1년이 경과하지 아니한 여성에 대하여는 도덕상 또는 보건상 위해·위험한 사업에 사용하지 못한다. 또한 임산부가 아닌 18세 이상의 여성에 대하여 보건상 유해·위험한 사업 중 임신 또는 출산에 관한 기능에 유해·위험한 사업에 사용하지 못하도록 규정하고 있다. 이 규정은 여성의 신체적·생리적 특성에 따른 보호조치로써 위험성이 대단히 높은 작업 또는 힘든 작업에 여성근로

---

179) 이는 부당노동행위로 사법상 무효이다.

180) 근로기준법 제65조.

자를 사용하지 못하도록 하는 것이다.

나. 갱내근로의 금지[181]

사용자는 여성과 18세 미만인 자에 대해서는 갱내에서 근로를 시키지 못한다. 다만, 보건·의료·보도·취재 등 근로기준법 시행령이 정하는 업무를 수행하기 위하여 일시적으로 필요한 경우에는 근무가 가능하다.

4. 모성보호 및 일·가정 양립을 위한 제도

가. 태아검진 시간 및 난임휴가

사용자는 임신 중인 여성 근로자의 청구가 있는 경우에는 쉬운 종류의 근로로 전환시켜야 한다.[182] 또한 임신한 여성근로자가 「모자보건법」 제10조에 따른 임산부 정기 건강진단을 받는데 필요한 시간을 청구하는 경우 이를 허용하여야 하며, 건강진단 시간을 이유로 그 근로자의 임금을 삭감하여서는 아니 된다.[183]

아울러 난임이 예상되는 여성근로자에 대하여 연간 3일(최초 1일 유급, 나머지 2일 무급)의 난임치료 휴가를 부여하여야 한다.[184]

나. 근로시간 등 제한 및 근로시간 단축

사용자는 임산부에 대하여 야간(22시~06시) 및 휴일에 근로를 시켜서는 아니 된다. 다만, 산후 1년이 경과되지 아니한 여성근로자의 동의가 있는 경우 또는 임신 중인 여성이 명시적으로 청구하는 경우에는 고용노동부장관의 인가를 받아 근무할 수 있다. 고용노동부장관의 인가를 얻기 이전에 근로자의 건강 및 모성보호를 위하여 그 시행여부와 방법 등에 관하여 당해 사업 또는 사업장의 근로자 대표와 성실하게 협의하여야 한다.[185]

사용자는 임신 중인 여성근로자에 대하여 연장근로를 시켜서는 아니 되며,[186]

---

181) 근로기준법 제72조.
182) 근로기준법 제74조 제5항.
183) 근로기준법 제74조의2.
184) 2017. 11. 28. 개정법에서 신설된 내용으로 2018. 5. 29.부터 시행된다.
185) 근로기준법 제70조.
186) 근로기준법 제74조 제5항.

산후 1년이 경과되지 아니한 여성에 대하여는 1일에 2시간, 1주 6시간, 1년에 150시간을 초과하는 근로를 시키지 못한다.[187]

한편 사용자는 임신 후 12주 이내 또는 36주 이후에 있는 여성 근로자가 1일 2시간의 근로시간 단축을 신청하는 경우 이를 허용하여야 한다. 다만, 1일 근로시간이 8시간 미만인 근로자에 대하여는 1일 근로시간이 6시간이 되도록 근로시간 단축을 허용할 수 있다. 이 경우 근로시간 단축을 이유로 해당 근로자의 임금을 삭감하여서는 아니 된다.[188]

다. 출산전후 휴가 및 유산·사산 휴가[189]

사용자는 임신 중인 여성 근로자에 대하여 90일(다태아 120일)의 보호휴가를 주어야 한다. 이 경우 휴가기간의 배치는 출산 후에 45일(다태아 60일) 이상이 되어야 한다. 또한 사용자는 임신 중인 여성 근로자가 아래의 사유로 휴가를 청구하는 경우 출산 전 어느 때라도 휴가를 나누어 사용할 수 있도록 하여야 한다. 이 경우에도 출산 후의 휴가기간은 연속하여 45(다태아 60일)일 이상이 되어야 한다.

1. 임신한 근로자에게 유산·사산의 경험이 있는 경우
2. 임신한 근로자가 출산전후휴가를 청구할 당시 연령이 만 40세 이상인 경우
3. 임신한 근로자가 유산·사산의 위험이 있다는 의료기관의 진단서를 제출한 경우

사용자는 임신 중인 여성이 유산 또는 사산(이하 "유산")한 경우로서 당해 근로자가 청구하는 때 다음과 같이 보호휴가를 주어야 한다. 다만, 인공임신중절수술(「모자보건법」 제14조 제1항의 규정에 의한 경우는 제외한다)에 의한 유산의 경우는 그러하지 아니하다.

1. 임신 11주 이내인 경우 : 유산한 날부터 5일까지

187) 근로기준법 제71조.
188) 근로기준법 제74조 제7항.
189) 근로기준법 제74조.

2. 임신 12주 이상 15주 이내인 경우 : 유산한 날부터 10일까지
3. 임신 16주 이상 21주 이내인 경우 : 유산한 날부터 30일까지
4. 임신 22주 이상 27주 이내인 경우 : 유산한 날부터 60일까지
5. 임신 28주 이상인 경우 : 유산한 날부터 90일까지

출산전후휴가 및 유산·사산 휴가 중 최초 60일(다태아 75일)은 유급으로 한다. 다만, 고용노동부에서 출산휴가급여 등이 지급된 경우에는 지급된 급여 한도 내에서 사용자는 책임을 면한다. 한편 사용자는 여성근로자의 보호휴가 종료 후에는 휴가 전과 동일한 업무 또는 동등한 수준의 임금을 지급하는 직무에 복귀시켜야 한다.

라. 육아시간

사용자는 생후 1년 미만의 유아를 가진 여성근로자의 청구가 있는 경우에는 1일 2회 각각 30분 이상의 유급수유시간을 주어야 한다.[190]

마. 육아휴직 및 육아기 근로시간 단축제도

(1) 육아휴직[191]

사용자는 근로자가 만 8세 이하 또는 초등학교 2학년 이하의 자녀(입양한 자녀를 포함한다)를 양육하기 위하여 휴직(이하 "육아휴직"이라 한다)을 신청하는 경우에 이를 허용하여야 한다. 다만, 육아휴직을 개시하고자 하는 날 이전에 당해 사업에서의 계속 근로기간이 1년 미만인 근로자 및 동일한 영아에 대하여 배우자가 육아휴직 중인 근로자에 해당하는 경우에는 육아휴직을 부여하지 아니할 수 있다.

육아휴직의 기간은 1년 이내로 하며, 육아휴직 기간은 근속기간에 포함한다. 사용자는 육아휴직을 이유로 해고나 그 밖의 불리한 처우를 하여서는 아니 된다. 다만, 사업주는 육아휴직 기간에 임금을 지급할 의무가 없다.[192]

---

190) 근로기준법 제75조.

191) 남녀고용평등법 제19조.

192) 사업주가 임금을 지급할 의무는 없지만, 고용노동부에서 이에 대한 지원을 하고 있다. 고용노동부가 지원하는 육아휴직급여는 만 8세 이하 또는 초등학교 2학년 이하의 자녀를 가진 근로자가 그 자녀를 양육하기 위해 남녀 고용평등과 일 가정 양립 지원에 관한 법률 제19조에 의한 육아휴직을 30일 이상 부여 받고 소정의 수급요건을 충족하는 경우 육아휴직 시작일

육아휴직 기간에는 그 근로자를 해고하지 못한다. 다만, 사업을 계속할 수 없는 경우에는 그러하지 아니하다.

사용자는 육아휴직을 마친 후에는 휴직 전과 같은 업무 또는 같은 수준의 임금을 지급하는 직무에 복귀시켜야 한다.

(2) 육아기 근로시간 단축

사용자는 육아휴직을 신청할 수 있는 근로자가 육아휴직 대신 근로시간의 단축(이하 "육아기 근로시간 단축"이라 한다)을 신청하는 경우에 이를 허용하여야 한다. 다만, 대체인력 채용이 불가능한 경우, 정상적인 사업 운영에 중대한 지장을 초래하는 경우 등 관계법령으로 정하는 경우에는 그러하지 아니하다. 사용자가 육아기 근로시간 단축을 허용하지 아니하는 경우에는 해당 근로자에게 그 사유를 서면으로 통보하고 육아휴직을 사용하게 하거나 그 밖의 조치를 통하여 지원할 수 있는지를 해당 근로자와 협의하여야 한다.

사용자가 해당 근로자에게 육아기 근로시간 단축을 허용하는 경우 단축 후 근로시간은 주당 15시간 이상이어야 하고 30시간을 넘어서는 아니 된다. 육아기 근로시간 단축의 기간은 1년 이내로 하되, 사용자는 육아기 근로시간 단축을 이유로 해당 근로자에게 해고나 그 밖의 불리한 처우를 하여서는 아니 된다. 한편 사용자는 근로자의 육아기 근로시간 단축기간이 끝난 후에 그 근로자를 육아기 근로시간 단축 전과 같은 업무 또는 같은 수준의 임금을 지급하는 직무에 복귀시켜야 한다.[193]

사용자는 육아기 근로시간 단축을 하고 있는 근로자에 대하여 근로시간에 비례하여 적용하는 경우 외에는 육아기 근로시간 단축을 이유로 그 근로조건을 불리하게 하여서는 아니 된다. 육아기 근로시간 단축을 한 근로자의 근로조건(육아기 근로시간 단축 후 근로시간을 포함한다)은 사용자와 그 근로자 간에 서면으로 정한다. 회사는 육아기 근로시간 단축을 하고 있는 근로자에게 단축된 근로시간 외에 연장근로를 요구할 수 없다. 다만, 그 근로자이 명시적으로 청구하는 경우에는 회사는 주 12시간 이내에서 연장근로를 시킬 수 있다. 육아기 근로시간 단축을 한 근로자에 대하

부터 3개월까지는 통상임금의 100분의 80(상한액 : 월 150만원, 하한액 : 월 70만원)을 육아휴직 급여액으로 지급하고, 육아휴직 4개월째부터 육아휴직 종료일까지 통상임금의 100분의 40(상한액 : 월 100만원, 하한액 : 월 50만원)을 육아휴직 급여액으로 지급한다.

193) 남녀고용평등법 제19조의2 이하.

여 「근로기준법」 제2조 제6호에 따른 평균임금을 산정하는 경우에는 그 근로자의 육아기 근로시간 단축 기간을 평균임금 산정기간에서 제외한다.[194)]

(3) 육아휴직과 육아기 근로시간 단축의 사용형태[195)]

근로자는 육아휴직이나 육아기 근로시간 단축을 하려는 경우에는 다음 각 호의 방법 중 하나를 선택하여 사용할 수 있다. 이 경우 어느 방법을 사용하든지 그 총 기간은 1년을 넘을 수 없다.

1. 육아휴직의 1회 사용
2. 육아기 근로시간 단축의 1회 사용
3. 육아휴직의 분할 사용(1회만 할 수 있다)
4. 육아기 근로시간 단축의 분할 사용(1회만 할 수 있다)
5. 육아휴직의 1회 사용과 육아기 근로시간 단축의 1회 사용

바. 배우자 출산휴가

사용자는 근로자가 배우자의 출산을 이유로 휴가를 청구하는 경우 5일의 범위 내에서 휴가를 주어야 한다. 다만, 최초 3일은 유급으로 하며, 배우자출산휴가는 근로자의 배우자가 출산한 날부터 30일이 지나면 청구할 수 없다.[196)]

사. 가족 돌봄 휴직[197)]

사업주는 근로자가 부모, 배우자, 자녀 또는 배우자의 부모의 질병, 사고, 노령으로 인하여 그 가족을 돌보기 위한 휴직을 신청하는 경우 이를 허용하여야 한다. 다만, 대체인력 채용이 불가능한 경우, 정상적인 사업 운영에 중대한 지장을 초래하는 경우 및 아래 사항의 경우에는 그러하지 아니하다.

---

194) 남녀고용평등법 제19조의3.
195) 남녀고용평등법 제19조의4.
196) 남녀고용평등법 제18조의2.
197) 남녀고용평등법 제22조의2.

1. 돌봄휴직개시예정일의 전날까지 해당 사업에서 계속 근로한 기간이 1년 미만인 근로자가 신청한 경우
2. 가족돌봄휴직을 신청한 근로자 외에 돌봄이 필요한 가족의 부모, 자녀, 배우자 등이 돌봄이 필요한 가족을 돌볼 수 있는 경우
3. 사업주가 직업안정기관에 구인신청을 하고 14일 이상 대체인력을 채용하기 위하여 노력하였으나 대체인력을 채용하지 못한 경우. 다만, 직업안정기관의 장의 직업소개에도 불구하고 정당한 이유 없이 2회 이상 채용을 거부한 경우는 제외한다.
4. 근로자의 가족돌봄휴직으로 인하여 정상적인 사업 운영에 중대한 지장이 초래되는 경우로서 사업주가 이를 증명하는 경우

가족돌봄휴직 기간은 연간 최장 90일로 하며, 이를 나누어 사용할 수 있지만, 나누어 사용하는 1회의 기간은 30일 이상이 되어야 한다. 가족돌봄휴직 기간은 근속기간에 포함한다. 다만, 「근로기준법」 제2조 제1항 제6호에 따른 평균임금 산정기간에서는 제외한다.

사업주는 가족돌봄휴직을 이유로 해당 근로자를 해고하거나 근로조건을 악화시키는 등 불리한 처우를 하여서는 아니 된다. 다만, 사업주는 휴직기간 동안 임금을 지급할 의무는 없다(무급원칙).

5. 직장 내 성희롱으로부터의 보호[198]

가. 의 의

사업주, 상급자 또는 근로자는 직장 내 성희롱을 하여서는 아니 된다.[199] "직장 내 성희롱"이란 사업주·상급자 또는 근로자가 직장 내의 지위를 이용하거나 업무와 관련하여 다른 근로자에게 성적 언동 등으로 성적 굴욕감 또는 혐오감을 느끼게 하거나 성적 언동 또는 그 밖의 요구 등에 따르지 아니하였다는 이유로 고용에서 불이익을 주는 것을 말한다.[200]

198) 남녀고용평등법 제12조 이하.
199) 남녀고용평등법 제12조.
200) 남녀고용평등법 제2조 제2호.

나. 직장 내 성희롱의 요건

(1) 당 사 자

직장 내 성희롱의 가해자는 고용 및 근로조건에 관한 결정권한을 가지고 있는 사업주나 직속상사 및 동료근로자이다.

(2) 지위를 이용하거나 업무와 관련성이 있을 것

「지위를 이용하거나 업무와 관련성이 있을 것」이라 함은 장소적 개념이 아니라 출장, 회식, 퇴근 후 친목장소 등에서의 행위가 지위를 이용하거나 업무와의 관련성이 있으면 족한 것으로 폭넓게 해석한다.

(3) 성적인 언어나 행동에 의하거나 이를 조건으로 할 것

성희롱에 해당되는 성적인 언어나 행동에는 음란한 농담, 외모에 대한 성적인 비유, 성적인 사실관계를 묻거나 성적인 내용의 정보를 의도적으로 유포하는 행위, 성적인 관계를 강요하거나 회유하는 행위 등이 있다.

(4) 고용상의 불이익을 초래하거나 성적인 굴욕감을 유발하여 고용환경을 악화시킬 것

이에 해당하는 것에는 채용탈락, 각종 징계조치, 승진탈락 등 채용 또는 근로조건을 일방적으로 불리하게 하는 행위, 위협적 환경을 형성하거나 성적 굴욕감으로 업무능력을 저해하는 등의 고용환경의 악화 행위 등이 있다.

다. 직장 내 성희롱 예방 교육[201]

사업주는 직장 내 성희롱을 예방하고 근로자가 안전한 근로환경에서 일할 수 있는 여건을 조성하기 위하여 직장 내 성희롱의 예방을 위한 교육(이하 "성희롱 예방 교육"이라 한다)을 연 1회 이상 실시하여야 하며, 그 내용을 게시하여야 한다.[202] 성희롱 예방 교육에는 아래 내용이 포함되어야 한다.

1. 직장 내 성희롱에 관한 법령

201) 남녀고용평등법 제13조.

202) 위반시 500만원 이하의 과태료.

2. 해당 사업장의 직장 내 성희롱 발생 시의 처리 절차와 조치 기준
3. 해당 사업장의 직장 내 성희롱 피해 근로자의 고충상담 및 구제 절차
4. 그 밖에 직장 내 성희롱 예방에 필요한 사항

한편 사업주 및 근로자는 상기 직장 내 성희롱 예방 교육을 받아야 한다. 즉 사업주를 비롯한 모든 임직원이 성희롱예방 교육의 대상이 된다.

라. 직장 내 성희롱 발생 시 조치[203)]

누구든지 직장 내 성희롱 발생 시 그 사실을 사업주에게 신고할 수 있으며, 사업주는 이에 대한 사실확인을 위한 조사를 하여야 한다. 직장 내 성희롱 발생이 확인된 경우 지체 없이 행위자에 대하여 징계나 그 밖에 이에 준하는 조치를 하여야 하며, 피해근로자 보호를 위한 근무장소 변경, 유급휴가 부여 등 조치를 취하여야 한다.[204)]

또한 사업주는 직장 내 성희롱과 관련하여 이를 신고한 근로자, 피해를 입은 근로자 또는 성희롱 피해 발생을 주장하는 근로자에게 해고나 그 밖의 불리한 조치를 하여서는 아니 된다.[205)]

마. 고객 등에 의한 성희롱 방지[206)]

사업주는 고객 등 업무와 밀접한 관련이 있는 자가 업무수행 과정에서 성적인 언동 등을 통하여 근로자에게 성적 굴욕감 또는 혐오감 등을 느끼게 하여 해당 근로자가 그로 인한 고충 해소를 요청할 경우 근무 장소 변경, 배치전환, 유급휴가 명령 등 가능한 조치를 취하여야 한다.[207)] 사업주는 근로자가 피해를 주장하거나 고객 등으로부터의 성적 요구 등에 불응한 것을 이유로 해고나 그 밖의 불이익한 조치를 하여서는 아니 된다.[208)]

---

203) 남녀고용평등법 제14조.
204) 위반시 500만원 이하의 과태료.
205) 위반시 3년 이하의 징역 또는 3,000만원 이하의 벌금.
206) 남녀고용평등법 제14조의2.
207) 위반시 300만원 이하의 과태료.
208) 위반시 500만원 이하의 과태료.

V. 비정규직 근로관계

1. 서 설

전형적인 근로관계를 노동법과의 관계에서 고찰하면, 근로자가 사용자에 대하여 사용종속관계에서 통상의 근로시간을 약정하고 근로계약기간에 대한 제한 없이 노무를 제공하는 근로계약관계를 의미한다.[209) 근로기준법에서는 이를 '통상근로자'라고 표현하고 있다. 현행법상 전형근로와 비전형근로를 구별하는 규범적 기준으로는 사용종속관계에 기초한 근로계약관계, 계약기간의 유무 그리고 근로시간의 길이를 들 수 있다.

이러한 기준에 의할 경우 기간의 정함이 있는 기간제근로, 통상의 근로자보다 근로시간이 짧은 단시간근로, 파견사업주가 근로자를 고용한 후 그 고용관계를 유지하면서 사용사업주의 지휘명령을 받아 사용사업주를 위한 근로에 종사하게 하는 파견근로 등이 비정규근로로 이해된다.

이러한 비정규근로는 근로자 본인의 선택에 의해서 이루어지는 경우도 있지만, 많은 경우 근로자의 의사와는 무관하게 비정규직으로 내몰리고 있는 것이 현실이며, 그 규모 역시 증가하는 추세를 보이고 있다. 따라서 이에 대한 보호의 필요성은 더욱 시급하고 중대한 문제가 되고 있으므로 이를 중심으로 살펴보고자 한다.

2. 기간제 근로자

가. 기간제 근로관계의 의의

기간제법상 "기간제 근로자"라 함은 기간의 정함이 있는 근로계약을 체결한 근로자를 말한다.[210)

종전 근로기준법상에는 근로계약의 당사자는 계약기간이 1년을 초과하지 않는 한 얼마든지 기간제 근로계약을 체결할 수 있다고 규정하고 있어 기간제 근로계약의 반복갱신에 대한 제한을 두고 있지 않았다. 이러한 의미에서 보면 '기간제 근로자'란 계약직·일용직·임시직·촉탁직등 일정한 기간을 정한 근로계약에 의하여 근

---

209) 김형배, 노동법, 1022면.

210) 기간제법 제2조 제1호.

로하고 있는 근로자를 지칭하는 것이 된다.[211] 기간제 근로 중 일반적으로 그 기간이 짧은 자를 보통 정규직에 대한 상대개념으로 '임시직'이라 부르며, 매일매일 고용계약이 이루어지는 경우를 일용직이라고 지칭한다. 그런데 이들 고용형태는 일정한 시점의 도과 또는 일정한 목적의 달성 내지 일정한 조건의 충족으로 사용자의 별도 해지통고가 없더라도 근로관계가 종료된다는 점에서 차이가 없다.

이러한 기간제 근로형태는 기간제 근로의 보호법제정 전에는 그 종료에 있어서 특별한 노동법적 규제가 없으므로 사용자가 경기변동에 따라 고용량을 적절하게 조절할 수 있다는 점에서 노동시장의 유연화라는 목표를 실현하는데 유리한 점을 부인할 수 없으나, 고용의 안정과 적정 근로조건의 보호라는 관점에서는 문제가 있었다. 이에 따라 2006년 기간제법을 제정하여 여러 가지 제한을 두고 있다.

나. 기간제 근로자의 사용기간 제한과 무기계약 전환

(1) 사용기간 제한

사용자는 2년을 초과하지 아니하는 범위 안에서(기간제 근로계약의 반복갱신 등의 경우에는 그 계속근로한 총기간이 2년을 초과하지 아니하는 범위 안에서) 기간제 근로자를 사용할 수 있으나, 사용자가 2년을 초과하여 기간제 근로자로 사용하는 경우에는 그 기간제 근로자는 기간의 정함이 없는 근로계약을 체결한 근로자로 본다.[212]

즉 기간제법은 기간제 근로자의 사용기간을 2년으로 제한하고 사용자가 2년을 초과하여 기간제 근로자를 사용하는 경우에는 기간의 정함이 없는 근로계약(이른바 무기계약)을 체결한 근로자로 전환된다. 따라서 2년을 초과하여 사용한 기간제 근로자를 근로계약기간의 만료를 이유로 고용관계를 종료하게 되면 이는 '부당해고'에 해당될 수 있다.

(2) 사용기간 제한의 예외

상기에서와 같이 2년을 초과한 기간제 근로자를 사용자가 근로관계를 종료하고자 하는 경우 이는 해고에 해당하며, 따라서 근로기준법 제23조의 '정당한 이유'가 있어야 그 정당성을 인정받을 수 있게 된다.

---

211) 기간제법 제2조 제1호 참조.

212) 기간제법 제4조.

다만, 기간제법은 아래에서와 같이 일정 사유에 해당하는 근로자에 대하여는 2년을 초과하여 근로관계가 유지되더라도 기간의 정함이 없는 근로계약으로 전환되지 않는다는 예외를 두고 있다. 결과적으로 기간제 근로자라 하더라도 아래 사항에 해당하는 경우 예외적으로 2년을 초과하여 기간제 근로자를 사용할 수 있다.

기간제 근로의 사용기간 제한의 예외[213)]

① 사업의 완료 또는 특정한 업무의 완성에 필요한 기간을 정한 경우(건설공사 등 유기사업, 특정 프로그램 개발 또는 프로젝트 완수를 위해 고용하는 경우 등)

② 휴직·파견 등으로 결원이 발생하여 당해 근로자가 복귀할 때까지 그 업무를 대신할 필요가 있는 경우(출산·질병·군 입대 등으로 인한 휴직, 장기파견 근로자 대체 등)

③ 근로자가 학업, 직업훈련 등을 이수함에 따라 그 이수에 필요한 기간을 정한 경우(근로자가 생산성 향상 등을 위해 학업, 직업훈련을 수강하는 경우 그 기간 중에는 근로계약기간에 제한을 두지 않음)

④ 「고령자고용촉진법」 제2조 제1호의 규정에 의한 고령자(만 55세 이상인 자)와 근로계약을 체결하는 경우(연령 때문에 재취업이 어려운 조기퇴직자의 고용촉진을 위해 예외 허용)

⑤ 전문적 지식·기술의 활용이 필요한 경우와 정부의 복지정책·실업대책 등에 의하여 일자리를 제공하는 경우로서 대통령령이 정하는 경우[214)](의사·변호사 등 전문성과 직업능력이 높은 전문직종은 기간제한을 통해 보호할 필요성과 당위성이 상대적으로 낮음)

⑥ 그 밖에 위에 준하는 합리적인 사유가 있는 경우로서 대통령령이 정하는 경우(고용환경 변화에 따라 시행령에서 탄력적으로 규정할 수 있도록 하되, 위 각호에 준하는 정도의 합리적인 이유가 있는 경우에만 가능)

213) 기간제법 제4조 및 동법 시행령 제3조.

214) 취로사업·자활사업·공공근로사업 등 정부시책사업은 참여자들의 생활안정, 취업기회 제공 등이 주된 목적으로서 일반적인 근로관계와 차이가 있으며, 예산을 통해 시행되므로 사업의 성격상 사업기간에 맞추어 기간제로 사용할 필요가 있다.

3. 단시간 근로자

가. 단시간 근로자의 개념

기간제법 제2조 제2호는 "'단시간 근로자'라 함은 근로기준법 제2조 제1항 제8호의 규정에 의한 단시간 근로자를 말한다."라고 규정하고 근로기준법 제2조 제1항 제8호는 단시간 근로자를 "1주간의 소정근로시간이 당해 사업장의 동종업무에 종사하는 통상근로자의 1주간의 소정근로시간에 비하여 짧은 근로자"로 정의하고 있다. 이 정의에 의하면 단시간근로자는 통상근로자에 대비되는 개념으로서 주 소정근로시간에서만 차이를 가지고 있다 할 수 있다. 즉, 통상근로자와 단시간근로자를 구별하는 근로시간의 길이는 주 소정의 근로시간을 기준으로 하며, 이 때 근로기준법은 통상근로자의 근로시간에 비하여 짧다고만 규정하고 있으므로 실제 근로일의 범위 또는 1일의 근로시간의 길이와 관계없이 1주의 근로시간에서 1시간이 짧더라도 단시간 근로자에 해당한다.

아울러 단시간 근로자에 대하여 기간제법은 아래와 같이 초과근로를 제한하고 있으나, 초단시간근로자의 경우 즉 4주 동안(4주 미만으로 근무하는 경우에는 그 기간)을 평균하여 1주 동안의 소정근로시간이 15시간 미만인 근로자에 대하여는 연차유급휴가, 주휴일, 퇴직금제도, 기간제 근로자 사용기간 제한 등 규정이 적용되지 않는다.[215]

나. 단시간 근로자의 초과근로 제한[216]

사용자는 단시간 근로자에 대하여 근로기준법 제2조의 소정근로시간을 초과하여 근로하게 하는 경우에는 당해 근로자의 동의를 얻어야 한다. 이 경우 1주간에 12시간을 초과하여 근로하게 할 수 없다. 단시간 근로자는 사용자가 제1항의 규정에 따른 동의를 얻지 아니하고 초과근로를 하게 하는 경우에는 이를 거부할 수 있다.

한편 사용자는 소정 근로시간을 초과하는 근로에 대하여 통상임금의 100분의 50 이상을 가산하여 지급하여야 한다. 따라서 과거 법내 연장근로에 대하여 할증임금을 지급하지 않아도 된다는 고용노동부 해석[217]은 그 효력을 잃게 되었다.

---

215) 근로기준법 시행령 제9조 등 참조.

216) 기간제법 제6조.

217) 고용노동부 행정해석(근기 01254-3951, 1989.03.14.).

다. 기간제 및 단시간 근로자의 근로계약[218]

사용자는 기간제 근로자 또는 단시간 근로자와 근로계약을 체결하는 때에는 아래의 모든 사항을 서면으로 명시하여야 한다. 다만, 제6호는 단시간 근로자에 한한다.[219]

1. 근로계약기간에 관한 사항
2. 근로시간·휴게에 관한 사항
3. 임금의 구성항목·계산방법 및 지불방법에 관한 사항
4. 휴일·휴가에 관한 사항
5. 취업의 장소와 종사하여야 할 업무에 관한 사항
6. 근로일 및 근로일별 근로시간

4. 파견근로관계

가. 파견근로관계의 개념

최근 산업사회의 발전과 더불어 고용형태의 다양화가 진행됨으로써 기업의 필요에 의하여 타인의 노무를 제공받지만 노무제공자와 근로계약을 직접 체결하지 않고 타인에게 고용된 근로자를 이용하는 간접고용의 형태가 증가하게 되었다. 이러한 간접고용 형태는 "근로계약관계와 지휘·명령관계의 분리"를 그 핵심적인 특징으로 한다. 노무제공자인 근로자와 노무수령자인 사용자 사이에 근로계약의 당사자인 제3자를 개입시키는 고용형태인 '간접고용'은 근로계약 당사자로서의 사용자책임과 실질적 지휘·명령을 통해 노무를 수령하는 자의 사용자책임이 분리 또는 병존하게 되어 복수 사용자간의 노동법상 책임귀속 문제가 중요한 논점으로 제기되고 있다.

간접고용은 그 실제 사용되는 용어에 따라 여러 가지 유형으로 분류할 수 있는

218) 기간제법 제17조.

219) 이를 위반하여 근로조건을 서면으로 명시하지 아니한 경우 500만원 이하의 과태료에 처한다(기간제법 제24조 제2항 제2호). 다만, 일반 근로자의 근로조건 서면명시 의무 위반의 경우 500만원 이하의 벌금에 처하는 것과 구별된다(근로기준법 제114조 제1호).

데, 그 유형을 구체적으로 살펴보면 근로자공급, 근로자파견, 용역, 도급, 위임, 사내하청, 소사장, 격지근무, 전출(전출), 점원파견 등과 같이 다양한 형태로 활용되고 있는 것으로 파악된다.[220)]

「파견근로자보호등에관한법률(이하 '파견법')」에서 근로자파견이라 함은 파견사업주가 근로자를 고용한 후 그 고용관계를 유지하면서 파견사업주와 사용사업주 사이의 근로자파견계약에 따라 사용사업주의 지휘명령을 받아 사용사업주를 위한 근로에 종사하게 하는 것을 말한다.[221)] 즉 근로자파견관계라 함은 파견사업주가 파견근로자를 사용사업주에게 파견하여 노무를 제공하게 하는 특수한 노무공급관계라고 할 수 있다.

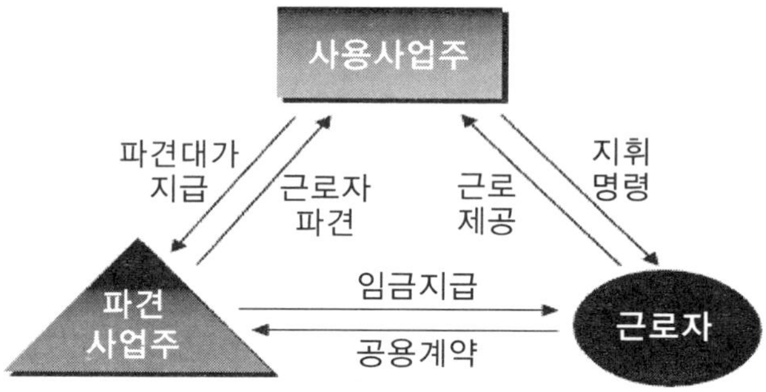

파견사업주는 스스로 사용사업주에 대하여 노무를 제공할 의무를 부담하지 않기 때문에 파견근로자는 파견사업주의 이행보조자가 아니다. 따라서 파견근로자의 단순한 불완전 이행에 대하여 파견사업주는 책임을 지지 않는다. 한편 사용사업주에게 파견된 파견근로자는 사용사업주의 지시권에 복종해야 하며, 사용사업주의 지시에 따라 노무를 제공해야 한다.

나. 근로자파견 대상 업무[222)]

근로자파견사업은 제조업의 직접생산공정업무를 제외하고 전문지식·기술·경험 또는 업무의 성질 등을 고려하여 적합하다고 판단되는 업무로서 대통령령이 정하

220) 이에 대한 상세한 설명은 문무기·이승렬·강승태, 「간접고용(파견·도급·용역근로)에 대한 합리적 규율방안 연구(노동부연구용역보고서)」, 한국노동연구원(2004. 11), 139~150면 참고.
221) 파견법 제2조 제2항.
222) 이를 위반하여 근로자파견사업을 행한 자는 3년 이하의 징역 또는 3천만원 이하의 벌금.

는 업무를 대상으로 한다.[223)]

다만, 파견사업 대상 업무가 아니라 하더라도 출산·질병·부상 등으로 결원이 생긴 경우 또는 일시적·간헐적으로 인력을 확보하여야 할 필요가 있는 경우에는 근로자파견사업을 행할 수 있다. 그러나 아래의 업무에 대하여는 어떠한 이유로도 근로자파견사업을 행하여서는 아니 된다.

1. 건설공사현장에서 이루어지는 업무
2. 「항만운송사업법」 제3조 제1호, 「한국철도공사법」 제9조 제1항제 1호, 「농수산물유통 및 가격안정에 관한 법률」 제40조, 「물류정책기본법」 제2조 제1항 제1호의 하역업무로서 「직업안정법」 제33조의 규정에 따라 근로자공급사업 허가를 받은 지역의 업무
3. 「선원법」 제2조 제1호에 따른 선원의 업무
4. 「산업안전보건법」 제28조의 규정에 따른 유해하거나 위험한 업무
5. 그 밖에 근로자 보호 등의 이유로 근로자파견사업의 대상으로는 적절하지 못하다고 인정하여 대통령령이 정하는 업무

다. 파견기간[224)]

근로자파견의 기간은 출산 등 일시적인 경우를 제외하고는 1년을 초과하지 못한다. 다만, 파견사업주·사용사업주·파견근로자간의 합의가 있는 경우에는 파견기간을 연장할 수 있다. 이 경우 1회를 연장할 때에는 그 연장기간은 1년을 초과하지 못하며, 연장된 기간을 포함한 총파견기간은 2년을 초과하지 못한다. 다만, 고령자고용법 제2조 제1호의 규정에 따른 고령자인 경우에는 2년을 초과하여 근로자파견기간을 연장할 수 있다.

또한 출산·질병·부상 등 그 사유가 객관적으로 명백한 경우에는 그 사유의 해소에 필요한 기간을 파견기간으로 할 수 있으며, 일시적·간헐적으로 인력을 확보할 필요가 있는 경우에는 3월 이내의 기간으로 파견기간이 제한되지만, 그 사유가 해소되지 아니하고 파견사업주·사용사업주·파견근로자간의 합의가 있는 경우에는 1

223) 파견법 제5조 및 동법 시행령 제2조.
224) 파견법 제6조.

회에 한하여 3월의 범위 안에서 그 기간을 연장할 수 있다.

라. 사용사업주의 직접고용의무

(1) 직접고용의무[225)]

사용사업주는 근로자파견대상업무에 해당하지 아니하는 업무에서 파견근로자를 사용하는 경우, 파견절대금지 업무의 규정을 위반하여 파견근로자를 사용하는 경우, 출산 등 일시적 파견허용기간을 위반하여 파견근로자를 사용하는 경우, 무허가 파견사업자로부터 근로자파견의 역무를 제공받은 경우에는 즉시 파견근로자를 직접고용하여야 하며, 적법한 파견의 경우에도 2년을 초과하여 계속적으로 파견근로자를 사용하는 경우에는 파견근로자를 직접고용하여야 한다. 다만, 당해 파견근로자가 명시적인 반대의사를 표시하거나 「임금채권보장법」 제7조 제1항 각 호의 어느 하나에 해당하는 경우 및 천재·사변 그 밖의 부득이한 사유로 사업의 계속이 불가능한 경우에는 직접고용의무 규정을 적용하지 아니한다.[226)]

(2) 직접고용의무 불이행시 제재

직접고용의무가 발생하였으나 이를 이행하지 아니하는 경우 3천만원 이하의 과태료 처분을 받을 수 있다.[227)]

(3) 직접고용 시 근로조건의 기준

사용사업주가 파견근로자를 직접 고용하는 경우에 있어서 파견근로자의 근로조건은 사용사업주의 근로자 중 당해 파견근로자와 동종 또는 유사업무를 수행하는 근로자가 있는 경우에는 그 근로자에게 적용되는 취업규칙 등에서 정하는 근로조건에 의하여야 한다. 다만, 사용사업주의 근로자 중 당해 파견근로자와 동종 또는 유사업무를 수행하는 근로자가 없는 경우에는 당해 파견근로자의 기존의 근로조건의 수준보다 저하되어서는 아니 된다.

이는 사용사업주의 직접고용의무 이행 시 준수해야할 근로 조건을 규정하여, 사용자가 부당하게 낮은 근로조건으로 직접 고용하는 것을 방지하고 당사자간 법적

---

225) 근로자파견법 제6조의2.
226) 파견법 시행령 제2조의2.
227) 파견법 제46조 제2항 : 과태료의 구체적인 부과기준은 동법 시행령에서 정하고 있다.

관계를 명확히 하고자 함이다.

마. 파견근로자 우선 고용 노력

사용사업주는 파견근로자를 사용하고 있는 업무에 근로자를 직접 고용하고자 하는 경우에는 당해 파견근로자를 우선적으로 고용하도록 노력하여야 한다. 기간제·단시간 근로자의 정규직 고용노력의무[228]에 준하여 파견근로자의 사용사업주 직접고용 노력의무를 규정한 것이다.[229]

5. 비정규직 차별금지 및 차별시정제도

가. 개 요

기간제법과 파견법은 임금, 상여금 그 밖에 근로조건 및 복리후생 등에 관한 사항에 있어서 같거나 유사한 업무를 수행하는 비정규직을 합리적 이유 없이 불리하게 처우할 수 없도록 하고 있으며, 나아가 기간제·단시간 근로자 및 파견근로자가 차별적 처우를 받은 경우 노동위원회에 그 시정을 신청할 수 있는 제도를 마련하고 있다.

나. 차별적 처우의 금지

사용자는 기간제 근로자임을 이유로 당해 사업 또는 사업장에서 동종 또는 유사한 업무에 종사하는 기간의 정함이 없는 근로계약을 체결한 근로자에 비하여 차별적 처우를 하여서는 아니 된다.[230]

사용자는 단시간 근로자임을 이유로 당해 사업 또는 사업장의 동종 또는 유사한 업무에 종사하는 통상근로자에 비하여 차별적 처우를 하여서는 아니 된다.[231]

파견사업주와 사용사업주는 파견근로자임을 이유로 사용사업주의 사업 내의 동종 또는 유사한 업무를 수행하는 근로자에 비하여 파견근로자에게 차별적 처우를 하여서는 아니 된다.[232]

---

228) 기간제법 제5조, 제7조.
229) 파견법 제6조의2 제4항.
230) 기간제법 제8조 제1항.
231) 기간제법 제8조 제2항.
232) 파견법 제21조 제1항.

다. 차별시정 신청

비정규직 근로자가 이른바 정규직 근로자와 합리적 이유 없이 임금 등 근로조건에 대하여 차별을 받은 경우 차별적 처우가 있은 날(계속되는 차별적 처우는 그 종료일)부터 6개월[233] 이내에 차별적 처우가 발생한 사업장의 소재지 관할 지방노동위원회에 그 시정을 신청할 수 있다.

차별시정을 원하는 근로자는 사업장 관할 지방노동위원회(또는 지방고용노동관서)에 신청인의 성명·주소, 피신청인의 성명·주소, 신청일 등을 신청서에 기입하고 차별적 처우의 내용을 구체적으로 명시하여 신청하여야 한다.

한편 고용노동부장관은 파견사업주와 사용사업주 또는 기간제·단시간 근로자의 사용자가 차별적 처우를 한 경우에는 그 시정을 요구할 수 있으며, 파견사업주와 사용사업주 또는 기간제·단시간 근로자의 사용자가 고용노동부장관의 시정요구에 응하지 아니할 경우에는 차별적 처우의 내용을 구체적으로 명시하여 노동위원회에 통보할 수 있다. 노동위원회는 고용노동부장관의 통보가 있는 경우 상기 절차에 따라 심리 및 그 밖의 시정절차를 진행하여야 한다.

차별시정 신청인		차별시정 피신청인
기간제·단시간 근로자	⟷	사업주(근로계약체결당사자)
파견근로자	⟷	사용사업주 또는 파견사업주

라. 차별시정 결정 방법 등

노동위원회는 조사·심문을 종료하고 차별적 처우에 해당된다고 판정한 때에는 사용자에게 시정명령을 발하여야 하고, 차별적 처우에 해당하지 아니한다고 판정한 때에는 그 시정신청을 기각하는 결정을 하여야 한다.

노동위원회의 조정·중재 또는 시정명령의 내용에는 차별적 행위의 중지, 임금 등 근로조건의 개선(취업규칙, 단체협약 등의 제도개선 명령을 포함한다) 또는 적절한 배상 등이 포함될 수 있다. 배상액은 차별적 처우로 인하여 기간제·단시간 근로자 및 파견근로자에게 발생한 손해액을 기준으로 정한다. 다만, 노동위원회는 사용자의 차별적

---

233) 6월의 기간은 제척기간으로 동 기간 도과 시 권리구제 신청권은 소멸한다.

처우에 명백한 고의가 인정되거나 차별적 처우가 반복되는 경우에는 손해액을 기준으로 3배를 넘지 아니하는 범위에서 배상을 명령할 수 있다.

지방노동위원회의 시정명령 또는 기각결정에 대하여 불복이 있는 관계당사자는 시정명령서 또는 기각결정서의 송달을 받은 날부터 10일 이내에 중앙노동위원회에 재심을 신청할 수 있다.

중앙노동위원회의 재심결정에 대하여 불복이 있는 관계당사자는 재심결정서의 송달을 받은 날부터 15일 이내에 행정소송을 제기할 수 있다.

상기 규정된 기간 이내에 재심을 신청하지 아니하거나 행정소송을 제기하지 아니한 때에는 그 시정명령·기각결정 또는 재심결정은 확정된다.[234] 한편 비정규직법은 확정된 시정명령을 정당한 이유 없이 이행하지 아니한 자에 대하여 1억원 이하의 과태료에 처하도록 정하고 있다.[235]

마. 노동위원회를 통한 차별시정 절차 : 〈표 1〉 참조

Ⅵ. 재해보상

1. 의 의

재해보상제도는 근로자가 업무상 부상하거나 질병에 걸리거나 사망한 경우에 그 해당 근로자 또는 유족을 보호하기 위한 제도이다. 안전과 보건에 관한 보호제도가 근로자보호를 위한 사전적·예방적인 일반조치에 관한 것이라면 재해보상제도는 사후적·구제적인 조치에 관한 제도이다.

재해보상제도의 형태는 일반근로자, 선원, 공무원, 군인 및 사립학교교직원 등과 관련하여 각각의 보상제도를 달리 정하고 있다. 일반근로자의 재해보상에 대해서는 「근로기준법」 및 「산업재해보상보험법(이하 '산재보험법')」이, 선원의 재해보상에

---

234) 확정된 시정명령을 정당한 이유 없이 이행하지 아니한 자는 1억원 이하의 과태료에 처한다(기간제법 제14조 등).

235) 기간제법 제21조 제1항 등.

관하여서는 「선원법」 및 「어선원 및 어선 재해보상보험법」이, 공무원·군인에 관하여는 「공무원연금법」·「군인연금법」이, 사립학교교직원에 대하여는 「사립학교교원연금법」이 각각 적용된다.[236)]

일반근로자에게 재해가 발생했을 경우 재해를 입은 근로자는 현행법상 산재보험법, 근로기준법 및 민법에 의한 청구가 가능하지만, 근로기준법의 적용을 받는 대부분의 사업장에 산재보험법이 적용되고 있기 때문에 산재보험법에 의한 재해보상이 일반적이라고 할 수 있으므로 이하에서 산재보험법을 중심으로 살펴보고자 한다.

산재보험법에 의한 재해보상제도는 개별 사용자의 무과실책임과 다수사용자의 공동책임의 분담 및 국고의 참여라고 하는 사회보험을 근간으로 하고 있다는 점에서 보상자체가 법률상 정형화되고 있음은 이 제도의 사회적 성격을 나타내는 것이다. 따라서 산재보험료는 전액 사업주가 부담하고 있으며, 이에 대한 근로자의 부담은 전혀 없다.

2. 재해보상의 요건

근로자가 재해보상을 청구할 수 있기 위해서는 그 재해가 업무상 재해이어야 하며, 사용자의 귀책사유는 책임요건이 아니다.

산재보험법에서는 "'업무상 재해'라 함은 업무상의 사유에 의한 근로자의 부상·질병·신체장해 또는 사망을 말한다."고 규정하고 있다.

업무상 사유라는 개념은 대체로 업무수행성과 업무기인성의 두개의 요소로 나누어 볼 수 있다. 업무수행성이란 당해 근로자가 사용자의 지휘·명령하에서 업무를 행하는 것을 말하며, 업무기인성이란 업무상의 행동, 작업조건 또는 작업환경과 재해 사이의 상당 인과관계가 인정되는 것을 말한다. 업무상의 재해의 여부를 판단하는 기준에 관하여는 산재보험법[237)] 및 동법 시행규칙에서 구체적으로 정하고 있다.

한편 출퇴근 재해와 관련하여 산재보험법(제37조 제1항 제1호 다목)은 근로자가 사업주 지배관리 아래 출퇴근하던 중 발생한 사고로 부상 등이 발생한 경우만 업무상 재해로 인정하고 있었다. 이에 대하여 헌법재판소는 헌법불합치결정을 한바 있으

236) 다만, 공무원이라도 공무원연금법을 적용받지 못하는 경우 등과 같이 개별법의 보호를 받지 못하는 경우 산재보험법 내지 근로기준법을 적용받는다.

237) 산재보험법 제37조 업무상 재해의 인정 기준 참고.

며,[238] 이에 따라 산재보험법이 개정되어 현재에는 '통상의 출퇴근' 재해에 대하여 산재보험법상 업무상 재해로 인정되게 이르렀다.[239]

3. 산재보험법 적용범위

산재보험법은 근로자를 사용하는 모든 사업 또는 사업장에 당연 적용된다. 다만, 상기에서와 같이 다른 법령에 의하여 재해보상이 이루어지는 사업(공무원, 군인, 사립학교교직원, 선원 등), 총공사금액 2천만원 미만인 공사, 연면적이 100제곱미터 이하인 건축물의 건축 또는 연면적이 200제곱미터 이하인 건축물의 대수선에 관한 공사 등은 적용이 되지 아니한다.[240]

그러나 최근 개정법은 특례를 인정하여 특수형태근로종사자[241](당연적용, 적용제외 신청 가능, 보험료 1/2 부담), 중·소기업사업주[242](임의가입, 보험료 본인 전액 부담), 해외파견자(보험가입 신청 → 근로복지공단 승인), 현장실습생, 「국민기초생활 보장법」에 따른 자활급여 수급자(당연적용) 등 그 적용범위를 확대하고 있다.

한편 산재보험 당연적용 사업장의 경우 산재보험에 가입되어 있지 않더라도 재해근로자(미가입 재해)는 근로복지공단으로부터 보험급여를 지급받을 수 있다.[243]

4. 산재보험법상 보험급여 주요 내용

가. 요양급여

산재보험법상의 요양급여는 근로자가 업무상 부상 또는 질병으로 인한 요양기간

---

238) 도보나 자기 소유 교통수단 또는 대중교통수단 등을 이용하여 출퇴근하는 산재보험 가입 근로자는 사업주가 제공하거나 그에 준하는 교통수단을 이용하여 출퇴근하는 산재보험 가입 근로자와 같은 근로자인데도 사업주의 지배관리 아래 있다고 볼 수 없는 통상적 경로와 방법으로 출퇴근하던 중에 발생한 재해(통상의 출퇴근 재해)를 업무상 재해로 인정받지 못한다는 점에서 차별취급이 존재한다(헌법재판소 2016. 9. 29. 선고 헌재2014헌바254).

239) 산재보험법 제37조.

240) 산재보험법 제6조 및 동법 시행령 제2조.

241) 보험모집인, 골프장캐디, 학습지 교사, 골프장 캐디, 레미콘지입차주, 전속 택배(퀵서비스)기사, 신용카드모집인, 대출모집인, 전속 대리운전기사 등.

242) 50인 미만 근로자를 사용하는 사업주, 근로자를 사용하지 아니한 여객자동운송사업주, 화물자동차운송사업주, 건설기계사업주, 퀵서비스업자(비전속), 예술인, 이외 대리운전기사(비전속)은 2016. 7. 1.부터 적용.

243) 근로복지공단은 미가입 재해라 하더라도 재해근로자에게 보험급여를 지급하고, 사업주에 대하여 지급보험금의 1/2에 대하여 구상권을 행사함으로써 재해근로자를 두텁게 보호하고 있다.

중에 근로복지공단이 설치한 보험시설 또는 공단이 지정한 의료기관에서 요양을 하게 하거나, 요양에 소요되는 비용을 근로자에게 지급하는 급여를 말한다. 다만, 부상 또는 질병이 3일 이내의 요양으로 치유될 수 있으면 요양급여를 지급하지 아니한다.[244]

요양급여의 범위는 ① 진찰 및 검사, ② 약제 또는 진료재료와 의지(義肢) 그 밖의 보조기의 지급, ③ 처치, 수술, 그 밖의 치료, ④ 재활치료, ⑤ 입원, ⑥ 간호 및 간병, ⑦ 이송, ⑧ 그 밖에 고용노동부령으로 정하는 사항 등이다.

나. 휴업급여

산재보험법상 휴업급여는 업무상 사유로 부상을 당하거나 질병에 걸린 근로자에게 요양으로 취업하지 못한 기간에 대하여 평균임금의 100분의 70에 상당하는 금액을 지급하는 것을 말한다. 다만 요양기간이 3일 이내인 경우에는 지급하지 아니한다.[245] 나아가 산재보험법은 부분휴업급여제도(동법 제53조), 고령자휴업급여제도(동법 제55조), 재요양기간 중의 휴업급여(동법 제56조) 등을 제도화하여 휴업급여를 효율적으로 운영하고 있다.

다. 장해급여(산재보험법 제57조~제60조)

산재보험법상 장해급여는 근로자가 업무상의 사유로 부상을 당하거나 질병에 걸려 치유된 후 신체 등에 장해가 있는 경우에 그 근로자에게 지급하는 급여를 말한다. 장해등급은 산재보험법 시행령에서 1급에서 14급으로 정하고 있으며, 장해급여는 장해보상연금 또는 장해보상일시금으로 지급받을 수 있다. 다만, 장해등급 1-3급은 장해보상연금을 원칙으로 하고 있으며, 장해등급 4-7급은 재해자가 장해 연금 또는 일시금을 선택할 수 있고, 장해등급 8-14급은 장해보상일시금이 원칙이다.

라. 유족급여

근로자가 업무상의 사유로 사망한 경우에 그 유족에게 유족급여를 지급한다.[246] 유족급여는 '유족보상연금이나 유족보상일시금'으로 하되, 유족보상일시금은 근로

244) 산재보험법 제40조.
245) 산재보험법 제52조.
246) 산재보험법 제62조

자가 사망할 당시 유족보상연금을 받을 수 있는 자격이 있는 자가 없는 경우에 지급한다. 유족급여는 이처럼 연금지급을 원칙으로 하지만, 수급권자가 원하면 유족보상일시금의 50%에 상당하는 금액을 일시금으로 지급하고 유족보상연금은 50%를 감액하여 지급한다. 아울러 연금수급자격자가 없거나 외국에 거주하는 등 연금지급이 곤란한 경우에 예외적으로 전체를 일시금으로 지급할 수 있으며 유족급여일시금은 평균임금 1,300일분을 기준으로 하고 있다.

마. 장 의 비

근로자가 업무상의 사유로 사망한 경우에 장의비를 지급하되, 장의비는 평균임금의 120일분에 상당하는 금액을 그 장제(葬祭)를 지낸 유족에게 지급한다. 다만, 장제를 지낼 유족이 없거나 그 밖에 부득이한 사유로 유족이 아닌 자가 장제를 지낸 경우에는 평균임금의 120일분에 상당하는 금액의 범위에서 실제 드는 비용을 그 장제를 지낸 자에게 지급한다.[247] 한편 장의비가 고용노동부장관이 고시하는 최고 금액을 초과하거나 최저 금액에 미달하면 그 최고 금액 또는 최저 금액을 각각 장의비로 지급한다.

5. 산재보험법상 보험급여 지급 절차

업무상 재해발생시 산재보험금을 지급받기 위해서는 재해근로자 또는 유족은 재해발생지 관할 근로복지공단에 산재보험금을 청구하여야 한다. 관할 근로복지공단의 처분에 이의가 있는 자는 보험급여 등의 결정이 있음을 안 날로부터 90일 이내에 산재보험심사위원회에 심사청구를 할 수 있으며, 심사결정에 대하여 불복하는 자는 결정을 안 날로부터 90일 이내에 산재보험재심사위원회에 재심사를 청구할 수 있다. 다만, 질병판정위원회의 심의를 거친 보험급여결정에 불복하는 자는 산재보상심사위원회에 심사청구를 거치지 아니하고 바로 재심사청구를 할 수 있다.

산재보험재심사위원회의 결정에 불복하는 자는 재심사 결정이 있음을 안 날로부터 90일 이내에 행정소송을 제기할 수 있다. 또한, 근로복지공단의 보험급여의 결정 등에 대하여 이의가 있는 자는 위와 같이 심사 및 재심사청구를 거치지 아니하

247) 산재보험법 제71조.

고 행정법원에 보험급여 등의 결정이 있음을 안 날로부터 90일 이내에 행정소송을 제기할 수 있다.[248)]

Ⅶ. 근로관계의 종료

1. 서 설

근로관계의 종료사유에는 ① 기간을 정함이 있는 근로관계에 있어서 기간의 만료,[249)] ② 합의 해지, ③ 근로자에 의한 자진 사직, ④ 사용자에 의한 해고, ⑤ 정년퇴직,[250)] ⑥ 당사자의 소멸 등이 있다. 여기서 가장 문제가 되는 해고에 대해서 살펴보기로 한다.

2. 해고의 개념

해고란 사용자가 근로자에 대하여 일방적 의사표시로 근로계약 관계를 종료시키는 것을 의미한다. 당연퇴직 또는 직권면직 등 그 명칭이나 절차에 관계없이 근로

---

248) 산재보험법 제103조, 제106조, 제111조.

249) 기간을 정하여 근로계약을 체결한 근로자의 경우 그 기간이 만료됨으로써 근로자로서의 신분관계는 당연히 종료되는 것이 원칙이다. 그러나 근로계약, 취업규칙, 단체협약 등에서 기간만료에도 불구하고 일정한 요건이 충족되면 당해 근로계약이 갱신된다는 취지의 규정을 두고 있거나, 그러한 규정이 없더라도 당해 근로관계를 둘러싼 여러 사정을 종합하여 볼 때 근로계약 당사자 사이에 일정한 요건이 충족되면 근로계약이 갱신된다는 신뢰관계가 형성되어 있어 근로자에게 그에 따라 근로계약이 갱신될 수 있으리라는 정당한 기대권이 인정되는 경우에는 사용자가 이에 위반하여 부당하게 근로계약의 갱신을 거절하는 것은 부당해고와 마찬가지로 아무런 효력이 없고, 이 경우 기간만료 후의 근로관계는 종전의 근로계약이 갱신된 것과 동일하다고 보아야 한다(대판 2017. 10. 12. 2015두44493). 한편 기간제법 제4조에서는 2년이 초과한 기간제 근로자의 경우 기간의 정함이 없는 근로계약으로 전환되기 때문에 기간만료에 의하여 근로관계를 종료하는 경우 이는 해고에 해당할 수 있다.

250) 고용상 연령차별금지 및 고령자고용촉진에 관한 법률 제19조는 사업주는 근로자의 정년을 60세 이상으로 정하도록 규정하고 있으며, 나아가 사업주가 근로자의 정년을 60세 미만으로 정한 경우에는 정년을 60세로 정한 것으로 하고 있다. 다만, 본 규정 위반에 대한 벌칙규정이 없어 그 실효성에 의문이 제기되고 있었으나, 최근 대법원은 "사업주가 근로자의 정년을 60세 미만이 되도록 정한 근로계약이나 취업규칙, 단체협약은 위 규정에 위반되는 범위 내에서 무효이다. 그리고 여기서 말하는 '정년'은 실제의 생년월일을 기준으로 산정하여야 한다."고 판정한 바 있다(대판 2017. 3. 9. 2016다249236).

자의 의사에 반하여 사용자의 일방적 의사표시에 의하여 근로관계를 종료시키는 경우 실질적으로 해고에 해당한다.[251)]

개인주의적 자본주의질서하에서는 사용자는 그의 기업의 합리적인 경영을 위하여 근로자와의 근로계약을 자유롭게 체결하고 해지할 수 있는 것이 원칙이지만, 근로자의 입장에 볼 때 해고는 생계상의 기초를 빼앗아 본인은 물론 가족의 생활을 어렵게 하고 좌절에 빠지게 하며 이것이 징계로 행해지는 경우는 장래의 재취업에도 장애로 등장하게 되기 때문에 그 보호의 필요성이 제기된다. 따라서 근로기준법은 사용자의 해고에 대하여 여러 가지 제한을 가함으로써 근로자를 보호하고 있다.

3. 해고의 유형[252)]

통상해고

근로자가 근로계약상의 근로제공 의무를 이행할 수 없을 때

예 시
1. 부상, 질병 등 건강상태
2. 유죄 판결로 근로제공 불가능
3. 자격상실
4. 업무능력 결여, 근무성적 부진 등

징계해고

근로자의 비위행위로 근로계약상의 의무 위반

예 시
1. 업무명령 위반 및 근무태도 불량
2. 기업업무에 중대한 지장 초래
3. 회사의 명예, 신용 훼손 등

경영상 해고

사용자의 긴박한 경영상의 필요

예 시
1. 기업의 도산, 영업실적 악화
2. 경쟁력 회복 또는 증강에 대처하기 위한 작업형태·사업조직 변경
3. 생산성 향상, 신기술 도입
4. 기술혁신에 따른 산업의 구조적 변화

---

251) 근로자사망, 정년, 계약기간 만료 등은 당연퇴직의 예라 할 수 있지만 이는 해고에 해당하지는 않는다. 다만, "업무능력이 부족한 자에 대하여 대기발령 후 일정기간 동안 복직명령을 받지 못하는 경우에 직권면직할 수 있다"는 규정 등은 직권면직에 해당하며, 이는 해고에 해당될 수 있다.

252) 고용노동부, 공정인사지침, 2016, 90면.

4. 해고에 대한 제한

가. 해고의 정당한 이유

근로기준법 제23조 제1항은 사용자는 근로자에 대하여 정당한 이유 없이 해고하지 못한다고 하여 해고의 일반적 제한규정을 두고 있다. 그러나 무엇이 정당한 이유인가에 대하여는 근로기준법상 구체적으로 정한 바가 없기 때문에 근로계약 또는 취업규칙이나 단체협약에서 해고의 정당한 이유에 대하여 정하는 것이 보통이다. 다만, 취업규칙이나 단체협약에서 규정한 사유라고 해서 모두가 정당한 것은 아니기 때문에 해고의 이유에 관한 실질적 정당성에 관하여는 개별사안에 따라 법적평가가 별도로 이루어지고 있으며, 일반적인 내용은 근로자와 사용자 사이의 근로관계를 계속 유지할 수 없을 정도의 사유를 말한다.

한편 근로기준법에서는 경영상 이유에 의한 해고(이른바 정리해고)에 관한 구체적 요건을 정하고 있으며, 그 내용은 다음과 같다.

① 사용자가 경영상 이유에 의하여 근로자를 해고하려면 긴박한 경영상의 필요가 있어야 한다. 이 경우 경영 악화를 방지하기 위한 사업의 양도·인수·합병은 긴박한 경영상의 필요가 있는 것으로 본다.

② 경영상 필요성이 있는 경우에 사용자는 해고를 피하기 위한 노력을 다하여야 하며, 합리적이고 공정한 해고의 기준을 정하고 이에 따라 그 대상자를 선정하여야 한다. 이 경우 남녀의 성을 이유로 차별하여서는 아니 된다.

③ 사용자는 해고를 피하기 위한 방법과 해고의 기준 등에 관하여 그 사업 또는 사업장에 근로자의 과반수로 조직된 노동조합이 있는 경우에는 그 노동조합(근로자의 과반수로 조직된 노동조합이 없는 경우에는 근로자의 과반수를 대표하는 자를 말한다. 이하 "근로자대표"라 한다)에 해고를 하려는 날의 50일 전까지 통보하고 성실하게 협의하여야 한다.

④ 사용자가 제1항부터 제3항까지의 규정에 따른 요건을 갖추어 근로자를 해고한 경우에는 근로기준법 제23조 제1항에 따른 정당한 이유가 있는 해고를 한 것으로 본다.

한편 사용자는 제1항에 따라 근로기준법 시행령이 정하는 일정한 규모 이상의 인원을 해고하려면 이를 고용노동부장관에게 신고하여야 하며,[253] 경영상 이유에 의하여 근로자를 해고한 사용자는 근로자를 해고한 날부터 3년 이내에 해고된 근로자가 해고 당시 담당하였던 업무와 같은 업무를 할 근로자를 채용하려고 할 경우 해고된 근로자가 원하면 그 근로자를 우선적으로 고용하여야 한다.[254)]

나. 해고시기의 제한

근로기준법 제23조 제2항은 근로자가 업무상 부상 또는 질병의 요양을 위한 휴업기간과 그 후 30일간 및 출산전·산후의 휴업기간과 그 후 30일간은 원칙적으로 해고를 금지한다고 규정하고 있다. 따라서 해고가 금지되는 기간은 근로자의 업무상의 재해 또는 출산으로 인한 노동력의 상실기간인 휴업기간과 노동력 회복을 위한 그 후의 30일간이다.

그러나 이상의 기간 중이더라도 사용자가 제87조에 규정된 일시 보상을 지급하였을 경우 또는 사업계속이 불가능한 경우에는 해고할 수 있다.

다. 해고의 절차적 제한

(1) 해고의 예고

사용자는 근로자를 해고하고자하는 경우 적어도 30일 전에 예고를 하거나 또는 30일분 이상의 통상임금(해고예고수당)을 지급하여야 한다.[255)] 이와 같은 해고의 예고는 해고에 정당한 이유가 있는 것을 전제로 하는 것이기 때문에, 정당한 이유가 없으면 해고예고를 했더라도 유효한 해고가 되지는 않는다.[256)]

다만, 「천재·사변 기타 부득이한 사유로 사업계속이 불가능한 경우 또는 근로자가 고의로 사업에 막대한 지장을 초래하거나 재산상 손해를 끼친 경우로서 고용노동부령이 정하는 사유에 해당하는 경우」 예고를 하지 않을 수 있다.[257)]

또한 일용근로자로서 3월을 계속 근무하지 아니한 자, 2월 이내의 기간을 정하여

---

253) 이에 관하여 근로기준법 시행령 제10조에서 정하고 있으나, 이는 정리해고의 유효요건은 아니다.

254) 근로기준법 제25조. 개정전 법에서는 우선 재고용을 노력하도록 규정되어 있었으나, 개정법은 우선 적으로 고용할 의무를 부여하고 있다.

255) 근로기준법 제26조.

256) 다만, 이와는 반대로 해고예고의무를 위반한 해고라 하더라도 해고의 정당한 이유를 갖추고 있는 한 해고의 사법상 효력에는 영향이 없다는 것이 대법원의 입장이다(대판 1993. 9. 24. 93누4199).

257) 근로기준법 제26조 단서.

사용된 자, 계절적 업무에 6월 이내의 기간을 정하여 사용된 자, 수습사용중의 근로자(3개월 이내인 자)에 대하여는 정당한 사유가 있으면 해고예고 절차 없이 해고할 수 있다.[258)]

(2) 해고의 서면통지

사용자는 근로자를 해고하려면 해고사유와 해고시기를 서면으로 통지하여야 하며, 서면으로 통지하지 아니하는 경우 해고의 효력이 없다. 다만, 사용자가 해고예고를 할 때 해고사유와 해고시기를 명시하여 서면으로 한 경우에는 해고의 서면통지를 한 것으로 본다.[259)]

5. 부당해고 등의 구제 방법

정당한 이유 없는 해고 등 사용자의 처분행위를 다툴 때에는 근로자는 법원에 소송을 제기할 수 있다(해고무효확인의소 등). 한편 근로기준법은 사용자가 근로자에게 부당해고 등(징계 포함)을 하는 경우 근로자는 노동위원회에 구제를 신청할 수 있도록 규정하고 있다.[260)] 따라서 부당해고 등을 당한 근로자는 법원에 소를 제기하든지 아니면 노동위원회에 구제신청을 할 수 있다. 다만, 부당해고구제신청 방법 중 노동위원회에 의한 구제신청이 일반화 되어있으므로 이를 중심으로 살펴본다.

부당해고 등을 당한 근로자는 부당해고 등이 있었던 날부터 3개월 이내에 지방노동위원회에 그 구제를 신청하여야 한다. 3개월이 지나 구제를 신청하는 경우 신청요건 결여에 따라 각하처분을 받게 된다.

---

258) 근로기준법 제35조. 한편 개정 전 법에서는 '월급근로자로서 6개월이 되지 못한 자'도 해고예고의 적용 예외로 규정하고 있었으나, 이에 대하여 헌법재판소는 "월급근로자로서 6월이 되지 못한 자"는 대체로 기간의 정함이 없는 근로계약을 한 자들로서 근로관계의 계속성에 대한 기대가 크다고 할 것이므로, 이들에 대한 해고 역시 예기치 못한 돌발적 해고에 해당한다. 따라서 6개월 미만 근무한 월급근로자 또한 전직을 위한 시간적 여유를 갖거나 실직으로 인한 경제적 곤란으로부터 보호받아야 할 필요성이 있다. 그럼에도 불구하고 합리적 이유 없이 "월급근로자로서 6개월이 되지 못한 자"를 해고예고제도의 적용대상에서 제외한 이 사건 법률조항[근로기준법(2007.4.11. 법률 제8372호로 전부개정된 것) 제35조제3호]은 근무기간이 6개월 미만인 월급근로자의 근로의 권리를 침해하고, 평등원칙에도 위배된다며 위헌결정을 한바 있으며(헌재 2015. 12. 23. 2014헌바3), 대법원은 해고예고수당을 지급하여야 한다고 판정하고 있다(대판 2017. 1. 12. 2016재다224).

259) 근로기준법 제27조.

260) 근로기준법 제28조.

노동위원회는 부당해고 등이 성립한다고 판정하면 사용자에게 구제명령을 하며, 부당해고 등이 성립하지 아니한다고 판정하면 구제신청을 기각하는 결정을 한다.

다만, 노동위원회는 해고에 대한 구제명령을 할 때에 근로자가 원직복직(原職復職)을 원하지 아니하면 원직복직을 명하는 대신 근로자가 해고기간 동안 근로를 제공하였더라면 받을 수 있었던 임금 상당액 이상의 금품을 근로자에게 지급하도록 명할 수 있다.

지방노동위원회의 구제명령이나 기각결정에 불복하는 사용자나 근로자는 구제명령서나 기각결정서를 통지받은 날부터 10일 이내에 중앙노동위원회에 재심을 신청할 수 있다.

중앙노동위원회의 재심판정에 대하여 사용자나 근로자는 재심판정서를 송달받은 날부터 15일 이내에 「행정소송법」의 규정에 따라 소(訴)를 제기할 수 있다.

불복 기간 이내에 재심을 신청하지 아니하거나 행정소송을 제기하지 아니하면 그 구제명령, 기각결정 또는 재심판정은 확정된다. 노동위원회의 구제명령, 기각결정 또는 재심판정 등은 중앙노동위원회에 대한 재심 신청이나 행정소송 제기에 의하여 그 효력이 정지되지 아니한다. 노동위원회를 통한 부당해고 구제절차는 붙임 〈표 - 2〉를 참고하면 이해가 쉬울 것이다.[261]

노동위원회는 구제명령(재심 구제명령 포함)을 받은 후 이행기한까지 구제명령을 이행하지 아니한 사용자에게 2천만원씩 4회 각각의 이행강제금을 부과할 수 있도록 하여 구제명령에 대한 이행의 실효성을 담보하고 있다.

6. 고용보험(실업급여)

가. 의 의

고용보험상 실업급여란 고용보험 가입 근로자가 실직하여 재취업 활동을 하는 기간에 소정의 급여를 지급함으로써 실업으로 인한 생계불안을 극복하고 생활의 안정을 도와주며 재취업의 기회를 지원해주는 제도로서 실업급여는 크게 구직급여와 취업촉진수당 등으로 나누어져 있다. 다만, 실업급여는 실업에 대한 위로금이나 고용보험료 납부의 대가로 지급되는 것이 아니며, 실업급여는 실업이라는 보험사

261) 고용노동부, 공정인사지침, 2016, 188면.

고가 발생했을 때 취업하지 못한 기간에 대하여 적극적인 재취업활동을 한 사실을 확인(실업인정)하고 지급하는 것이다.

나. 실업급여의 종류[262)]

구 분		요 건
구직급여		• 고용보험 적용사업장에서 실직 전 18개월 중 피보험단위기간이 통산하여 180일 이상 근무하고 • 근로의 의사 및 능력이 있고(비자발적으로 이직), 적극적인 재취업활동을 하지 않는 경우 미지급)에도 불구하고 취업하지 못한 상태이며 ※ 일용근로자로 이직한 경우 아래 요건 모두 충족하여야 함. • 수급자격신청 제한사유에 해당하지 않아야 함. ※ 자발적 이직하거나, 중대한 귀책사유로 해고된 경우는 제외. • (일용) 수급자격신청일 이전 1월간의 근로일 수가 10일 미만이어야 함. • (일용) 최종 이직일 이전 기준기간 내의 피보험 단위기간 180일 중 법 제58조의 수급자격의 제한사유에 해당하는 사유로 이직한 사실이 있는 경우에는 당해 피보험 단위기간 중 90일 이상을 일용근로자로 근로하여야 함.
상병급여		• 실업신고를 한 이후 질병·부상·출산으로 취업이 불가능하여 실업의 인정을 받지 못한 경우 • 7일 이상의 질병·부상으로 취업할 수 없는 경우 증명서를 첨부하여 청구 • 출산의 경우는 출산일로부터 45일간 지급
훈련연장급여		• 실업급여 수급자로서 연령·경력 등을 고려할 때, 재취업을 위해 직업안정기관장의 직업능력개발훈련지시에 의하여 훈련을 수강하는 자
개별연장급여		• 취직이 특히 곤란하고 생활이 어려운 수급자로서 임금수준, 재산상황, 부양가족 여부 등을 고려하여 생계지원 등이 필요한 자
특별연장급여		• 실업급증 등으로 재취업이 특히 어렵다고 인정되는 경우 고용노동부 장관이 일정한 기간을 정하고 동기간 내에 실업급여의 수급이 종료된 자
취업촉진수당	조기재취업수당	• 대기기간이 경과하고 구직급여를 지급받을 수 있는 소정급여일수를 30일 이상 남기고 6개월 이상 계속 고용(자영업을 영위할 것)될 것 ※ '14.1.1. 이후 수급자격 인정 신청자부터는 지급받을 수 있는 소정급여일수를 1/2 이상 남기고 12개월 이상 고용(사업을 영위한)된 경우여야 함(자영업의 경우에는 1회 이상 자영업 준비 활동으로 실업인정을 받아야 함)
	직업능력개발수당	• 실업기간 중 직업안정기관장이 지시한 직업능력개발훈련을 받는 경우
	광역구직활동비	• 직업안정기관장의 소개로 거주지에서 50㎞ 이상 떨어진 회사에 구직활동을 하는 경우
	이주비	• 취업 또는 직업안정기관의 장이 지시한 직업능력개발훈련을 받기 위해 그 주거를 이전하는 경우

262) 고용노동부 홈페이지(www.moel.go.kr).

다. 실업급여 수급 요건 및 지급금액

(1) 구직급여

구직급여는 퇴직 다음날로부터 12개월이 경과 하면 소정급여일수가 남아있다고 하더라도 더 이상 지급받을 수 없으며, 실업급여 신청 없이 재취업하면 지급받을 수 없다. 한편 구직급여를 지급받기 위해서는 ① 이직일 이전 18개월간(기준기간) 피보험단위기간이 통산하여 180일 이상일 것, ② 근로의 의사와 능력이 있음에도 불구하고 취업(영리를 목적으로 사업을 영위하는 경우 포함)하지 못한 상태에 있을 것, ③ 재취업을 위한 노력을 적극적으로 할 것, ④ 이직사유가 비자발적인 사유일 것 (이직사유가 법 제 58조에 따른 수급자격의 제한사유에 해당하지 아니할 것) 등 요건을 충족하여야 한다.[263)]

다만, 구직급여는 실업의 의미를 충족하는 비자발적 이직자에게 수급자격을 인정하는 것이지만, 자발적 이직자의 경우에도 이직하기 전에 이직회피노력을 다하였으나, 사업주측의 사정으로 더 이상 근로하는 것이 곤란하여 이직한 경우 이직의 불가피성을 인정하여 수급자격을 부여하는 경우가 있다.[264)]

---

263) 고용보험법 제40조.

264) 고용보험법 시행규칙 제101조 제2항 〈별표 2〉 참조.

구직급여 지급액의 기본원칙은 '퇴직전 평균임금의 50%×소정급여일수'로 산정하여 지급한다. 다만, 상한액과 하한액이 설정되어 있으며, 퇴직 당시 최저임금법상의 시간급 최저임금에 따라 구직급여 상한액 및 하한액 역시 매년 달라질 수 있다는 점에 유의하여야 하며, 구직급여의 소정급여일수는 아래와 같다.[265]

> 구직급여의 소정급여일수

연령은 퇴사 당시의 만 나이입니다.

연령 및 가입기간	1년 미만	1년 이상 3년 미만	3년 이상 5년 미만	5년 이상 10년 미만	10년 이상
30세 미만	90일	90일	120일	150일	180일
30세 이상~50세 미만	90일	120일	150일	180일	210일
50세 이상 및 장애인	90일	150일	180일	210일	240일

* 장애인은 수급자격 신청일 당시 「장애인고용촉진 및 직업재활법」에 따른 장애인으로 등록되어야 함.

(2) 상병급여

한편 상병급여는 수급자격자가 질병·부상인 경우에 구직급여를 지급할 수 없거나 수급자격자가 출산으로 인해 구직활동을 할 수 없게 되는 경우 지급하는 실업급여이다. 상병급여는 실업신고를 한 이후 질병·부상 ·출산으로 취업이 불가능하여 실업인정을 받지 못하고 직업소개, 직업지도, 직업능력개발훈련 거부로 구직급여 지급이 정지된 기간이 아니어야 한다.[266]

상병급여는 구직급여에 갈음하여 지급되므로 구직급여액과 같으며 구직급여의 미지급일수 한도 내에서만 지급된다. 상병급여를 지급한 경우에는 구직급여를 지급한 것으로 간주하므로 이후의 수급자격판단 및 소정급여 일수 결정시에도 구직급여를 지급한 것으로 간주하여 피보험기간을 산정한다.

(3) 조기재취업수당[267]

조기재취업수당은 구직급여 수급자격자가 대기기간이 지난 후 재취업한 날의 전날을 기준으로 잔여소정급여일수 2분의 1 이상 남기고 재취업하거나 스스로 영리

265) 고용노동부 홈페이지(www.moel.go.kr).

266) 실업신고 이전에 질병·부상 등으로 취업이 불가능한 경우에는 상병급여지급이 아닌 수급기간 연장을 할 수 있으며, 실업신고 이전에 고혈압 등과 같은 지병이 있어 구직활동이 가능하여 수급자격을 인정받은 후 구직활동을 할 수 없게 될 경우 상병지급이 가능하다.

267) 고용보험법 제64조.

를 목적으로 하는 사업을 영위하는 경우 미지급일수의 2분의 1을 일시에 지급하는 제도이다. 따라서 조기재취업수당을 지급받기 위해서는 ① 재취업한 날의 전날을 기준으로 고용보험법 제50조에 따른 소정급여일수를 2분의 1 이상 남긴 상태이어야 하며, ② 12개월 이상 계속하여 고용된(자영업을 영위한) 경우[268]에 해당하여야 한다. 다만, ③ 재취업한 시점의 사업주가 최후 이직한 사업의 사업주에게 재고용된 경우, 최후 이직한 사업의 사업주와 관련된 사업주로서 최종 이직 당시의 사업주와 합병·분할되거나 그 사업을 넘겨받은 사업주에게 재고용된 경우 및 실업 신고일 이전 채용을 약속한 사업주에게 고용된 경우에는 제외된다.[269]

(4) 기타 실업급여 지급요건 및 지급액[270]

종 류	요 건	지급액
직업능력 개발수당	실업기간 중 직업안정기관장이 지시한 직업능력 개발훈련을 받는 경우(실업자훈련 등 중복수혜의 경우 제외)	훈련기간 중의 교통비, 식대 등-5,800원(1일)
광역구직 활동비	직업안정기관장의 소개로 거주지로부터 편도 50Km가 넘는 지역에서 재취업 활동을 하는 경우	공무원 여비규정에 따라 실비지급
이 주 비	수급자가 취업 또는 직업안정기관의 장이 지시한 훈련을 받기 위해 이사를 하는 경우 이주비 지급	공무원 여비 규정에 따라 실비지급
훈련연장급여	구직급여 수급자로서 직업안정기관장의 직업능력개발 훈련지시에 따라 훈련을 수강하는 자	구직급여액의 100% (2년 범위 내)
개별연장급여	취업이 특히 곤란하고 생활이 어려운 수급자로서 임금수준, 재산상황, 부양가족 여부 등을 고려하여 생계지원이 필요한 자	구직급여액의 70% (60일 범위 내)
특별연장급여	실업급증 등 일정한 사유가 발생한 경우 고용노동부장관이 일정한 기간을 정하고 동 기간 내에 구직급여의 수급이 종료된 자	구직급여액의 70% (60일 범위 내)

268) 사업주가 변경되더라도 기간의 단절 없이 계속 고용되어 12개월 이상 근무한 경우에는 가능하다.
269) 고용보험법 시행령 제82조.
270) 고용노동부 홈페이지(www.moel.go.kr).

라. 구직급여 등 지급절차 〈표 - 3〉 참조[271]

〈표 - 1〉 노동위원회를 통한 차별시정 절차

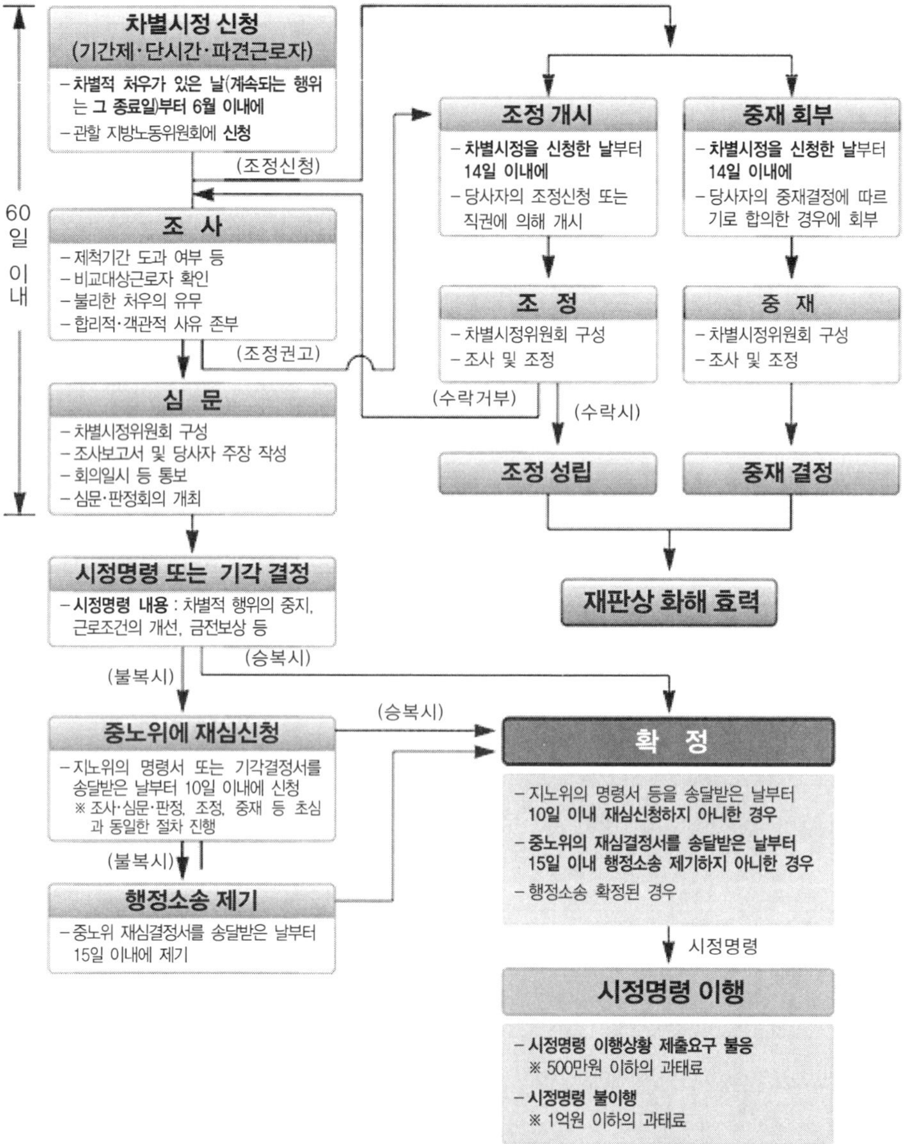

271) 고용노동부 홈페이지(www.moel.go.kr).

〈표 – 2〉 노동위원회를 통한 부당해고 구제절차

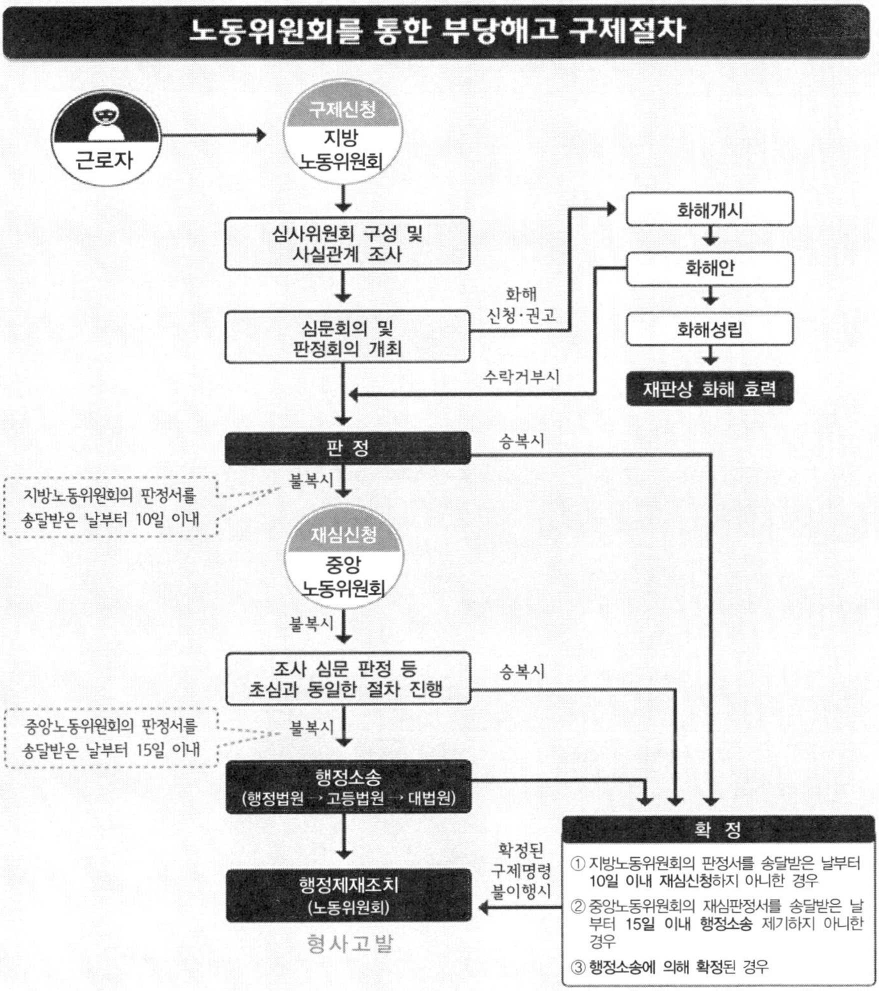

〈표 - 3〉 구직급여 등 지급절차

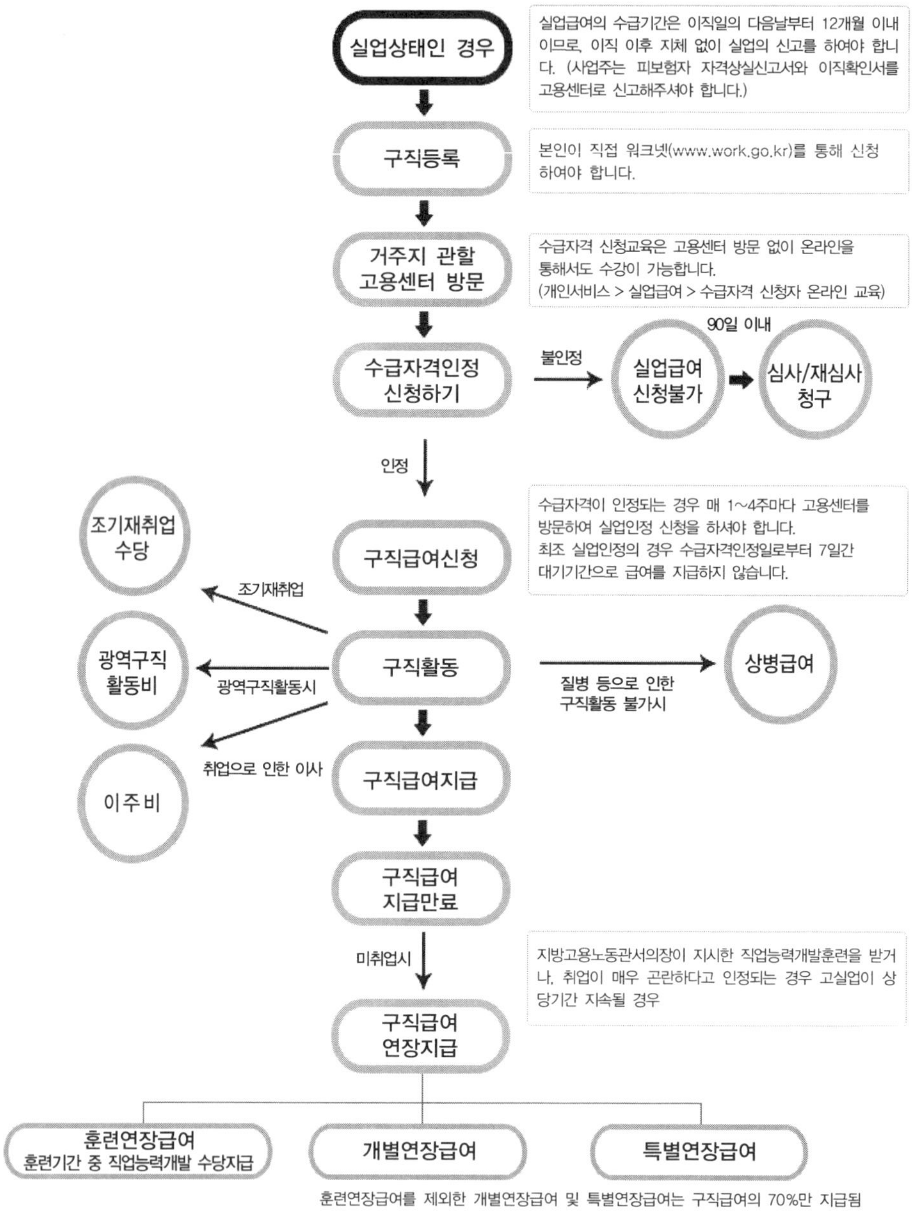

제6장 창 업

Ⅰ. 서 설

창업은 아이템, 아이디어가 중요하다. 특히 대학생들의 경우, 신선하고 기발한 창업 아이디어를 가지고도 자금 조달 등에 어려움을 겪어 창업에 실패하는 경우가 많다. 창업에 관하여, 창업 아이템이나 성공사례 위주의 분석은 많이 있으나, 창업에 필요한 법적 절차, 유의사항 등에 관한 안내 등은 많지 않은 것이 현실이다. 창업도 법을 알아야 성공한다. 이하에서는 창업 시 유의해야 할 법적인 부분에 관하여 일별한다.

Ⅱ. 창업의 개념

1. 창업의 의의

협의의 창업이란 제품 또는 서비스를 생산하거나 판매하는 사업을 시작하기 위해 새로운 기업조직을 설립하는 행위를 말한다. 광의의 창업이란 새로운 기업조직을 설립하는 것은 물론 기존의 기업이 기존사업과 달리 새로운 종류의 제품을 생산하거나 판매하는 일까지 전부 포함한다.

「중소기업창업 지원법」 시행령 제2조 제1항에서는 형식상의 창업절차만 이루어질 뿐 실질적인 창설효과가 없는 다음과 같은 경우에는 창업에 해당 되지 않는다고 규정하고 있다. 첫째, 타인으로부터 사업을 승계하여 승계 전의 사업과 같은 종류의 사업을 계속하는 경우에는 신규창설효과가 없기 때문에 창업의 범주에서 제외하고 있다. 예컨대 ① 상속이나 양도에 의해 사업체를 취득하여 같은 사업을 계속하는 경우, ② 폐업한 타인의 공장을 인수하여 동일한 사업을 계속하는 경우, ③ 기존의 공장을 임차하여 동일한 사업을 계속하는 경우 등이다. 둘째, 법인전환 또는 조직을 변경하여 동일한 사업을 계속하는 경우 형식상의 창업절차만 이루어질 뿐 실질적인 창설효과가 없기 때문에 창업의 범주에서 제외한다. ① 개인사업자가 사업상의 회사인 합명회사, 합자회사, 유한회사, 주식회사로 전환하여 동일한 사업을 계속하는 경우, ② 합명회사, 합자회사, 유한회사, 주식회사 상호 간 법인형태를 변경하여 동일한 사업을 계속 영위하는 경우, ③ 기업합병을 통하여 동일한 사업을 계속하는 경우 등이 그 예이다 셋째, 폐업 후 동일한 사업을 개시하는 경우 창업의 범주에서 제외한다. 예컨대 ① 사업의 일시적 휴폐업 후 동일한 사업을 재개하는 경우, ② 공장을 이전하기 위해 폐업 후 새로운 장소에서 재개하는 경우 등이다 다만 동일한 장소에서 폐업 후 사업을 재개하더라도 동일한 업종이 아닌 경우에는 창업으로 규정하고 있다.

따라서 창업이란 '개인 혹은 법인이 이윤 혹은 자기만족을 추구하기 위한 목적으로 적성, 특성 자신만의 개성을 담을 수 있는 전문적인 기술, 자금, 영업 및 경영능력 등을 동원하여 수익을 창출하는 기업을 새로이 설립하는 것'이라고 할 수 있다.

2. 창업의 역할

사업은 흔히 종합예술이라 한다. 매출, 영업, 직원관리, 광고, 제품개발, 매장관리 등 여러 복잡다단한 업무를 적절히 관리해나가야 하기 때문이다. 창업을 통하여 창업을 하는 개인 및 창업자가 속한 사회 및 국가에 대하여 다음과 같은 역할을 하고 있다.

첫째, 부의 창출이다. 창업을 통하여 창출해낸 부의 가치는 창업자 스스로에게 뿐만 아니라 사회적·국가적으로도 큰 이익을 가져온다. 부의 증가로 인한 사회전체의 부의 증가를 통한 부의 재분배는 사회적·국가적인 물질적 풍요로움에 기여한다.

둘째, 고용을 창출한다. 창업은 개인에게는 생계를 유지하는 수단이기도 하지만 사회적으로는 일자리 창출을 통한 국가적 경제활동인구를 증가시켜 실업률을 억제하고 사회전반적인 고용의 기회를 높이고 있다.

셋째, 천연자원을 활용할 수 있게 한다. 풍부한 천연자원을 가진 국가의 경우에도 자원을 활용하지 못하면 부의 창출이 이루어지지 않는다. 창업을 통한 자원의 효율적인 활용을 통하여 부가가치를 창출하게 된다.

넷째, 삶의 터전을 마련하는 역할을 한다. 고용창출을 통한 인구의 유입에 따라 창업공간의 인근에 생활의 공간을 마련하게 되므로 창업은 창업자뿐만 아니라 직원들에게 가장 중요한 삶의 터전을 마련해줄 수 있다.

다섯째, 과학기술을 발달시킨다. 창업은 서비스 활동뿐만 아니라 생산 활동을 통해 이루어지기도 하는데 생산 활동 중에서는 새로운 기술의 개발(R&D)이 이루어지는 과정도 필요하다. 이러한 기술개발을 통한 과학기술의 발전을 촉진하는 역할을 하게 된다.

여섯째, 환경에 대한 영향을 미친다. 생산 활동을 통한 자원의 활용, 토지의 개발, 인구의 유입 등을 통하여 자연환경 및 도시환경에 직·간접적인 영향을 미친다. 이러한 영향은 사회적인 발전이나 지역개발측면에서 긍정적인 역할을 하기도 하며 자연환경에 있어서 환경파괴나 오염 등의 부정적인 영향을 미칠 수 있다.[272]

Ⅲ. 창업의 유형

창업의 유형은 분류기준에 따라 여러 가지 형태로 분류할 수 있다. 여기서는 업종, 경영의 독립성의 유무, 혁신성, 소유자의 수, 점포의 유무, 동기 및 배경, 투자의 유형 등으로 분류하여 살펴본다.

1. 업종에 따른 분류

창업을 업종에 따라서 분류를 하면 제조업창업, 도·소매업 창업, 서비스업창업 등으로 분류할 수 있다.

가. 제조업 창업

제조업(the manufacturing industry)이란 제1차 산업에서 생산된 원료를 가공하는 제2차적 생산을 수행하는 산업[273]으로서, 광업 ·건설업과 함께 제2차 산업에 분류되어 있다. 일반적으로 제조업 창업은 다른 업종에 비하여 제품을 생산하는 분야기 때문

---

272) 한길석, 창업과 경영, 법문사, 2005, 50~51면.

273) 클라크(Clark, C.G.)는 산업 분류로 제1차 산업은 농업·임업·수산업·목축업·수렵업 등이 포함되며, 제2차 산업은 제조업·광업·건설업·전기수도 가스업, 제3차 산업은 상업·운수통신업·금융업·공무·가사·자유업으로 분류하고 있다.

에 전문지식과 경험을 갖춘 기술과 인력, 기계설비, 및 공장확보에 필요한 비용 등의 많은 초기자금이 필요하다는 특징이 있다.

나. 도소매 창업

유통업 창업이라고도 하는데 주로 제품의 판매와 관련한 도·소매점을 창업하려는 것이다. 도매업이란 제품을 소매업자 및 기타 상인 그리고 산업체와 기관사용자에게 판매하는 유통업을 말한다. 즉, 도매거래라 함은 최종소비자와의 거래를 제외한 모든 거래를 포함한다. 그리고 소매업이란 최종소비자들에게 제품이나 서비스를 판매하는 유통업을 말한다. 넓은 의미에서 소매업은 점포에서 판매하는 것뿐만 아니라 방문판매 또는 통신판매와 같은 무점포판매도 포함하며, 요식업과 개인서비스업과 같은 업소도 포함한다. 좁은 의미에서의 소매업은 제품을 소비자에게 판매하는 소매업을 말한다.[274]

다. 서비스업 창업

서비스업은 제3차 산업으로 분류되며 유통업을 비롯하여 상업·금융업·보험업·운수업·통신업·관광업·선전업·공무·가사노동 등과 기타 비물질적 생산을 담당하는 모든 업무가 포함되어 그 영역이 광범위하고 다양하다.

2. 독립사업과 프랜차이즈 가맹사업

가. 독립사업

개별 점포마다 독자적인 상호를 가지고 원자재를 구입하고, 제공하는 제품과 서비스의 종류에 있어서 독립적인 의사결정을 하는 사업이다. 음식점의 경우에도 각자의 점포마다 독자적인 상호를 갖고 있으며 원자재 구입에서 음식과 서비스 등의 내용 등 경영전반에 걸친 사항에 관하여 독자적인 의사결정을 통한 제공을 수행한다. 이러한 경우 독립사업이라고 한다.

나. 프랜차이즈 가맹사업

프랜차이즈(franchise)란 프랜차이즈 본사(franchiser)가 가맹점에게 자기의 상표, 상호,

274) 변명식, 유통과 프랜차이즈, 학문사, 2006, 52면.

서비스표, 휘장 등 사업활동을 행하는 권리와 노하우를 제공하며 상품 판매, 용역 제공 등 일정한 영업 활동을 하도록 하고, 그에 따른 각종 영업의 지원 및 통제를 하며, 본사가 가맹사업자로부터 부여받은 권리 및 영업상 지원의 대가로 로열티 등을 지급받는 계속적인 거래 관계를 말한다. 예를 들어 맥도날드나 피자헛과 같은 경우가 있다. 프랜차이즈체인사업(가맹사업)이란 일반적으로 체인점을 일컫는다.

3. 혁신창업과 모방창업

기존의 사업과 기술, 경영기법, 제품 등에 있어서 크게 다른 형태의 창업을 혁신적 창업이라 한다. 반면, 모방창업이란 기존의 사업체와 크게 다르지 않은 형태의 창업으로 소매업, 서비스사업, 음식점과 같이 기술이나 경영전략 등을 차용하는 형태를 말한다.

4. 개인창업과 공동창업

한사람이 창업을 주도하여 제품의 개발 및 생산, 자금의 조달, 경영 등 모든 것을 결정하는 것을 개인창업이라 한다. 개인창업이 가질 수 있는 장점으로는 책임과 권한이 분명하며 사업에 관한 판단을 쉽게 할 수 있으나 자본과 경영노하우를 개인에게 의존해야 하는 단점이 존재한다.

2인 이상의 창업자가 공동으로 창업을 하는 경우 공동창업이라고 하며 일반적으로 둘의 관계는 동업관계에 있다고 볼 수 있다. 공동창업의 경우 업무의 분담과 전문성을 가지고 의사결정의 합리성을 장점으로 가지지만 동업자간의 의사결정의 합치가 이루어지지 않을 경우 의사결정이 늦어지거나 책임과 권한의 구분이 모호해지는 단점이 있다.

5. 무점포창업과 점포형 창업

무점포창업이란 점포 또는 공장이 별도로 없거나 거주지의 공간을 이용하여 격식을 갖춘 공간이 없는 형태의 창업으로서 사업자금조달이 어려운 처지에 있는 창업자들이 특별한 관심을 가지고 고려할 만한 가치가 있는 창업형태이다. 점포형 창업은 점포 또는 공장을 갖추고 있는 형태로 일반적인 창업 형태를 가리킨다.

6. 기업의 합병과 매수를 통한 창업

종래의 사업장에 대한 시설물 및 권리금을 지급하고 인수하여 새롭게 운영하는 창업의 형태로서 일반 기업간에 이루어진 인수·합병과 다소 차이는 있으나 기본적으로 비슷하다 할 수 있다. 기업 합병·매수 창업은 창업초기부터 마케팅을 통한 제품 판매 구조가 확보되어 있어 수익이 즉시 발생 할 수 있고 사업이 안정화단계에 이르기까지 기간이 단축되며, 신규사업에 소요되는 자금과 시간을 줄이고 기존 생산, 판매, 조직의 활용이 가능하다는 장점이 있다. 반면에 이전사업자의 평판이 이어질 수 있고 변화나 혁신에 대응이 어렵다는 단점이 있다.

기업매수·합병 시 상대적으로 큰 자금과 시간이 투자되는 것이기에 확실한 목표를 가지고 있어야 하며 이전 사업자의 경우 영업이 부진한 경우가 대부분이므로 인수창업 시 개선점을 잘 파악해야 할 것이다.

7. 동기 및 배경에 따른 창업

동기중심의 창업으로 생계형, 부업형, 탈출형(실업을 벗어나기위한 창업), 기회형(상속이나 건물의 세입자를 구하기 어려운 경우), 동업형, 전환형(사업부진에 따른 업종 변화) 등이 있다. 배경중심의 창업으로는 아이디어형(아이디어를 구체화하기 위한 창업), 기술형(기술기반의 창업), 경력형(경력을 기반으로 한 창업), 취미형(취미 또는 동호회를 발전시킨 창업)등이 있다.[275]

8. 투자와 운영에 따른 창업

가. 위탁경영 창업

일반적으로 위탁경영이란 소유회사와 경영회사가 위탁경영계약을 통해 경영의 전권을 위탁하여 경영을 맡기고 소유회사는 자산관리에 전념을 할 수 있는 형태이다.

위탁경영 창업이란 창업자는 투자만 하고 운영은 프랜차이즈 본사가 맡는 창업형태이다. 위탁경영 창업은 본사가 파견한 전문경영인이 운영하기 때문에 성공확률이 상대적으로 높다. 위탁경영 창업의 경우 프랜차이즈 본사에서 직영매니저를

---

275) 김이태, 창업경영전략, OK Press, 2005, 32면.

양성하고 있는지, POS(Point of Sale)시스템 등 본사 시스템을 제대로 갖추고 있는지 꼼꼼히 체크해야 한다.

나. 공동창업

다수가 공동으로 투자를 하고 본사 또는 투자자 중 한명이 운영을 책임지는 창업을 말한다. 공동창업은 소자본 창업자들이 자금을 합쳐서 중심상권에 대형점포로 진출할 수 있다는 장점이 있다. 공동창업의 경우에는 가급적 매출규모가 큰 아이템을 선정하고, 공동투자자의 권리와 의무, 역할분담 등에 관해 계약서에 명확하게 기록하는 것이 중요하다.

9. 연령에 따른 창업[276)]

가. 20대의 창업

20대의 창업은 성공할지 실패할지 전혀 예측할 수 없는 상황에서 오직 가능성 하나만을 믿고 무조건 밀어 붙이는 모험창업이다. 자기의 전공, 직업과 크게 관계없이 어떤 분야를 창업하더라도 성패의 결과가 달라지지 않고, 실패하더라도 재기의 가능성이 높다.

나. 30대의 창업

30대의 창업은 자신의 적성에 맞는 분야를 찾아서 사회생활이나 일정분야에 닦아놓은 기반을 최대한 활용하여 창업을 하는 것을 말하며 책임이 다른 연령층보다 무거우며 운신의 폭이 신중하다. 사회적 경험이 어느 정도 있고 인맥을 통한 도움을 받을 수 있고 사업에 대한 예측도 가능하고 활동력이 풍부하다는 장점이 있으나 자신의 능력을 과신하여 독선적 사업으로 치우쳐 실패 할 수 있는 단점이 있다.

(1) 선택창업(30대 전반의 창업유형)

31세부터 35세까지의 30대 전반의 대표적인 창업유형은 선택창업이다. 선택창업은 자기가 그동안의 사회생활을 통하여 알게 된 사업 분야 중 가장 해보고 싶은 일을 선택하여 창업하는 것을 말한다.

---

276) 박주관, 창업은 도전이다, 기은개발금융(주), 1996.

(2) 기반창업(30대 후반의 창업유형)

36세부터 40세까지의 30대 후반을 위한 대표적인 창업유형은 그동안 자기가 쌓아온 기반을 바탕으로 창업하는 기반창업이다.

다. 40대 창업유형

40대의 대표적인 창업유형은 한 분야의 최고 전문지식과 경험을 가진 자가 전문지식과 경험을 바탕으로 창업하는 전문창업이다. 학력을 불문하고 자기의 업무분야에서 최고의 실무전문가인 점을 활용하여 창업을 한다. 다만 이전까지 누리던 직위는 통용되지 않는다는 점을 주의해야 한다. 사람을 다루는 능력과 판단력을 갖추고 있고 인맥, 자금, 지식이 충분하다는 장점이 있으나 조직 내 안정화가 되어가는 시기이기에 독립창업 시 신중해야 할 것이며 실패할 경우 재취업의 기회가 쉽지 않다는 단점이 있다.

라. 50대의 창업유형

생활에 여유가 있고 자본력을 가진 50대의 대표적인 창업유형은 어떤 일이 있더라도 실패해서는 안 되는 연령이므로 100% 성공이 보장되는 일만 골라서 창업하는 안전창업이다. 대기업이 운영하는 베이커리, 커피전문점, 유기농전문점 등을 주로 창업한다. 사회적 경험이 힘을 발휘할 수 있고 경륜과 지혜, 여유와 관대함이 장점으로 볼 수 있으며 실패할 경우 재기가 어려움으로 만일을 대비해서 생활자금을 남겨두어야 한다. 또한 체력을 고려한 사업계획을 세워야 한다. 50대의 창업은 크게 세 종류로 나눌 수 있다.

첫째, 투자형 창업이다. 자금여유가 있는 사람들이 선택하는 창업의 일종으로 대기업 임원급 이상의 고학력 퇴직자들이 선호하는 방식이다. 적정한 수익률은 기본으로 하면서도 자신의 사회적 지위에 부합하는 업종을 찾는다.

둘째, 생계형 창업이다. 일과 경제적 욕구를 동시에 추구하는 창업이다.

마지막으로 파트타임형 창업이 있다. 일에 초점을 맞춘 창업이다.

Ⅳ. 창업과정

1. 창업의 기본절차[277)]

가. 창업자 여건 파악

창업자는 자신의 전문적인 지식, 과거 사회경험, 자금동원능력, 성격, 이미지, 주변여건 등을 먼저 파악한 후 전문기관에 의해 객관적 재평가를 통해 자신의 적성을 파악하는 것이 중요하다.

나. 사업아이템의 탐색과 선정

창업의 성패를 결정하는 데 있어 무엇보다 중요한 것은 사업아이템이므로 창업을 위해 창업자가 가장 우선적으로 해야 할 일은 사업아이템을 탐색하고 선정하는 것이다. 어떤 품목을, 어디에서 구입 혹은 생산하며, 어떻게, 얼마의 가격에, 누구를 대상으로 판매하겠다는 계획을 가지고 창업을 해야 한다. 사업아이템이 자신의 성격이나 경험 그리고 경력에 적합한지 또한 앞으로 성장가능성은 있는지 혹은 자금규모에 적합한지를 냉철하게 판단하여 사업아이템을 확정하여야 한다.

다. 사업타당성 분석

사업타당성 분석은 창업자가 고려하는 사업아이템이 이윤실현가능성이 있는가를 객관적으로 분석하는 활동을 말한다. 이러한 사업타당성분석으로 창업자의 주관적인 사업구상이 아닌 체계적이고 객관적인 분석을 통해 효율적이고 성공적인 창업을 이룰 수 있다.

라. 창업환경분석

창업에 영향을 주는 경제적 요인, 제도적 요인, 기술적 요인 그리고 사회적 요인 등을 분석해야 한다. 경제적 요인에는 경기동향, 타인자본조달의 어려움, 이자율, 환율 등이 있다. 제도적 요인에는 설립규제 및 장려제도, 조세제도 등이 있다. 기술적 요인에서 신기술이 발생하는 환경이나 기술변화가 심한 환경은 기술적인 창업

---

277) 박한수, 창업과 경영의 이해, 도서출판청람, 2014, 56면.

에 좋은 조건이 된다. 그리고 사회적 요인은 창업이나 창업자에 대한 사회적 인식이라고 할 수 있다.

마. 창업조직구성

우수한 창업조직의 구성은 사업성패의 주요인이므로 창업조직구성에 각별한 주의가 요망된다. 창업조직이 구성되는 과정은 두 유형으로 진행되는데 하나는 아이디어를 가지고 있는 사람이 창업하려 할 때 그 사람의 주도하에 몇 사람이 결집하여 구성되는 경우이고, 다른 하나는 여러 사람들이 공유하고 있는 아이디어와 경험을 바탕으로 형성되는 경우이다.

기업이익을 창출하는 요소 중의 하나가 인적자원이기는 하지만 소자본 창업에서 알맞은 인력을 구하기는 매우 어려운 일이다. 그렇지만 창업자는 창업조직을 구성함에 있어서 어떤 형태의 조직이 필요한가에 유의하여 업무처리능력, 충성심 그리고 구성원들 간의 협동심 등을 고려하여 창업조직을 구성해야 한다.

(1) 창업조직구성원의 대상

창업조직을 구성함에 있어서 적절한 대상은 친지, 친구, 동창, 직장동료, 경쟁사 직원, 경영컨설턴트 등 다양하다. 그리고 지인의 소개 또는 공개모집을 통해서 적임자를 물색할 수도 있다.

(2) 창업조직구성의 과정

창업자는 조직구성에 앞서 조직 구성원 선발과 구성에 관한 문제와 성공적인 팀워크가 이루어지도록 분위기를 조성하는 문제에 관한 방침을 결정해야 한다. 이러한 과제를 체계적으로 해결하기 위해서는 다음과 같은 단계적 접근이 필요하다.

첫째, 창업동기, 경험, 경영능력, 기대와 희생에 대한 각오, 대인 및 조직관리 능력, 업무추진능력, 등에 대한 창업자 자신의 철저한 자기평가가 이루어져야 할 뿐만 아니라 사업의 사명과 목적, 업무의 내용 및 양, 결정적 성공요인, 외부와의 관계 등 계획사업에 대한 정확한 인식이 있어야 한다.

둘째, 창업조직구성의 필요성을 검토한다. 사업 수행에 있어서 자본, 기술, 생산, 판매, 관리 등의 업무를 직원의 도움만으로 또는 창업자 혼자서 수행이 가능한지를 검토한다.

셋째, 창업파트너가 필요하다고 판단되면 이를 확보하는 방법과 직위, 처우 등을 모색한다. 즉, 전일제로 할 것인가 시간제로 할 것인가, 언제필요한가, 어떤 방법으로 선발할 것인가, 법률·세무·기술·생산·판매·회계 등 분야별 인원수는 얼마인가, 파트너의 직위와 보수는 어떻게 할 것인가, 보수와 대우는 감당이 가능한가 등을 검토한다.

넷째, 창업파트너를 선발하고 팀워크를 조성을 위해 노력한다. 즉, 직위, 급여, 승진, 복지와 후생, 권한과 책임 등을 분명히 하고 참여에 의한 경영으로 사기와 직무만족을 높일 수 있는 인사정책을 펼친다.

(3) 성공적인 창업조직의 조건[278)]

창업조직이 성공적이기 위해서는 다음과 같은 조건을 만족해야 한다.

첫째, 응집력이 있어야 한다. 응집력이 높은 창업조직은 개인의 성공과 기업의 성공을 동일시하며 동일한 목적을 위해 함께 일하고 있다는 데 만족감을 가지고 있다.

둘째, 팀워크가 중요하다. 혼자서 독불장군처럼 일하는 것이 아니라 다른 사람의 일을 쉽게 도와주며 파트너와 핵심인물의 성공을 축하함으로써 서로에게 동기를 부여한다.

셋째, 통합성을 중시해야 한다. 개인의 욕심이나 부서단위의 이기심으로 판단하기 보다는 회사나 고객을 중심으로 판단한다.

넷째, 높은 집중력이 요구된다. 창업조직의구성원이 자신의 업무가 단기간에 끝나지 않는다는 점, 창업이라는 것이 당장 벼락부자로 만드는 것이 아님을 알고 있다. 창업은 오랜 기다림(5년 이상) 끝에 찾아오는 만족지연의 게임이다.

다섯째, 회수에 대한 마음가짐을 조급하게 가져서는 안 된다. 성공은 나중에 최초 주식공개 시의 자본증대로 측정되는 것이지 당장 월급의 크기나 사무실의 위치나 크기, 특정한 자동차 같은 것으로 평가되는 것이 아니라는 생각을 가지고 있다.

여섯째, 가치창조에의 몰입이 중요하다. 조직구성원들 모두가 고객가치를 늘리고 공급자와 상생관계를 유지하며 구성원 자신과 주주들 모두 돈을 벌 수 있게 해주는 목적으로 전체적인 파이를 키우는 일에 헌신한다.

---

278) 한정화, 벤처창업과 경영전략, 홍문사, 2003, 283면.

일곱째, 동등한 불평등을 인지해야 한다. 창업구성원에 대한 보상과 주식소유권은 장시간에 걸친 기여, 업무수행, 성과에 기초한다는 사실을 구성원 모두 인정하는 것이 중요하다. 특히 소유권에 관하여는 불평등이 당연하다는 인식을 심어주어야 한다. 왜냐하면 소유권에 관하여는 불평등이 당연하다는 인식을 심어주어야 한다. 왜냐하면 소유권 차별화에 실패하게 되면 기여도에 차이가 나는 문제가 발생되어 기업의 성장성에 심각한 타격을 받기 때문이다.

여덟째, 공정성이 지켜져야 한다. 조직으로 사업을 진행하게 되면 불만은 항상 나타나게 된다. 이들은 미리 계산될 수 없기 때문에 조정이 필요하다. 경영자는 구성원의 동의를 얻어서 조정의 재량권을 행사해야 한다. 마지막으로 수확을 나누는 자세가 필요하다. 성공적인 기업가는 기업의 성과가 거두어지는 시점에서 윤리적 의무가 없는 상황에서도 공평성과 공정성의 원칙을 적용하여 자신에게 돌아오는 몫의 일부를 종업원에게 나누어지기도 한다.

결국 좋은 창업조직이란 동일한 목표에 대한 높은 이해가 우선 요구된다. 또한 사업에 대한 높은 몰입도와 조직구성원들과의 끊임없는 의사소통을 유지하는 태도를 견지해야 한다.

바. 사업계획서 작성

성공적인 창업을 위해서는 창업활동에 대한 철저한 사업계획이 필요한데 사업계획서는 창업계획이 나아가고 있는 방향을 제시해주고 구체적인 목표 도달방법을 설명하는 창업에 대한 문서화된 자료이다.

사. 사업장(점포)의 확정

소규모 창업의 성공과 실패는 절반 이상이 점포입지에 의해 좌우된다. 세밀한 사업계획서에 따라 입지를 선정하는데 도시발달단계에 따른 입지조건을 고려해야 한다.

2. 창업 시 유의할 법적 문제점

가. 서 설

(1) 창업을 하게 되면 상인이 된다. 상인이란 기업의 법률관계에서 발생하는 권

리의무의 귀속주체를 말하고, 기업활동을 영위하는 주체이다. 여기에는 자기명의로 상행위를 하는 자(당연상인)[279]와 상인적 설비와 상인적 방법에 의하여 정의된 상인(의제상인)[280]이 있다. 상행위란 기업활동 과정에서 영리의 목적으로 행하여지는 법률행위를 의미한다. 상법은 상행위에 관한 다수의 특칙을 두고 있어 주의해야 한다. 이를 간단히 정리하면, ① 상사법정이율은 연 6푼,[281] ② 상사소멸시효기간은 5년,[282] ③ 상사유치권,[283] ④ 상사질권,[284] ⑤ 상사채무에 대한 연대책임,[285] ⑥ 상사보증인의 연대책임,[286] ⑦ 상인의 보수청구권[287], ⑧ 매수인의 검사·통지의무 등 상사매매 특칙[288] 등이 그것이다.

(2) 창업을 하고 영업을 함에 있어 중요한 것인 계약서를 잘 작성하는 것이다. 계약서의 작성 시 주의해야 할 점은 ① 계약자유의 원칙, ② 당사자의 표시, ③ 작성 이유 및 배경설명, ④ 협의사항(본문) / 특약, ⑤ 계약일, ⑥ 서명, ⑦ 확정일자, ⑧ 공증 또는 인증 등의 사항을 잘 확인하고 검토·준수해야 한다는 것이다.

---

279) 상법 제4조, 제46조 참조.

280) 상법 제5조 참조.

281) 상법 제54조.

282) 상법 제64조.

283) 상인간의 상행위로 인한 채권이 변제기에 있는 때에는 채권자는 변제를 받을 때까지 그 채무자에 대한 상행위로 인하여 자기가 점유하고 있는 채무자 소유의 물건 또는 유가증권을 유치할 수 있다(상법 제58조).

284) 민사질권(민법 제339조)과는 달리 상행위로 인하여 생긴 채권을 담보하기 위하여 설정한 질권에는 유질계약이 허용된다(상법 제59조).

285) 민법에서는 채무자가 수인인 경우에는 특별한 의사표시가 없으면 각 채무자는 분할채무관계에 서게 되는 데 반해서(민법 제408조) 상법상으로는 수인이 그 1인 또는 전원에게 상행위가 되는 행위로 인하여 채무를 부담한 때에는 연대하여 변제할 책임을 진다(상법 제57조 제1항).

286) 민법상으로는 당사자간에 특약이 없는 한 보증채무는 주채무에 대하여 보충성을 갖고 그에 따라 보증인은 최고·검색의 항변을 할 수 있게 되나(민법 제437조), 상법에 의하면 보증인이 있는 경우에 그 보증이 상행위이거나 주채무가 상행위로 인한 것인 때에는 주채무와 보증인은 연대하여 변제할 책임을 진다(상법 제57조 제2항).

287) 민법상 위임계약에서 수임인은 특별한 약정이 없으면 위임인에 대하여 보수를 청구하지 못하는데 반하여(민법 제686조 제1항), 상법은 상인이 그 영업범위 내에서 타인을 위하여 행위를 한 때에는 이에 대하여 상당한 보수를 청구할 수 있다고 규정하여 상인의 영리성을 보장하고 있다(상법 제61조).

288) 상법 제67조 내지 제71조.

나. 개인사업자와 법인사업자

법인은 유한책임을 지고, 대외적인 신뢰를 제고할 수 있으며, 투자금 모집이 용이하고, 세제혜택을 받을 수 있다는 장점이 있다. 반면 개인사업은 신속한 의사결정을 해 유연한 대처가 가능하고, 회계가 간단하다는 장점이 있다. 동업을 할 때에는 아전인수 해석을 방지하기 위하여 동업계약서를 세밀하게 작성해야 한다. 법인의 종류에는 상법상[289] 합명회사(합), 합자회사(자), 유한책임회사, 주식회사(주), 유한회사(유)가 있고, 민법상 사단법인, 재단법인이 있다.

(1) 개인회사의 설립

개인기업을 설립하는 데는 별도의 상법적 절차가 필요하지 않아 그 설립절차가 간편하고 휴업 및 폐업도 비교적 간단하다. 정부의 인허가 업종인 경우 이외에는 관할 세무서에서 사업자등록증만 교부 받으면 언제든지 영업 가능하다.

업종선정 후 사업계획을 수립하고, 사업인허가(인허가업종일 경우에 한함) 받은 후 사업자등록(관할세무서)을 하면 개인회사는 설립된다.

(2) 주식회사의 설립

법인 설립에는 발기설립과 모집설립이 있다. 발기설립이란 3인 이상의 발기인이 설립 시 발행하는 주식의 총수를 인수함으로써 설립하는 방법이다. 발기인은 자연인, 법인 모두가 될 수 있다. 이사는 취임 후 지체 없이 회사설립의 경과를 조사하기 위하여 법원에 검사인의 선임을 청구하여야 한다.

모집설립은 4인 이상의 발기인이 설립 시 발행하는 주식총수의 일부를 인수하고 일부는 발기인 이외의 자가 인수하여 설립하는 방법이다. 발기인과 발기인 이외의 공모주주는 자연인은 물론 법인도 될 수 있다. 변태설립사항이 없는 한 법원의 검사인 선임 없이 공모주주가 설립경과를 조사할 수 있다.

설립 전 결정하여야 할 사항으로 우선 '상호'가 있다. 동일한 특별시·광역시·시 또는 군 내에서 동일한 영업을 하려는 경우 동일상호는 등기가 금지되어 있다. 그 외에도 본점소재지, 자본금,[290] 사업목적, 임원[291]이 결정되어야 한다.

---

289) 회사의 구성원인 사원의 책임의 한계와 형태에 따라 다르며, 회사의 종류는 회사의 채무에 대한 사원의 책임이 일정액을 한도로 하는 유한책임인가 또는 무한책임인가 하는 점과, 회사채권자에 대한 직접책임인가 또는 회사재산만이 책임을 지는 간접책임인가에 따라 구별된다.

▣ 상호 짓기와 상표권 등록

1. 상표법상의 분류

○ 상표(Trade Mark) : 상품의 (출처)동일성 표시
예) 박카스, 아모레

○ 서비스표(Service Mark) : 서비스업의 (출처)동일성 표시
예) SK텔레콤, 국민은행, 현대백화점

○ 단체표장(Collective Mark) : 단체원의 공동이익 증진을 위해 조합이나 협회 등 일정한 법인 및 그 회원에 의하여 사용되는 상표나 서비스표
예) 농협표장, 수협표장, 새마을금고 연합회 표장

○ 업무표장(Business Emblem) : 공익단체의 표장
예) 보이스카웃, YMCA

2. 상호와의 차이

상호는 상품이나 서비스업의 동일성을 나타내기 위한 것이 아니라, 거래주체의 동일성을 나타내기 위한 점(인적표지)에서 차이가 있음. 물론 상호를 상표 또는 서비스표로 등록할 수 있음. 등록 전에는 상법상 보호만이 가능하나 등록 후에는 상표법상 보호가 되어 전국적인 보호를 받을 수 있다는 점에서 차이가 있음.

3. 상표(서비스표) 등록 절차

출원 → (약 10개월) → 심사 → (약 2개월) → 공고 → (약 2개월) → 등록

※ "우선심사신청(상표사용 또는 사용준비의 경우)" 제도 이용하여 3~6개월 내에 등록 가능.

등기 신청 시 첨부하여야 할 서류로는 정관, 주식 인수증, 주식 청약서, 주식 납입금 보관 증명서가 있다. 목적, 상호, 회사가 발행할 주식의 총수, 액면주식을 발행하는 경우 1주의 금액, 회사의 설립 시에 발행하는 주식의 총수, 본점의 소재지, 회사가 공고를 하는 방법, 발기인의 성명·주민등록번호 및 주소는 정관의 절대적

290) 최저자본금제도는 폐지되었다.

291) 대표이사 1명, 이사 2인 이상, 감사 1인. 다만 소규모회사(자본금 10억 원 미만)의 경우 감사선임의무 는 면제된다.

기재사항이다.

다. 사업자 등록

사업을 시작한날로부터 20일 이내에 구비서류를 갖추어 관할세무서 민원봉사실에 신청하여야 한다. 단, 사업개시 전에도 신청가능하다. 2인 이상의 사업자가 공동사업을 하는 경우 사업자등록신청은 공동사업자 중 1인을 대표자로 하여 대표자 명의로 신청해야 한다. 사업자등록 신청 시 제출서류는 ① 사업자등록신청서 1부, ② 임대차계약서 사본{사업장을 임차한 경우에 한함, 단, 전대차계약인 경우는 "전대차계약서 사본"(계약서 사본에 건물주의 동의 또는 승낙 표시)}, ③ 허가(등록, 신고)증 사본(해당 사업자), 허가(등록, 신고) 전에 등록하는 경우에는 허가(등록) 신청서 등 사본 또는 사업계획서, ④ 동업계약서(공동사업자인 경우), ⑤ 재외국민·외국인 입증서류이다.

사업자등록을 한 사업자가 휴업 또는 폐업하거나 신규로 사업개시일 전에 등록한 자가 사실상 사업을 개시하지 아니하게 되는 때에는 지체 없이 휴업(폐업)신고서에 사업자등록증을 첨부하여 사업장 관할세무서장에게 제출하여야 한다.

라. 인허가 사항

창업하는 업종이 인허가 업종이라면, 행정관청으로부터 사전 허가를 받거나, 등록증 또는 신고필증을 받기 위해서는 그 사업에 관한 인적 요건(자격기준 등)과 물적 요건(사업장면적, 시설기준 등) 또는 순자산 요건(최소자본금 기준 등)을 갖추어야 하는 경우가 있는데, 이런 경우에는 그 기준에 맞게 창업절차를 진행하여야 한다.

허가란 법령에 의한 일반적 금지를 일정한 경우에 해제하여 제3자의 일정한 사실행위 또는 법률행위를 적법하게 할 수 있도록 해 주는 행정행위를 말한다. 규제를 받지 않고 일정한 행위나 영업 등을 하게 되면 공공의 안전이나 질서에 대한 장해가 발생하는 등 공익을 해칠 우려가 있는 경우, 공공의 안전, 질서유지 등 공익을 위한 최소한의 방법에 의한 지도, 감독이 바람직한 경우 허가제로 운영된다.

인가란 제3자의 법률행위를 보충하여 그의 법률적 효과를 완성시키는 행위를 말한다.

일정한 법률사실이나 법률관계의 존부를 공적으로 표시·증명할 필요가 있는 경우 또는 일정한 영업이나 사업에 있어서의 인·허가가 단순히 업무의 개시요건에 불과하거나 인·허가의 여부에 관한 처분요건이 없고 또한 행정관청의 재량의 여지가 없는 경우 등록제로 운영된다.

특정한 사실 또는 법률관계의 존부에 관하여 행정관청에 이를 알리는 것이 필요한 경우 또는 일정한 영업이나 사업에 있어서 단순히 자료파악을 위하여 영업자 등의 협조가 필요한 경우 신고제로 운영된다.

그 밖에 인허가 제도로서 지정, 인정, 검인, 검정, 공증, 확인 등의 형식으로 운영된다.

〈인허가 업종 예시〉

구 분	허가업종	신고업종	등록업종
제조업	먹는샘물 제조업 식품제조, 가공업 의약품/의약부외품 제조업 의료용구 및 위생용품 제조업	음반, 비디오, 게임물 제작업 수산물가공업 화장품제조업	출판 및 인쇄업
도소매업	의약품 도매업 중고차 매매업	건강보조식품판매업 음반 및 비디오물 배급업 방문판매업 통신판매업	무역업 석유판매업 다단계판매업
서비스업	부동산중개업 식품접객업(유흥주점) 용역경비업 카지노업/유기장업 유료노인복지시설 유로직업소개사업 유선방송사업 전당포업 폐기물처리업 근로자공급업/파견업 신용정보업	식품접객업(휴게음식점) 숙박업 목욕장업(찜질방 포함) 세탁업 옥외광고업 위생관리용역업 의료기관 이, 미용업 장례식장업 혼인예식장업 교습소	비디오감상실업 노래연습장업 안경업소 게임방 여행업 학원 체육시설업 공연장

마. 세금 문제

(1) 소 득 세

사업을 통해 얻은 소득에 대하여 내는 세금이다. 소득이란 1년간 총수입금액에서 원가 등 필요경비를 공제한 금액을 말한다. 소득세는 사업자가 매년 1. 1.부터 12. 31. 까지 얻은 소득에 대해 다음 해 5.1. ~ 5.31. 까지 주소지 관할세무서에 신고해야 한다.

신규개업 사업자나 직전년도 수입금액이 일정금액 이하인 중·소규모 개인사업자의 경우, 간편장부 대상으로서, 간편장부를 통해 소득세를 신고하는 경우 납부할 세금의 10%를 공제받을 수 있으며, 비용이 수입을 초과하는 경우 결손금으로 인정받아 다음 과세기간에 공제받을 수 있다. 간편장부 대상자는 ① 해당 과세기간에 신규로 사업을 개시한 사업자, ② 직전 과세기간의 수입금액(결정 또는 경정으로 증가된 수입금액을 포함한다)의 합계액이 농업·임업 및 어업, 광업, 도매 및 소매업, 부동산매매업의 경우 3억 원, 제조업, 숙박 및 음식점업, 전기·가스·증기 및 수도사업, 하수·폐기물처리·원료재생 및 환경복원업, 건설업(비주거용 건물 건설업은 제외하고, 주거용 건물 개발 및 공급업을 포함한다), 운수업, 출판·영상·방송통신 및 정보서비스업, 금융 및 보험업의 경우 1억 5천만 원, 부동산임대업, 전문·과학 및 기술서비스업, 사업시설관리 및 사업지원서비스업, 교육서비스업, 보건업 및 사회복지서비스업, 예술·스포츠 및 여가 관련 서비스업, 협회 및 단체, 수리 및 기타 개인서비스업, 가구내 고용활동의 경우 7천 500만 원의 각 금액에 미달하는 사업자이다.

(2) 부가가치세

물건값에 부가가치세가 포함되어 있어 물건을 팔 때 받은 세금에서 물건을 살 때 지불한 세금을 차감한 금액을 납부하는 것으로 사업자의 소득과는 무관한 세금이다.

부가가치세의 납세의무자는 부가가치세법상 사업자로서 일반과세자와 간이과세자로 구분하여 세금신고방법을 달리하고 있다. 일반과세자는 연간매출액이 4,800만 원 이상인 사업자, 간이과세자는 연간매출액이 4,800만 원 미만인 사업자를 말하며, 4,800만 원 미만이더라도 간이과세 배제기준에 해당되면 일반과세자로 적용된다.

〈일반과세와 간이과세의 비교〉

구 분	일반과세	간이과세
① 납부세액 계산구조	공급가액×10% - 매입세액	공급대가×부가가치율×10%
② 적용대상자	모든 사업자	1역년 공급대가가 4,800만원 미달하는 개인사업자
③ 포기제도	없 음	있 음
④ 세금계산서 교부	원칙적으로 세금계산서 교부의무가 있음	세금계산서 교부할 수 없음
⑤ 의제매입세액공제	업종제한 없음	음식점업에 한함
⑥ 예정신고 및 납부의무	법인 : 예정신고·납부의무 개인 : 예정고지에 의한 징수	없 음
⑦ 납부의무면제제도	없 음	과세기간의 공급대가가 1,200만원 미만인 경우에 납부의무가 면제됨
⑧ 가산세	세금계산서 관련 가산세 : 있음 미등록가산세 : 공급가액×1%	세금계산서 관련 가산세 : 없음 미등록가산세 : 공급가액×0.5%

가장 큰 특징은 일반과세 사업자는 부가가치세 환급이 가능하고, 간이과세 사업자는 부가가치세 환급이 가능하지 않으나 일반적으로 일반과세 사업자보다는 상당히 부가가치세가 적다는 것이다.

따라서, 사업초기에 인테리어, 시설장비 등 투자한 금액이 많이 발생하고 일일이 세금계산서 등의 법정증빙서류를 챙길 수 있다면 일반과세 사업자가 유리하다. 부가가치세 환급을 받을 수 있기 때문이다. 이런 경우가 프랜차이즈를 통한 음식점이 해당된다. 반면, 투자금액에 대하여 세금계산서 등의 법정증빙서류를 수취할 수 없다면 간이과세 사업자가 유리하다.

부가가치세는 1년에 2번 신고하여 납부한다.

구 분	제1기		제2기	
	신고사항	신고기간	신고사항	신고기간
확정신고	1.1. ~ 6.30. 실적	7.1. ~ 7.25.	7.1. ~ 12.31.	다음해 1.1. ~ 1.25.

바. 부동산 관련 법률문제

(1) 점포계약 시 주의사항

우선, 계약당사자의 권리유무를 확인해야 한다. 임대인이 개인인지, 법인인지 구분해서 확인해야 한다. 임대인이 점포의 소유자인지 여부는 등기부등본을 통해 확인할 수 있다. 건축물관리대장도 꼼꼼히 확인하는 것이 좋다.[292] 임대인의 대리인과 계약을 체결할 경우 정당한 대리인인지 위임장, 인감증명서 등으로 확인할 수 있다.

사업계획에 맞춰 도시계획법상 상업지역, 근린생활지역 등인지 확인해야 하고, 건축법상 제한이 있는지 여부도 검토해 보아야 한다.

부동산에 가등기, 가압류, 근저당권, 임차권, 경매신청 등이 있는지 여부도 꼼꼼히 확인해 보아야 한다. 가급적 전문가의 도움을 받아 진행하는 것이 안전하다.

(2) 상가건물임대차보호법

상가건물임대차보호법이 적용되기 위해서는 사업자등록의 대상이 되는 건물(상가건물)에 대한 임대차로서 보증금액이 상가건물임대차보호법시행령 제2조에 규정된 금액의 범위 내의 것이어야 한다. '상가건물'이란 부가가치세법, 소득세법, 법인세법에 의한 사업자등록의 대상이 되는 건물로서, 사업용 내지 영업용 건물이어야 하고, 비사업용 내지 비영업용 건물은 제외된다.

「상가건물 임대차보호법」의 주요내용

〈대항력의 부여〉

□ **상가건물 인도 및 사업자등록 신청**
임대차는 채권이므로 원칙적으로 대항력이 없지만, 「상가건물 임대차보호법」이 적용되는 상가건물 임대차는 그 등기를 하지 않았다 하더라도 임차인이 상가건물을 인도받았고, 사업자등록을 신청했다면 그 다음 날부터 제3자에 대해

292) 상가건물을 임차하기 전에 건축물대장상 상가건물의 지번과 실제 상가건물의 지번이 일치하는지를 확인해야 한다. 상가건물에 대한 용도지역, 용도지구, 용도구역을 확인하여, 희망하는 업종이 해당 상가건물에 적합한지를 확인해야 한다. 건축물대장에 기재된 소유자가 부동산등기부의 건물소유자와 동일한지를 확인해야 한다.

대항력을 주장할 수 있다(「상가건물 임대차보호법」 제3조 제1항).

□ **임차인의 지위 유지**

대항력을 갖춘 임차인은 상가건물이 매매, 경매 등의 원인으로 소유자가 변경된 경우에도 새로운 소유자에게 임차인으로서의 지위를 주장할 수 있다(「상가건물 임대차보호법」 제3조 제2항 및 제3조 제3항).

즉, 상가건물이 경매, 매매 등으로 그 건물의 소유자가 변경되어도, 임차인은 임대차 기간이 만료될 때까지 계속 상가건물을 사용·수익할 수 있고, 또한 보증금을 전액 반환받을 때까지 상가건물을 비워주지 않아도 된다(「상가건물 임대차보호법」 제9조 제2항).

〈임대차 존속기간의 보장〉

□ **임대차 기간 보장**

기간을 정하지 않았거나 기간을 1년 미만으로 정한 상가건물 임대차는 그 기간을 1년으로 본다. 다만, 임차인은 1년 미만으로 정한 기간이 유효함을 주장할 수 있다(「상가건물 임대차보호법」 제9조 제1항).

□ **임차인의 계약갱신 요구**

전체 임대차기간이 5년을 초과하지 않는 한 임차인이 임대차기간이 만료되기 6개월 전부터 1개월 전까지 사이에 계약갱신을 요구할 수 있고, 임대인은 정당한 사유가 없는 한 이를 거절할 수 없다(「상가건물 임대차보호법」 제10조 제1항).

〈보증금의 증감청구권 및 증액 제한〉

□ **차임 또는 보증금 등 증감 청구**

임차건물에 관한 조세, 공과금 그 밖의 부담의 증감이나 경제사정의 변동 등으로 차임 또는 보증금이 적정하지 않다고 생각되는 경우 임차인 및 임대인 당사자는 그 증감을 청구할 수 있다. 다만, 임대인이 증액을 요구하는 경우에는 청구 당시의 차임 또는 보증금의 연 9%의 범위 내에서만 증액을 할 수 있다(「상가건물 임대차보호법」 제11조 제1항 및 「상가건물 임대차보호법 시행령」 제4조).

〈우선변제권의 인정〉

□ **우선변제권 인정**

임차인이 ① 상가건물을 인도받고, ② 사업자등록 신청을 했으며, ③ 세무서장으로부터 임대차계약서에 확정일자를 받았다면, 임차건물이 경매 또는 공매되는 경우 그 건물(임대인 소유의 대지 포함)의 환가대금에서 후순위권리자 그 밖의 채권자보다 우선하여 보증금을 변제받을 수 있다(「상가건물 임대차보호법」 제5조 제2항).

〈소액임차인의 최우선변제권〉

□ **소액임차인이란**

아래의 임차보증금에 해당되는 상가건물의 임차인을 소액임차인이라 한다(「상가건물 임대차보호법 시행령」 제6조).

- 서울특별시 : 6천500만원 이하
- 「수도권정비계획법」에 따른 과밀억제권역(서울특별시 제외) : 5천500만원 이하
- 광역시(「수도권정비계획법」에 따른 과밀억제권역에 포함된 지역과 군지역은 제외), 안산시, 용인시, 김포시 및 광주시 : 3천800만원 이하
- 그 밖의 지역 : 3천만원 이하

□ **임차 보증금이란**

보증금 이외에 차임이 있는 경우에는 월 단위의 차임액에 100을 곱하여 보증금과 합산한 금액이 임차보증금으로 된다(「상가건물 임대차보호법」 제2조제2항, 「상가건물 임대차보호법 시행령」 제6조 및 제2조 제2항·제3항).

□ **소액 임차인의 최우선 변제권 인정**

소액 임차인은 임차건물이 경매 또는 공매로 소유권이 이전되는 경우, 집행절차에 참가하여 보증금 중 일정액을 다른 담보물권자보다 가장 우선하여 배당받을 수 있다(「상가건물 임대차보호법」 제14조 제1항 전단).

〈임차권등기명령제도〉

□ **임차권등기명령 신청**

상가건물 임대차가 종료되었음에도 보증금을 돌려받지 못한 임차인은 임차건물의 소재지를 관할하는 지방법원, 지방법원지원 또는 시·군법원에 임차권등기명령을 신청할 수 있다(「상가건물 임대차보호법」 제6조 제1항).

□ **대항력 및 우선변제권**

임차권등기를 마치면 임차인은 임대인 및 제3자에 대해 대항력과 우선변제권을 가진다. 다만, 임차인이 임차권등기 이전에 이미 대항력 또는 우선변제권을 취득한 경우에는 그 대항력 또는 우선변제권이 그대로 유지되며, 임차권등기 이후에는 대항요건을 상실하더라도 이미 취득한 대항력 또는 우선변제권을 상실하지 않는다(「상가건물 임대차보호법」 제6조 제5항).

(3) 임차인의 원상회복의무

임대차종료로 인한 임차인의 원상회복의무는 임차인이 사용하고 있던 부동산의 점유를 임대인에게 이전하는 것은 물론 임대인이 임대 당시의 부동산 용도에 맞게 다시 사용할 수 있도록 협력할 의무도 포함한다.

인테리어 비용은 창업 시 점포의 임대차 비용을 제외하고 가장 크게 소요되는 비용이다. 창업 후 영업을 그만두거나 점포를 이전할 경우, 권리금을 받고 새로운 임차인이 인테리어 설비를 포함하여 인수할 경우에는 문제가 없지만, 그렇지 않은 경우에는 임차인의 원상회복의무 및 부속물철거의무에 따라, 철거비용을 추가로 부담하여야 한다.

(4) 권 리 금

권리금이란 임대차 목적물인 상가건물에서 영업을 하는 사람 또는 영업을 하려는 사람이 영업시설·비품, 거래처, 신용, 영업상의 노하우, 상가건물의 위치에 따른 영업상의 이점 등 유형·무형의 재산적 가치의 양도 또는 이용대가로서 임대인, 임차인에게 보증금과 차임 이외에 지급하는 금전 등의 대가를 말한다(「상가건물 임대차보호법」 제10조의3 제1항). 권리금 계약이란 신규임차인이 되려는 자가 임차인에게 권리금을 지급하기로 하는 계약을 말한다(「상가건물 임대차보호법」 제10조의3 제2항).

국토교통부에서는 임차인과 신규임차인이 되려는 자가 권리금 계약을 체결하기 위한 표준권리금계약서를 정하여 그 사용을 권장할 수 있다(「상가건물 임대차보호법」 제10조의6). 계약서에는 권리금액, 임차인의 임대차 계약 현황, 권리금의 대가로 이전 되어야 할 대상의 범위를 특정하여 기재하고, 권리금계약채결 이후 임대차계약이 체결되지 못하면 권리금 계약은 무효가 되어 임차인은 신규임차인으로부터 받은 계약금 등을 반환하여야 하는 등의 의무사항을 계약 내용으로 기재하도록 하였다(『상가건물 임대 권리금 표준계약서』 참조).

권리금은 새로운 임차인으로부터만 지급받을 수 있을 뿐이고, 보증금과는 달리 임대인에게 그 지급을 구할 수 없는 것이 일반적이다. 권리금이 임차인으로부터 임대인에게 지급된 경우에, 그 유형·무형의 재산적 가치의 양수 또는 약정기간 동안의 이용이 유효하게 이루어진 이상 임대인은 그 권리금의 반환의무를 지지 아니하며, 다만 임차인은 당초의 임대차에서 반대되는 약정이 없는 한 임차권의 양도 또는 전대차의 기회에 부수하여 자신도 그 재산적 가치를 다른 사람에게 양도 또는 이용케 함으로써 권리금 상당액을 회수할 수 있을 뿐이다.[293]

임대인은 임대차기간이 끝나기 3개월 전부터 임대차 종료 시까지 임차인이 주선한 신규임차인이 되려는 사람에게 권리금을 요구하거나 임차인이 주선한 신규임차인이 되려는 사람으로부터 권리금을 수수하는 행위, 임차인이 주선한 신규임차인이 되려는 사람으로 하여금 임차인에게 권리금을 지급하지 못하게 하는 행위, 임차인이 주선한 신규임차인이 되려는 사람에게 상가건물에 관한 조세, 공과금, 주변 상가건물의 차임 및 보증금, 그 밖의 부담에 따른 금액에 비추어 현저히 고액의 차임과 보증금을 요구하는 행위 및 그 밖에 정당한 사유 없이 임대인이 임차인이 주선한 신규임차인이 되려는 자와 임대차계약의 체결을 거절하는 행위를 함으로써 권리금 계약에 따라 임차인이 주선한 신규임차인이 되려는 사람으로부터 권리금을 지급받는 것을 방해해서는 안 된다. 다만, 「상가건물 임대차보호법」 제10조 제1항에 해당하는 사유가 있는 경우에는 그러하지 않다(「상가건물 임대차보호법」 제10조의4 제1항).

임대인이 위의 권리금 회수 금지 행위를 위반하여 임차인에게 손해를 발생하게 한 경우에는 그 손해를 배상할 책임이 있다(「상가건물 임대차보호법」 제10조의4제3항 전단). 이 경우 그 손해배상액은 신규임차인이 임차인에게 지급하기로 한 권리금과 임대차 종료 당시의 권리금 중 낮은 금액을 넘지 못한다(「상가건물 임대차보호법」 제10조의4 제3항 후단). 임대인에게 손해배상을 청구할 권리는 임대차가 종료한 날부터 3년 이내에 행사하지 아니하면 시효의 완성으로 소멸한다(「상가건물 임대차보호법」 제10조의4 제4항).

임차인은 임대인에게 임차인이 주선한 신규임차인이 되려는 자의 보증금 및 차임을 지급할 자력 또는 그 밖에 임차인으로서의 의무를 이행할 의사 및 능력에 관하여 자신이 알고 있는 정보를 제공하여야 한다(「상가건물 임대차보호법」 제10조의4 제5항).

임대인의 권리금 반환 약정이 가능한지 문제된다. 판례는 임대인의 권리금 반환 의무를 인정하기 위해서는 반환의 약정이 있는 등 특별한 사정이 있을 것을 요구하

---

293) 대판 2002. 7. 26. 2002다25013, 대판 2001. 4. 10. 2000다59050.

고 있다. 즉, 권리금 수수 후 약정기간 동안 임대차를 존속시켜 그 재산적 가치를 이용할 수 있도록 약정하였음에도 임대인의 사정으로 중도 해지되어 약정기간 동안 재산적 가치를 이용할 수 없었거나, 임대인이 임대차의 종료에 즈음하여 재산적 가치를 도로 양수하는 경우 등의 특별한 사정이 있을 때에는 임대인은 권리금의 전부 또는 일부에 대해 반환의무를 부담한다고 판시한 바 있고,[294] 권리금이 그 수수 후 일정한 기간 이상으로 그 임대차를 존속시키기로 하는 임차권 보장의 약정하에 임차인으로부터 임대인에게 지급된 경우에는 보장기간 동안의 이용이 유효하게 이루어진 이상 임대인은 그 권리금의 반환의무를 부담하지 않는다. 그러나 백화점 내 매장에 관하여 2년 이상 영업을 보장한다는 약정하에 임차인에게서 영업권리금을 지급받았으나 백화점과의 계약이 갱신되지 않아 임차인에게 당초 보장된 기간 동안의 재산적 가치를 이용하게 해주지 못한 사안에서, 임대인은 임차인에게 영업권리금 중 일부를 반환할 의무가 있다고 한 바 있다.[295] 임대인이 반환의무를 부담하는 권리금의 범위는 지급된 권리금을 경과기간과 잔존기간에 대응하는 것으로 나누어, 임대인은 임차인으로부터 수령한 권리금 중 임대차계약이 종료될 때까지의 기간에 대응하는 부분을 공제한 잔존기간에 대응하는 부분만을 반환할 의무를 부담한다.[296]

사. 지적재산권 관련 사항

기술 및 노하우, 영업비밀 등은 아이디어가 중요한 창업에서 매우 중요한 요소이다. 이러한 경우 지적재산권을 온전히 보호하는 것이 사업의 성패를 가르기도 한다.

(1) 지적재산권

가장 전형적인 지적재산권으로서 자연법칙을 이용한 고도의 기술사상의 창작인 발명에 대하여 부여되는 '특허권', 문학·학술 또는 예술의 범위에 속하는 창작물(저작물)에 관한 권리들을 말하는 '저작권', 상품의 생산·판매 등을 업으로 영위하는 자

294) 대판 2002. 7. 26. 2002다25013, 대판 2001. 4. 10. 2000다59050.
295) 대판 2011. 1. 27. 2010다85164.
296) 대판 2002. 7. 26. 2002다25013, 대판 2001. 11. 13. 2001다20394, 20400.

가 자기의 업무에 관련된 상품을 타인의 상품과 식별되도록 하기 위하여 사용하는 표장에 관한 권리인 '상표권' 등이 있다.

이 밖에도 「실용신안법」, 「디자인보호법」, 「부정경쟁방지 및 영업비밀보호에 관한 법률」, 「반도체집적회로의 배치설계에 관한 법률」, 「종자산업법」, 「콘텐츠산업 진흥법」 등에 의하여 보호되는 권리가 있다.

보유한 지적재산권을 적절한 시점에 등록, 출원하는 것 및 기존에 등록, 출원된 타인의 지적재산권을 침해하지 않는 것이 중요하다.

(2) 영업비밀의 보호

「부정경쟁방지 및 영업비밀보호에 관한 법률」 제2조 제2호는 '영업비밀'이란 공공연히 알려져 있지 아니하고 독립된 경제적 가치를 가지는 것으로서, 합리적인 노력에 의하여 비밀로 유지된 생산방법, 판매방법, 그 밖에 영업활동에 유용한 기술상 또는 경영상의 정보를 말한다고 정의한다. 영업비밀의 요건으로 ① 비공지성, ② 경제적 유용성, ③ 관리되고 있는 비밀일 것이 요구된다. 영업비밀은 특허권, 실용신안권, 의장권, 저작권 등을 보완하는 기능을 가진다. 지적재산권법으로 보호될 수 없는 데이터, 노하우, 매뉴얼, 기타 정보 등도 영업비밀로서 보호될 수 있다.

(3) 영업비밀 침해행위의 유형

부정취득행위란 통상의 역설계, 역공정에 의하여 정보를 취득하는 행위를 발한다. 단, 박람회나 전시회에 공개된 완성품을 연구하여 정보를 밝혀내는 행위는 부정경쟁행위로 보지 않는다.

사용행위란 취득한 설계도나 매뉴얼을 보고 제품을 제조하는 행위를 말한다. 공개행위란 비밀유지의무가 없는 자의 공개행위, 매각행위를 일컫는다. 비밀유지의무 위반행위란 비밀유지의무가 있는 자가 부정한 이익을 얻거나 영업비밀의 보유자에게 손해를 가할 목적으로 영업비밀을 사용하거나 공개하는 행위를 말한다.

아. 자본의 조달

사업을 수행하고자 하는 사람과 좋은 아이디어, 그리고 시장이 존재한다고 해도 사업 수행에 필요한 자금, 즉 자본이 없다면 사업을 수행할 수 없다.

(1) 자기자본

조달된 자본으로서 상환의무가 없는 자본을 말한다.

개인기업의 경우 창업사업의 수행에 필요한 자금은 개인 사업주가 투자하게 된다. 여러 명의 사업주가 공동으로 사업을 영위할 경우에는 공동사업을 영위하는 사업주 모두가 자금을 부담한다.

법인기업의 경우 주주 또는 출자자 들이 기업에 투자하게 되는 금액을 말하며 법인기업의 투자자는 개인, 법인(벤처캐피탈 포함) 모두가 될 수 있다. 법인을 설립할 경우, 사업에 따른 책임은 법인의 자산 범위 안에서 유한책임을 지게 됨. 반면 개인기업으로 창업할 경우, 사업에 따른 책임은 개인의 재산 범위 내에서 모두 책임져야 한다.

(2) 타인자본

창업자 또는 창업기업의 주주나 출자자가 기업에 투자하는 자본 이외에 사업의 수행에 필요한 자금을 타인으로부터 조달하게 되는 금액을 말하며 친인척, 지인, 금융기관으로부터 차입하게 되는 자금 등을 말하며 상환의무가 있는 자본을 말한다.

3. 업종에 따른 창업의 절차

〈창업의 기본절차〉

창업준비절차 ⇨	회사설립절차 ⇨	사무실입지선정절차 ⇨	개업준비절차
사업구상	사업 인·허가 및 신고	공장설립 기본계획	인력충원 및 훈련
사업핵심요소 결정 업종·사업아이템 선정 사업(자금)규모선정 사업형태결정 기타 사업요소 결정	- 사업자 등록신청 - 법인설립신고 - 법인설립등기	창업사업계획승인 (사무실 입지결정) 공장설립절차 수행 사무실 계약조건 확인	- 조직구성 - 경영전략수립 사규, 제장표, 서식제정
사업타당성분석 사업계획서 작성			사업개시

가. 제조업 창업절차

제조업에서 신규 공장을 설립하는 창업의 경우 절차의 복잡성, 장기간 공장설립 기간의 소요 등으로 인하여 성공적 창업을 위해서는 업종선정, 임지선정, 시장분석, 자금조달계획 등의 창업준비사항에 대한 충분한 분석과 검토가 필요하다.

제조업에서 가장 유의해야할 것은 공장설립과정이다. 새로이 공장을 설립하는 방법도 있지만 기존 공장을 매입 또는 임차를 통한 방법이 더 쉬운 방법이지만 새로 설립하거나 임차를 하는 경우에도 공장입지와 관련한 규제사항을 꼭 확인하여 계획을 수립하고 계획에 따라 공장 설립을 추진해야 한다. 또한 제조업의 업종에 따라 허가, 신고, 등록 등의 인·허가가 필요한 업종임에도 절차가 누락되어 제재조치로 인한 사업개시의 지연이나 사업불가 등의 상황이 올 수 있으므로 유의해야 한다.

인허가가 불필요한 제조업의 경우 일반적으로 사업아이디어를 탐색하여 선별하는 착상단계와 사업성을 분석하고 평가하며 이를 기초로 사업계획서를 작성하고, 기업형태를 결정하는 계획단계를 거쳐 회사를 설립하여 생산·영업을 개시하는 실행단계로 진행된다.

나. 도·소매업의 창업절차

도·소매업은 제조업과 달리 공장설립이나 기계장치 등이 필요 없고 특히 소규모 자영업이 대부분으로서 법인형태보다 개인기업으로 경영하기 때문에 창업절차가 제조업의 창업절차보다 비교적 간단하다. 그러나 경영 초보자에게 쉬운 것은 아니며 도·소매업이라도 사전준비가 철저하지 않으면 창업 초기에 시행착오를 겪게 되고 착오가 거듭되면 경영을 제대로 하지 못하고 자신감을 잃을 수 있다.

그러므로 도·소매업도 창업을 준비함에 있어 점포의 입지선정, 취급 품목선정, 자금조달능력 등이 종합적으로 검토되어야 할 뿐만 아니라 이와 함께 상권분석 및 영업방법 등에 대한 충분하고 세밀한 연구가 반드시 필요하다. 또한 입지가 중요하므로 사업품목의 자료조사뿐만 아니라 시장조사, 즉 현지조사도 반드시 필요하다.

다. 서비스업의 창업절차

서비스업은 영역이 광범위하고 다양하기 때문에 한 가지 모델로 창업절차를 설명하기 어렵다. 학교나 병원의 설립의 경우 제조업의 설립절차보다 복잡하고 까다로운 경우가 있는가 하면 음식점이나 여관, 창고업, 카센터 등을 창업하는 경우에는 도·소매업에서의 설립절차와 비슷한 절차를 통해 창업이 가능하다. 컨설팅사나 부동산 중개업 등의 경우 관련법에 개업의 자격이 정해진 경우에는 비교적 쉽게 개업이 가능할 것이다.

라. 인터넷 쇼핑몰의 창업절차

전자상거래란 재화 또는 용역을 거래할 때 그 전부 또는 일부가 전자문서에 의해 처리되는 방식으로 거래하는 행위를 말한다(전자상거래 등에서의 소비자보호에 관한 법률 제2조 제1호 및 전자문서 및 전자거래 기본법 제2조 제5호). 통신판매란 우편·전기통신, 그 밖에 다음의 방법으로 재화 등의 판매에 관한 정보를 제공하고 소비자의 청약을 받아 재화 또는 용역을 판매하는 것을 말한다(전자상거래 등에서의 소비자보호에 관한 법률 제2조 제2호 본문 및 전자상거래 등에서의 소비자보호에 관한 법률 시행규칙 제2조).[297]

인터넷 쇼핑은 통신판매이면서 전자상거래로 볼 수 있다.[298] 인터넷 쇼핑 관련 법령은 전자상거래 등에서의 소비자보호에 관한 법률,[299] 정보통신망 이용촉진 및 정보보호 등에 관한 법률,[300] 전자문서 및 전자거래 기본법,[301] 소비자기본법,[302]

---

297) 광고물·광고시설물·전단지·방송·신문 및 잡지 등을 이용하는 방법, 판매자와 직접 대면하지 않고 우편환·우편대체·지로 및 계좌이체 등을 이용하는 방법이 있다. 그러나 전화를 사용해서 소비자의 응답을 유도하고 대화함으로써 청약을 받거나 계약을 체결하는 전화권유판매는 제외된다(전자상거래 등에서의 소비자보호에 관한 법률 제2조 제2호 단서 및 방문판매 등에 관한 법률 제2조제3호).

298) 통신판매는 반드시 전자문서로 행해질 필요가 없는 반면 전자상거래는 반드시 '전자문서'로 이루어져야 한다. 또한 전자상거래는 반드시 비대면일 필요가 없으나 통신판매는 비대면으로 거래가 이루어진다. 인터넷쇼핑은 통신판매이면서 전자상거래로 볼 수 있으며 TV홈쇼핑과 카달로그쇼핑은 통신판매이지만 전자상거래로 볼 수 없다. 오프라인에서 계약체결을 하고 인터넷뱅킹 또는 신용카드를 통해 결제를 하는 경우나 오프라인에서 계약체결을 하고 인터넷을 통해 학원수강을 하는 경우는 전자상거래이지만 통신판매가 아닌 것으로 볼 수 있다(공정거래위원회 소비자상담센터 참조).

299) 전자상거래와 통신판매거래의 성립과 소비자의 청약철회, 계약해제 및 사업자에 대한 규제 등 전자상거래 및 통신판매에 관한 일반적인 사항을 규정해서 전자상거래 및 통신판매거래를 하는 소비자의 권익을 보호하고 있다. 이를 위해서 소비자에 관한 정보 이용, 통신판매업자의 신고, 청약확인, 청약철회, 통신판매업자의 금지행위, 소비자피해보상보험계약 등에 관한 사항을 정하고 있다.

300) 개인정보 보호를 위해 정보통신서비스제공자에게 이용자 개인정보의 수집·이용·제공·관리 또는 파기 시 이행해야 하는 각종 의무를 부과하고 있으며, 정보통신망 이용자에게 개인정보

약관의 규제에 관한 법률[303] 등이 있다.

(1) 아이템의 선정

인터넷은 오프라인보다 시대의 흐름에 따른 유행에 민감하므로 타 사업자와 차별성과 전문성이 요구되며 실물을 보지 않고 구매를 하게 되므로 적정한 아이템의 선정이 필요하다. 아이템의 선정은 인터넷 쇼핑몰의 창업에 있어 가장 신경 써야 하는 부분으로 소비자에게 어떤 제품이나 서비스를 판매할 것인가를 결정하는 과정이다. 단순하게 유행하는 아이템이 아니라 한 업종을 세분화·전문화한 아이템 선정이 바람직하다. 최근 온라인의 시장규모는 모바일 시장의 성장과 함께 더욱 규모가 커지고 소비자수요의 구체화로 틈새시장의 선정효과가 존재하기 때문이다.

(2) 사업계획서의 작성

사업계획서 작성은 오프라인의 경우와 유사하지만 쇼핑몰의 컨셉, 온라인시장의 전망, 온라인마케팅 기획 등을 고려하여야 한다.

(3) 사업자등록 및 통신판매업 신고

사업자등록은 사업시작 20일 이내에 사업장 주소지를 관할하는 세무서, 민원실을 통해 한다. 비용이 전혀 들지 않을 뿐만 아니라 절차도 매우 간단하다. 그리고 특별한 문제가 없으면 1~2일 내에 발부되며 일반과세자 또는 간이과세자 중 하나로 사업자등록을 해야 한다. 이것은 계산의 방법이나 세금계산서 발행 등에 차이가 있으므로 자신의 사업에 어떤 유형이 적합한지 살펴본 후 결정하는 것이 바람직하다.

인터넷 쇼핑몰 운영을 위해서는 사업자등록 이외에 관할 시·군·구청의 지역경제

관리권을 보장하는 동시에 타인의 사생활이나 명예를 훼손할 수 있는 불법정보의 유통을 금지하고 있다.

301) 전자문서 및 전자거래의 법률관계를 명확히 하고 전자문서 및 전자거래의 안전성과 신뢰성을 확보하며 그 이용을 촉진할 수 있는 기반을 조성함을 목적으로 한다.

302) 소비자의 위해를 사전에 예방하고, 소비자 문제가 발생한 경우에 이를 해결함으로써 소비자의 이익 증진과 소비생활의 향상 및 국민경제에 이바지할 것을 목적으로 하는데, 이를 위해서 리콜, 국가 및 지방자치단체가 운영하는 소비자피해구제기구, 소비자단체 및 소비자단체협의체, 한국소비자원의 합의권고·분쟁조정 및 소비자단체소송에 관한 사항을 규정하고 있다.

303) 사업자가 그 거래상의 지위를 남용하여 불공정한 내용의 약관(約款)을 작성하여 거래에 사용하는 것을 방지하고 불공정한 내용의 약관을 규제함으로써 건전한 거래질서 확립을 목적으로 한다.

과 또는 온라인을 통해 '통신판매업'을 신고하고 허가 받아야 한다. 온라인 쇼핑몰은 '전자상거래'이기 때문에 통신판매업의 적용을 받기 때문이다. 또한 인터넷쇼핑몰은 전기통신사업법 제22조에 의거하여, 방송통신위원회 부가서비스과에 신고해야 한다. 단, 자본금 1억원 이하인 사업자는 신고를 면제하고 있다.

(4) 인터넷 쇼핑몰 디자인

실질적으로 소비자들이 보게 되는 사이트이므로 구성에 대한 중요도가 크다. 따라서 쉽고 빠른 상품검색, 클릭하고 싶은 요소 노출 등으로 인터넷 쇼핑몰의 색상과 컨셉을 지정하여 디자인함으로써 소비자의 관심을 끄는 것이 매우 중요한다. 특히 쇼핑몰의 메인페이지를 효과적으로 구성하는 것을 가장 우선적으로 고려를 해야 한다. 메인 페이지에는 도메인, 메인이미지, 카테고리, 구매혜택요소, 신뢰제공요소, 편의제공 요소 등이 포함된다. 쇼핑몰의 메인 이미지는 쇼핑몰의 분위기를 나타냄과 동시에 쇼핑몰의 컨셉을 가장 잘 나타내는 부분이므로 계절별, 경축일, 기념일, 명절 등에 따라 변화된 이미지를 주는 것이 소비자들에게 구매력을 높일 수 있는 방법이다. 카테고리는 판매제품목록을 분류하는 것으로 소비자들이 쉽게 찾을 수 있도록 배치하여야 한다. 구매혜택 요소는 제품을 구매하였을 때 사은품, 단골혜택, 구매후기 등에 따른 보상을 말한다. 신뢰제공요소는 소비자들에게 전자보증 등을 통한 믿음을 제공하는 것을 말한다. 편의제공요소는 결제 및 A/S센터에 접근이 용이하도록 정보를 제공하는 것을 말한다.

(5) 도메인 등록 및 결제서비스 준비

온라인사업에서 도메인은 실제적인 쇼핑몰의 주소를 의미하는 것으로 오프라인 매장의 간판에 해당한다. 도메인은 원래 숫자로 이루어진 사이트의 주소를 간단하게 영문명으로 변환 한 것을 말한다. 도메인은 쇼핑몰의 이름이나 브랜드가 되기도 하기 때문에 매우 중요하다. 이로 인하여 도메인이 비싼 가격으로 거래되기도 하고 좋은 도메인을 차지하기 위한 노력을 하고 있다. 좋은 도메인이란 기억하기 쉽고 부르기 쉽고 판매물건이 무엇인지 떠올리기 쉽게 된 것이 좋은 도메인이다.

인터넷 쇼핑몰의 결제방법은 무통장 입금, 신용카드 결제, 계좌이체 등이 있다. 신용카드 결제의 경우, 결제대행회사를 지정해야 한다. 최근에는 포인트나 상품권 코드를 통하여 결제할 수 있는 제휴 서비스를 도입하는 경우도 많다.

(6) 상품사진 준비

인터넷 쇼핑몰은 직접 만져볼 수 없으므로 사진이 사업의 성패를 결정짓는 중요한 요인이다. 따라서 직접 또는 전문가에 의뢰를 통한 제품의 사진을 준비해야 한다. 직접 상품사진을 준비한다면 사업자가 원하는 대로 쇼핑몰을 꾸밀 수 있고 기능의 추가 또는 삭제가 자유롭지만 해당장비의 구입비용 및 모든 관리를 스스로 처리해야하는 번거로움이 있다. 전문업체에 의뢰한다면 소요되는 시간과 비용을 절약할 수 있을 뿐만 아니라 기본 호스팅을 비롯해 쇼핑몰 운영을 위한 기능을 종합적으로 제공받을 수 있는 장점이 있다. 이것은 쇼핑몰의 성격과 규모에 따라 적절한 선택을 해야 할 것이다.

(7) 마케팅 및 운영정책 설정

인터넷 쇼핑몰 오픈 준비가 완료되면, 배송방법의 결정, 배송(택배)회사 지정, 온라인 마케팅 방법, 광고 및 홍보정책의 수립 등이 필요하다. 쇼핑몰의 운영전략 중 하나가 당일배송, 빠른 배송이다. 구매결정의 고려요인 중 질 좋은 상품, 합리적인 가격 외에 배송시간이 중요 요인이다. 따라서 배송방법 및 택배회사 선정은 그 무엇보다 중요하다. 온라인 마케팅 방법은 소비자들이 더욱 다양한 경로로 쉽게 쇼핑몰을 찾아올 수 있도록 하는 것이다. 이는 자신의 쇼핑몰 홍보가 되며 더욱 많은 방문자 유입을 통한 매출증대에 기여할 수 있다. 쇼핑몰의 유입경로 확대방법으로는 다른 온라인 쇼핑몰과의 제휴, 오프라인 매장과 배너 교환, 할인행사 제휴, 오픈마켓 입점, 모바일을 활용한 마케팅 등이 있다. 최근에는 블로그를 통한 직접 홍보, 소비자를 통한 제품제공을 통한 홍보, SNS를 통한 홍보, 유튜브 등을 영상을 통한 홍보 등이 인기를 끄는 추세이다.

(8) 소비자보호

인터넷 쇼핑으로 물품을 구입한 소비자는, 계약서를 교부받은 시점 혹은 계약서보다 물품을 늦게 받은 경우에는 물품을 수령한 시점을 기준으로 7일 이내에 청약을 철회할 수 있다. 판매자와 소비자가 약정으로 철회 기간을 7일보다 길게 정한 경우에는 그 기간을 따른다. 다만 물품의 내용이 표시·광고된 내용과 다르거나, 계약 내용과 다르게 이행된 경우에는 철회 기간이 연장된다. 이에 따라 소비자는 물품을 공급받은 날로부터 3월 이내, 위의 사실을 안 날 또는 알 수 있었던 날부터

30일 이내에 청약을 철회할 수 있게 된다.

청약철회가 있는 경우 판매업자는 물품 등을 반환받은 날로부터 영업일 3일 이내에 소비자로부터 받은 대금을 돌려주어야 한다. 반환이 지연되는 경우 판매자는 소비자에게 지연이자까지 함께 지급하여야 한다. 소비자의 일방적인 청약철회의 경우, 반환에 필요한 비용은 소비자가 부담하는 것이 원칙이다. 그러나 물품의 내용이 표시·광고된 내용과 다르거나 계약내용과 다르게 이행되어 소비자의 청약철회가 이루어진 경우 판매업자가 반환 비용을 부담한다. 판매업자는 소비자에게 청약철회 등을 이유로 위약금이나 손해배상을 청구할 수 없다. 또한 휴업기간이나 영업정지기간 중에도 청약철회 등의 업무와 그에 따른 대금 환급 업무는 계속하여야 한다.

사업자는 허위 과장 또는 기만적인 내용 등의 부당한 표시 광고 행위로 인해 피해를 입은 소비자에 대해 손해배상책임을 진다. 이때, 사업자는 고의나 과실이 없어도 책임을 부담한다. 그러나 사업자의 고의 또는 과실을 증명하지 않고 재판에 의한 손해배상을 청구하기 위해서는 공정거래위원회에 의한 시정명령 조치가 확정되어야 한다.

마. 프랜차이즈 창업 절차

(1) 프랜차이즈의 의의 및 사업형태

(가) 프랜차이즈사업의 의의

프랜차이즈사업이란 창업자(가맹점)가 스스로 취득하기 힘든 사업에 관한 각종 지식, 이미지, 성공, 제조 및 마케팅 기법 등을 얻기 위해 프랜차이즈본사에게 대가로 로열티, 상품대금, 가맹비 등을 지급하여 창업자가 편리성과 안정성 확보를 할 수 있는 형태의 창업을 의미한다.

(나) 프랜차이즈의 사업형태[304)]

1) 상품유통 프랜차이즈

상품유통 프랜차이즈 시스템은 상품제조업자나 도매업자가 자기 회사의 제품을 유통시키기 위해 채용하는 가맹업으로 본사는 어떤 지역에 존재하는 소매업자에게 그 지역에서의 제품 판매권을 부여하는 방식으로 가맹점을 운영한다. 이러한 시스

---

304) 송경수 외, 창업경영론, 피앤씨미디어, 2014, 178면.

템은 제품의 판매가 효과적일 수 있는 방향으로 개발되어 이를 바탕으로 본부로부터 각종 지도 및 지원을 받게 되며 통일된 상표, 상호 아래 가맹점이 영업을 하게 된다. 주유소나 가전제품 대리점 등이 그 예이다.

이런 상품유통 가맹사업의 특징은 가맹자가 본부의 상호와 로고 등을 사용하는 것은 허락하지만 그들의 사업운영시스템 전부를 제공하지는 않는다는 것이다. 제공하는 운영시스템을 통해 품질보증을 하게 되며 대부분의 총소매 판매에서 높은 비율을 차지한다.

2) 사업형태 프랜차이즈

프랜차이즈 본부가 가맹점을 경영하기 위해 필요한 경영이념을 설계하고 나서 이를 구체화한 매뉴얼을 교부하고, 연수와 훈련을 실시하여 노하우를 익히게 하며, 본부의 숙달된 전문관리자를 파견하여 현장지도를 실시하고, 상품구매에서 판매, 운영 등의 업무 전반에 걸친 지도 및 관리를 실시하는 사업형태이다. 따라서 개발된 기준품질을 유지하기 위해서 본부는 상품 발주 방법과 장소, 상품을 준비하는 방법, 상품을 고객에게 제공하는 방법 등의 시스템을 일관성 있게 동일한 수준으로 유지하는 것이 필요하며 대개 프랜차이즈 시스템은 이러한 운영의 최소수준을 유지하는 일관성 있는 표준화가 요구된다.

사업형태 프랜차이즈는 이러한 표준화된 제품이나 서비스를 제공하는 것, 즉 프랜차이즈 시스템 자체의 판매를 목적으로 한다. 본부는 특정제품을 유통시키는 것이 아니라 상표나 상호의 제공, 각종 원료, 제품 및 자재 등을 포함하는 경영전반의 노하우를 묶어 패키지로 프로그램을 개발하여 가맹점을 모집하여 가맹금, 로열티 등의 매출액에 의한 이익을 얻는다. 이는 본부가 직접 운영하는 직영점, 가맹점주의 자본을 투입하는 가맹점, 상호만 쓸 수 있는 자율체인점, 상품공급자로부터 상품을 매입하여 자기 계산으로 판매하는 특약점, 자기의 명의로 하되 타인의 계산에 의한 판매수수료를 수입원으로 하는 위탁대리점, 일정한 상인을 위해 그 영업부류에 속하는 거래의 대리 또는 중개를 업으로 하는 대리상 등이 있다.

(2) 프랜차이즈 창업의 과정

업종선정이 먼저 이루어진 경우 후보업종을 선정한 뒤 후보 본부업체들의 조건을 조사하여 가장 유리하다고 판단되는 후보 본부업체를 선정한 뒤 사업성 분석을 통하여 사업계획 수립 후 추진하게 된다.

사업장(점포)가 정해진 경우 점포에 적합한 업종과 후보본부업체를 선정한 뒤 사업성 분석을 실시한다.

기존 프랜차이즈사업장을 매입하는 경우 점포와 업종, 본부업체가 동시에 확정되는 경우이다.

사전조사가 이루어져 본부와 업종이 먼저 정해진 경우 그에 적합한 점포를 탐색하여 창업을 하는 순으로 추진하게 된다.

(3) 프랜차이즈창업의 비용 구조

(가) 가 맹 비

가맹비는 본사에 가맹주가 지급하는 것으로 본사의 프랜차이즈 시스템 확장에 필요한 재정을 위한 비용으로 지급 후 되돌려 받을 수 없으며 가맹비를 내지 않는 경우도 있다.

가맹비는 사업개시단계에서 운영권을 획득하고 계약이행보증금, 정착물, 설비 등에 따라 지급하는 비용과 사업운영단계에서 정기적 비정기적으로 로열티나 물류공급에 따른 초과이윤(원재로 등의 공급시)을 말한다.

(나) 보 증 금

가맹점에 상품에 따른 외상공급에 대비하여 본사에서 미리 받아두는 금액이다. 보증금은 외식업의 경우에는 보증금액이 적지만 판매업의 경우에는 상품의 양과 가격에 따라 큰 차이를 보이고 있으며 보증금은 추후 반환 받을 수 있는 비용이다.

(다) 인테리어 비용

인테리어 비용은 프랜차이즈에 가입할 경우 가장 높은 비중을 차지하게 되는 비용으로 점포의 내외부 인테리어 공사에 필요한 대금이다. 이 비용은 점포의 규모나 인테리어의 내용에 따라 다르다.

(라) 초도상품비

초도상품비는 처음 팔리는 상품의 비용으로 점포의 개시 시점에 기본적으로 갖추어야 할 상품에 대한 것이나 외식업의 경우 매장에 쓰이는 그릇이나 접시뿐만 아니라 주방설비를 위해 필요한 냉장고나 기타 설비 등이 그 대상이 될 수 있다.

(마) 로 열 티

로열티란 프랜차이즈회사가 지속적으로 제공하는 각종 서비스와 혜택에 대해 지불하는 비용이며, 브랜드를 사용하는 비용이라고 볼 수 있다. 월매출액의 일정비율을 적용해서 1~10%까지 다양하게 적용되고 있으며 본사는 이러한 로열티 수입을 통해서 프랜차이즈 시스템을 운영해 나가고 있다.

(4) 독립사업과 프랜차이즈 창업의 장단점[305)]

	장 점	단 점
독립사업	프랜차이즈 창업에 비해 창업비용이 적게 든다(가맹비 등) 지역상권에 맞추어 개성 있는 점포운영이 가능 간섭과 참견 없이 독자적 운영 가능	시행착오의 위험 브랜드 파워가 약해 인지도 부재 홍보, 마케팅 비용에 대한 투자의 한계성
프랜차이즈	창업기간의 단축이 가능 본사의 우량상품, 디자인, 상표 등을 이용해 효과적 경영이 가능 별도의 노하우나 경험 없이 창업가능	투자비용이 추가로 발생 본부의 경영실패시 가맹점의 타격 예상 지역의 특색이 반영되지 않음 본부위주의 이익을 위한 사업의 폐해발생 우려 본부의 지나친 간섭으로 인한 폐해 발생

바. 기업합병 및 인수에 의한 창업

(1) 기업합병 및 인수 창업의 목적

신규창업에 비해 신속하고 안전하게 사업을 시작할 수 있는 기업의 합병 및 인수에 의한 창업은 기존 사업장을 시설물에 대한 비용이나 권리금을 통해 인수하여 새롭게 운영하는 형태로 일반 법인형태의 회사 간에 이루어지는 합병·인수와 비슷한 성격을 가진다고 볼 수 있다.

기업합병 및 인수에 의한 창업은 자금과 시간이 투자되고 위험성도 크기 때문에 확실한 목적 또는 목표가 필요하며 소상공인의 경우 영업부진이나 경영실패로 인

305) 오종근 외, 대학생과 실무자를 위한 창업과 경영, 도서출판대경, 2014, 99면.

한 매물들이 많으니 사업성의 분석이 정확하게 분석해야 한다. 또한 많은 자금이 필요하기 때문에 인수 시 동원이 가능한 유동자금의 경로를 확보해야 할 것이다. 또한 기존의 잘못된 사업관행을 쇄신하여 새로운 점포의 분위기를 조성할 필요가 있으므로 새로운 사업계획을 통한 창업이 필요하다.

(2) 기업합병 및 인수 창업의 절차

① 업종의 안정성, 소요자금, 영업시간, 기술경험의 필요유무, 업종별 특징을 고려하여 사업타당성을 검토하여 후보업종을 선택하고, ② 사업타당성 검토결과 점포를 물색하고 점포의 내외부 상태(인테리어, 화장실, 전기, 상하수도, 냉난방, 일조상태, 크기, 운영기간, 모객성 등)를 파악하여 점포평가를 실시한다. ③ 기존점포주나 관련업자와의 상담내용의 사실확인을 위해 각종 서류(토지, 건물등기부등본, 도시계획확인원, 건축물관리대장 등)를 열람하고 임대차 서류 및 매출근거를 직접방문을 통해 조사한다. ④ 점포계약을 통하여 계약체결 후 잔금납부 후 사업자등록증, 허가증, 전화 등을 인수하고 전 점포주의 협조를 얻어 관할구청, 세무서, 전화국 등에 명의 이전을 실시한다.

(3) 기업합병 및 인수 창업의 장·단점

기업합병 및 인수 창업의 장점으로는 수익이 즉시 발생하고 기존 기업의 매출을 그대로 유지할 수 있으며 신규사업에 소요되는 자금과 시간을 줄일 수 있고, 생산, 판매, 조직 등에 대한 기존 시설을 활용할 수 있다. 하지만 기존 기업의 단점도 모두 인수가 될 수 있으며 구식건물이나 설비를 개량하려면 추가비용을 부담해야 하며 변화나 혁신에 둔감하게 될 수 있고, 현재의 자산가치와 미래의 잠재수익가치를 인수조건에 포함시킴으로써 잠재적 매력이 존재하지 않을 수 있다는 단점이 있다.

(4) 독립사업과 기업합병 및 인수 창업의 비교[306)]

고려요인	기업합병·인수 창업	독립사업
이윤가득성	보다 신속한 이윤가득	보다 큰 이윤을 얻을 수 있는 잠재성
위 험	낮은 위험	높은 위험
명 성	이미 축적된 명성	명성도 없고, 축적 또한 쉽지 않음

306) 김석회, 21세기 교양경영학, 무역경영사, 2005, 110면.

실질적 자선과 설비	시설·설비 갖춰짐	시설·설비 갖춰지지 않음
인적자원	이미 보유	새로이 충원교육 필요

사. 중소·벤처기업 창업

(1) 중소·벤처기업의 개념

'중소기업'이란 중소기업을 육성하기 위한 시책(이하 "중소기업시책"이라 함)의 대상이 되는 기업으로서 「중소기업기본법 시행령」 제3조에 따른 업종별 매출액이 일정한 요건을 갖춘, 영리를 목적으로 사업을 하는 기업과 비영리 사회적 기업, 협동조합, 협동조합연합회, 사회적협동조합 및 사회적협동조합 연합회를 말한다(「중소기업기본법」 제2조 제1항 및 「중소기업기본법 시행령」 제3조 제2항).

'벤처기업'이란 다른 기업에 비해 기술성이나 성장성이 상대적으로 높아, 정부에서 지원할 필요가 있다고 인정하는 중소기업으로서 「벤처기업육성에 관한 특별조치법」 제2조의2 제1항 제2호에 따른 3가지 요건의 어느 하나에 해당하는 기업(① 벤처투자기업, ② 연구개발기업, ③ 기술평가보증·대출기업)을 말한다(「벤처기업육성에 관한 특별조치법」 제2조의2 제1항 제1호·제2호).

(2) 중소기업의 중요성 및 현황

중소기업은 노동집약적인 성격이 강한 산업분야로서 고용증대 효과가 크고 산업의 다양화에 기여하여 국민경제의 균형 있는 발전과 중산층 형성의 중요한 역할을 수행하고 있다. 우리나라의 중소기업 사업체는 전체 사업체의 99%를 차지하고 있으며, IT 산업의 고용비중은 전체고용의 88%를, 중소 제조업체의 고용 비중은 전체고용의 77%를 차지하고 있다. 중소기업은 우리 경제에서 매우 중요한 역할을 수행하고 있다고 할 수 있다.

정부는 중소기업이 스스로의 노력으로 성장·발전하는 단계에서 대기업에 비하여 상대적으로 취약할 수밖에 없으므로, 자생력을 강화할 수 있도록 창업·자금·경영·판로·기술개발 및 동반성장 등 다양한 분야에서 지원정책을 마련하여 시행하고 있다.

(3) 중소·벤처기업 창업절차 및 지원 개요

(가) 중소·벤처기업 창업의 개념

중소기업의 창업이란 중소기업을 새로 설립하는 것을 말하며, 창업자란 중소기업을 창업하는 자와 중소기업을 창업하여 사업을 개시한 날[307]부터 7년이 지나지 않은 자를 말한다(「중소기업창업 지원법」 제2조 제1호·제2호). 중소기업의 재창업이란 부도 또는 파산 등으로 중소기업을 폐업하고 중소기업을 새로 설립하는 것을 말한다(「중소기업창업 지원법」 제2조 제1호의2 및 「중소기업창업 지원법 시행령」 제2조의2).

(나) 중소·벤처기업 창업 절차 및 지원

1) 중소·벤처기업 창업 절차 개요

중소·벤처기업을 창업하려는 자는 사업구상 단계에서 사업핵심요소인 업종 및 사업아이템을 선정하고 사업규모를 결정한 다음, 사업타당성 분석을 하고 사업계획서를 작성하게 된다.

창업계획의 완성 후, 개인사업자로 사업을 시작할 경우에는 별도의 회사설립절차 없이 사업장 관할 세무서장에게 사업자등록을 신청하면 되고, 법인사업자로 사업을 시작할 경우에는 「상법」에 따른 회사설립 절차에 따라 회사설립과 법인설립등기, 법인설립신고 및 사업자등록신청을 하면 된다. 다만, 창업하려는 해당 사업이 인·허가 대상인 경우에는 준비서류의 종류와 인·허가 승인절차를 미리 숙지하여 관할관청에 신청해야 한다.

해당 사업이 제조업에 해당하여 공장설립이 필요한 경우에는 부지를 선정하여 입지를 검토하고, 창업사업계획서를 작성하여 해당기관에 접수한 다음, 사업계획 승인을 받은 후 공장건축을 할 수 있다. 반면, 해당 사업이 도·소매업에 해당할 경우에는 상권 및 시장조사를 하여 점포계약 및 임대를 하면 된다.

이후 위 절차가 모두 끝나면 인력충원 및 조직을 구성하여 영업을 개시하게 되며, 이 경우 취업규칙 및 4대 사회보험 신고를 해야 한다.

---

307) 사업을 개시한 날은 다음의 날을 말한다(「중소기업창업 지원법 시행령」 제3조).
- 창업자 또는 재창업자가 법인이면 법인설립등기일
- 창업자 또는 재창업자가 개인이면 사업개시일(「부가가치세법」 제8조 제1항에 따른 사업개시일을 말함. 다만, 「중소기업창업 지원법」 제33조에 따른 사업계획의 승인을 받아 사업을 개시하는 경우에는 「부가가치세법」 제8조 제1항에 따른 사업자등록일)

〈중소·벤처기업의 창업절차(제조업)〉

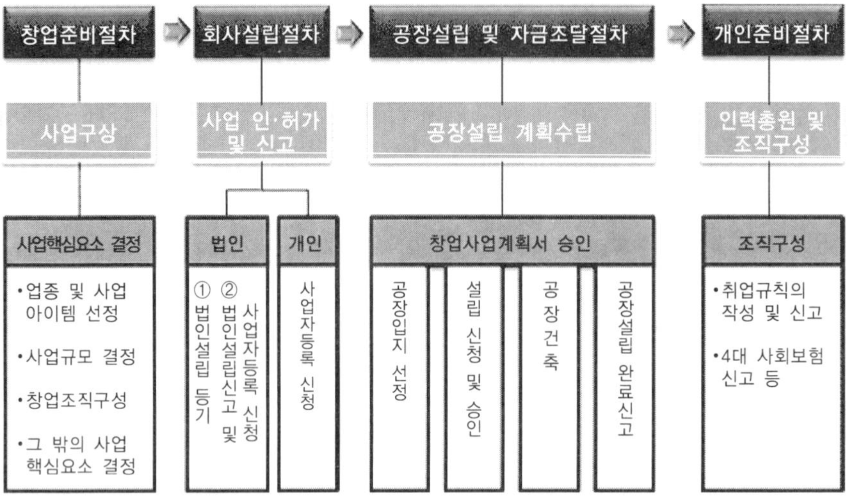

2) 중소·벤처기업 창업 지원 개요

가) 창업보육, 창업상담 등의 지원

중소기업상담회사를 통해 중소·벤처기업을 창업하려는 자는 중소기업상담회사로부터 중소기업의 사업성 평가, 경영 및 기술향상을 위한 용역수행 사업, 자금알선과 창업절차의 대행 등의 상담 등을 받을 수 있다.

창업보육센터를 통해 창업기업은 창업보육센터에서 일정한 시설과 장소를 제공받을 수 있으며, 기술의 공동연구·개발 및 지도·자문, 자금의 지원·알선, 경영·회계·세무 및 법률에 관한 상담 등 창업 및 성장에 필요한 각종 지원을 받을 수 있다.

예비창업을 지원하기도 하는바 중소기업청에서는 창업교육 및 지원을 위해 창업대학원, 창업교육 및 창업동아리 등에 지원을 하고 있다. 이 밖에도 창업선도대학육성사업, 청소년비즈쿨지원사업, 청소년비즈쿨지원사업 등의 지원을 하고 있다.

나) 창업자금 및 보증지원

중소기업 창업자금 지원이 있다. 중소기업청에서는 매년 초, 중소기업청 소관 중소기업 정책자금 융자계획을 공고한다. 중소·벤처기업을 창업하려는 자는 이에 따라 창업기업지원자금을 지원받을 수 있다.

신용보증 및 지급보증 등의 지원도 있다. 중소·벤처기업 창업자는 신용보증기금으로부터 혁신형 창업기업보증과 청년창업특례보증을 받을 수 있으며, 중소기업은 지역신용보증재단으로부터 원활하게 자금조달을 받을 수 있도록 신용보증을 받을 수 있다. 또한 중소·벤처기업은 기술보증기금으로부터 기술보증서 또는 신용보증서를 발급받아 금융기관으로부터 손쉽게 자금을 지원받을 수 있다.

다) 창업 시 조세감면

창업기업에 대한 세금혜택이 있다. 중소기업이 창업을 하는 경우 소득세 또는 법인세, 재산세의 감면, 취득세·인지세 면제 등의 세제 혜택을 받을 수 있으며, 농지보전부담금 등 각종의 부담금을 면제받을 수 있다.

창업자금 사전상속 과세특례도 마련되어 있는바, 18세 이상인 거주자가 중소기업을 창업할 목적으로 60세 이상의 부모로부터 토지·건물 등을 제외한 재산을 증여받은 경우에는 증여세 과세가액에서 5억원을 공제하고 세율을 100분의 10으로 하여 증여세를 부과 받을 수 있다.

라) 기술개발 지원

창업성장기술개발사업 시행계획에 따른 기술개발 지원이 이루어진다. 중소기업청에서는 사업의 목적을 창업과제, 성장과제, 재도약과제로 나누어 성장 잠재력은 우수하지만 사업화 능력 및 경험이 부족한 창업 중소·벤처기업에 대하여 기술개발비를 지원해주고 있다.

참고문헌

고용노동부 홈페이지(www.moel.go.kr).

고용노동부, 공정인사지침, 2016.

고용노동부, 새로운 노무방식 관련 실태 및 제도적 대응방안, 2017.

김대연, 창업과 법률 이야기, 동방문화사, 2017.

김석회, 21세기 교양경영학, 무역경영사, 2005.

김영인·박병인, 직업과 윤리, 한국방송통신대출판부, 2016.

김유배, 노동경제학, 박영사, 2006.

김이태, 창업경영전략, OK Press, 2005.

김형배, 노동법, 박영사, 2007.

김형배, 채권총론, 박영사, 1999.

노병호, 노동법 Ⅰ, 진원사, 2017.

류석희 외 2, 창업전문가가 들려주는 창업경영과 법률 Story, 법률출판사, 2015.

문무기·이승렬·강승태, 간접고용(파견·도급·용역근로)에 대한 합리적 규율방안 연구(노동부연구용역보고서), 한국노동연구원, 2004.

바레 프랑소와, 노동의 역사, 광민사, 1979.

박주관, 창업은 도전이다, 기은개발금융(주), 1996.

박한수, 창업과 경영의 이해, 도서출판청람, 2014.

법무법인(유) 화우, "창업도 법을 알아야 성공한다", 2012.

법무부, 한국인의 법과 생활(개정판), 2015.

변명식, 유통과 프랜차이즈, 학문사, 2006.

성기중, 직업윤리, 형설출판사, 1991.

송경수 외, 창업경영론, 피앤씨미디어, 2014.

스토리타임스, 소설, 이슈 & 뉴스 리뷰, 2011.

오종근 외, 대학생과 실무자를 위한 창업과 경영, 도서출판대경, 2014.

이병태, 노동법, 현암사, 1999.

이철송, 상법총칙·상행위(제14판), 박영사, 2016.

정찬형, 상법강의(상)(제20판), 박영사, 2017.

조우현·황수경, 새로운 노동경제학, 법문사, 2016.

중소기업청, 창업공장설립가이드, 2007.

찾기쉬운 생활법률정보시스템(http://easylaw.go.kr).

최기원, 상법학신론(상)(제18판), 박영사, 2009.

한길석, 창업과 경영, 법문사, 2005.

한정화, 벤처창업과 경영전략, 홍문사, 2003.

허영, 헌법이론과 헌법(중), 박영사, 1988.

P.프루키에/김철수 역, 공민의 윤리(상), 삼성미술문화재단, 1980.

R.C.크반트(강희원 역), 노동철학, 동림사, 1999.

사항색인

(ㅇ)

(ㅍ)

(ㅎ)

《 저 자 약 력 》

저자 **노 병 호**

경희대학교 법과대학 졸업
고려대학교 대학원 법학과 석·박사과정 수료 (법학박사)
북경대학교 법학원 객원교수
충북대학교 법과대학장·법무대학원장
충북도청 행정심판위원·소청심사위원
한국비교노동법학회 회장
충북대학교 법학전문대학원장
사법시험위원, 행정고시위원, 입법고시위원, 공인노무사시험위원 역임

현〉 충북지방노동위원회 심판담당공익위원
한국경영법률학회 부회장
충북대학교 법학전문대학원 교수

[주요 논저]

- 신법학개론(공저), 노동의 이해(공저), 임금보호법(공저), 인사관계법, 사회보험법(공저), 노동법 I · II
- 기업결합 및 경제력집중에 관한 연구, 지주회사의 규제, 복수 노동조합 병존하의 제 문제에 관한 고찰, 중국의 노동분쟁해결제도, 근로계약에 관한 소고, 단체협약에 관한 연구, 특수형태근로종사자 및 예술인에 대한 고용보험 적용 확대 방안, 노동위원회 신뢰제고와 활성화를 위한 제언 등 다수

노동과 취창업

저 자	노 병 호	2018년 1월 29일 초판 인쇄
발행인	양 진 수	2018년 2월 6일 초판 발행
발행처	진 원 사	

서울시 서초구 법원로 2길 17-6 (서초3동, 형덕빌딩 1층)
전화 : 02) 916-1850 / **팩스** : 02) 916-3442
신고번호 제321-2512007002호
http://www.jinwonsa.co.kr
http://www.lawbookstore.co.kr
e-mail : hhansin@hanmail.net

저자와의 협의하에 인지생략

ISBN : 978-89-6346-518-0 93360 **정가 16,000 원**